SAND

Dépôt légal : 3e trimestre 2010
ISBN : 978-2-7107-0781-3
Imprimé en décembre 2010
par L.E.G.O. S.p.A., Italie

WC BOOK

D'après une idée originale de Pascal PETIOT
Responsable éditorial :
Pascal PETIOT

Mise en page intérieure :
Maud FANDRE

Éditorial : Perrine MEGRET

Illustrations originales :
Sabine NOURRIT

Conception et réalisation couverture :
Julien VERGEOT

Remerciements au site
wwww.maviedefemme.com

WC
BOOK
2011

L'amour, une drogue dure

Une étude britannique vient de prouver que l'amour stimule les mêmes zones du cerveau que la cocaïne !
En regardant les photos de la personne qu'ils aimaient, les sujets ressentaient les mêmes effets que s'ils avaient pris de la drogue.
La poussière d'ange proviendrait-elle de Cupidon ?

Suite à la crise, une société est dans l'obligation de muter une partie des employés.
Bernard sort du bureau des ressources humaines en pleurs.
- Pourquoi pleures-tu Bébert ? demandent ses collègues.
- Vous vous souvenez de Maurice ? Il y a 3 mois, il avait été muté à **VIRE**. Aujourd'hui, il est viré. Il y a 2 mois, Pierrot était envoyé à **LIMOGES**. Il vient d'être limogé.
- Et alors ?
- On m'a muté à **CASTRES**...

Comment envoyer du courrier gratuitement ?

Pour éviter de payer des frais postaux, pensez à quelques astuces qui pourront vous faire bénéficier d'envois... gratuits !

Envoyez vos vœux via le web

Pour envoyer vos vœux au moment des fêtes de fin d'année ou autres, la solution la plus rapide, pratique et gratuite, reste les cartes virtuelles, disponibles sur de nombreux sites. Vous ferez également une bonne action pour protéger la planète !

Bénéficiez des envois de votre courrier gratuitement

Dans la boîte aux lettres, on trouve régulièrement des courriers publicitaires de toute sorte : assurance, banque, concours... les campagnes publicitaires sont sans fin.

Pour vous inciter à répondre, la société auteur du courrier joint très souvent une enveloppe prépayée portant la lettre « T ». Si la publicité n'est pas intéressante, on a tendance à jeter la lettre à la poubelle. Pourtant il suffit de tout simplement barrer l'adresse déjà inscrite et de coller une étiquette blanche pour écrire l'adresse désirée ! Très malin et très efficace pour ne pas débourser le moindre centime pour vos envois postaux !

Le site internet le plus haut du monde

Voici un site internet absolument inutile, donc véritablement indispensable. Il s'agit du site le plus haut du monde.
En quoi cela consiste-t-il exactement ? Tout simplement en une bande graduée en cm, sur une seule page, à faire défiler de bas en haut ou de haut en bas.
Si vous êtes trop paresseux pour faire défiler les centimètres manuellement, vous pouvez prendre « l'ascenseur », qui permet de se téléporter à la vitesse de la lumière, le tout par hypertexte
Au 1er juin 2010, il mesurait 18,939 km !

worlds-highest-website.com

Énigme

Jacqueline, Antonin, Régine et Tristan vivent au 33 de la rue des Oubliettes, dans un bâtiment de 8 étages. Ils vivent séparément. Une des deux dames habite au dernier étage, Antonin habite au-dessus de l'appartement de Régine et Tristan habite au 3e étage au dessous de celui de Régine. À quel étage chacun réside-t-il ?

Solution

Tristan habite au 3e étage, Donc Régine habite au 4e et Antonin habite au 5e. C'est par déduction Jacqueline qui habite au 8e étage.

Cultivez votre bien-être à travers les saisons

Pour être bien dans votre tête et dans votre corps, privilégiez une alimentation à base de produits de saison... C'est en effet une technique ancestrale qui a fait ses preuves sur la santé. À appliquer !

L'héritage des Anciens

Devant l'étalage du marché, vous restez parfois perplexe ? Quels sont les aliments à privilégier ? Suivez les conseils alimentaires selon les chinois et remplissez votre caddie de sérénité.

Dans l'Antiquité, les médecins chinois soignaient leurs patients d'abord en équilibrant leur alimentation, puis utilisaient les soins traditionnels si cela ne suffisait pas.

C'est un principe simple : les produits que vous mangez chaque jour constituent un carburant qui nourrit votre corps. En observant les rythmes de reproduction des animaux et des végétaux, les anciens d'Orient ont mis en évidence un lien étroit qu'ils appellent l'énergie « ki ». Ces vibrations rattachent l'homme au cycle de son environnement.

La nature conserve son équilibre en suivant un rythme précieux. À vous de redécouvrir nos instincts fondamentaux pour retrouver le bien-être.

On mange de saison

Vos besoins journaliers évoluent en fonction des saisons. Les aliments que vous puisez dans la nature apparaissent selon un cycle qui suit les changements de votre corps : restez en harmonie avec la nature ! Elle produit une telle variété de saveurs qu'il est facile de se préparer un régime équilibré en suivant l'arrivage de poissons ou de fruits et légumes.

Suivez votre bon sens. Si des écrits du VIIe siècle rapportent que les chinois conseillaient de manger des produits frais de saison, c'est qu'ils ont un effet bénéfique évident sur votre santé. Pourquoi acheter des produits cultivés à l'autre bout de la planète, sous un autre climat, alors qu'il est possible de répondre aux attentes de votre corps en suivant les couleurs de votre milieu naturel ?

Soyez patient(e) et ne vous laissez pas avoir par les fruits muris dans la cagette entre 2 latitudes !

Le retour au naturel : le bio, quelles garanties ?

Comment bénéficier pleinement des bienfaits de la nature lorsque vous avez dans les étalages des produits conditionnés industriellement ? Vous n'avez pas de petits producteurs sous la main ? Privilégiez le label biologique.

Les aliments issus de la culture biologique ont poussé et muri dans le respect de l'environnement. C'est à dire qu'ils ne contiennent ni pesticides, ni conservateurs et que l'élevage des animaux suit une chartre très stricte.

Moins de produits chimiques, plus respect de la nature : de quoi préserver votre santé et rassurer votre conscience écolo.

Vous voilà prêt(e) à faire le plein de vitamines et d'oligoéléments ! Autant d'idées pour accueillir le printemps avec vitalité et bonne humeur !

Départements et régions

Parmi les 100 départements français, celui qui compte le moins d'habitants est la **Lozère**, avec une densité de 12 habitants au km^2, soit 2 000 fois moins qu'à Paris, qui est le plus petit département. Le plus grand est la **Guyane**. Si l'on ne compte que la métropole, c'est la **Gironde** qui occupe le plus de km^2.
Quant aux régions, qui sont au nombre de 22, la plus grande est la région **Midi-Pyrénées**, 5 fois plus grande que l'**Alsace**, la plus petite. La plus dense est l'Île de France, avec 1 000 habitants au km^2, tandis que la **Corse** n'en compte que 30 au km^2.

ÉQUIPE DE FRANCE, SPÉCIAL RÈGLEMENTS DE COMPTES !

L'institutrice demande aux élèves ce que font leurs parents dans la vie. Tout le monde répond avec les métiers classiques : pompier, ingénieur, prof, médecin... sauf le petit Mario. L'institutrice demande alors à Mario :

- Alors, il faut quoi ton papa dans la vie ?

- IL EST DANSEUR EXOTIQUE DANS UN GAY BAR, IL SE DÉSHABILLE DEVANT DES HOMOSEXUELS ET DES HOMMES METTENT DES BILLETS DANS SES SOUS-VÊTEMENTS. S'ILS PAIENT BIEN, IL VA À L'HÔTEL AVEC EUX ET IL COUCHE AVEC POUR DE L'ARGENT.

Choquée, l'institutrice demande :

- Vraiment Mario ???

- NON, IL EST JOUEUR EN ÉQUIPE DE FRANCE, MAIS J'AVAIS TROP HONTE.

Les people à l'assaut du web !

Ashton Kutcher, "twitteur" professionel

En avril 2009, il détrônait CNN sur le site de micro-blogging Twitter en passant la barre du million d'abonnés. Autant dire que l'acteur maitrise le web. Il est partout ! Sur Twitter, YouTube, Facebook, Dailybooth, Ustream et il a même son propre blog. Vous n'y échapperez pas !
http://aplusk.posterous.com/

Dans l'intimité de Katy Perry

La chanteuse pop déjantée livre ses photos et vidéos préférées, parle de ses vacances, de ses coups de gueule avec ses copines et de ses délires. Katy Perry se prend aussi pour un chat sous le pseudonyme Kitty Purry (littéralement « chaton ronronnant »).
http://katyperryblog.tumblr.com/

Les bons plans de Gwyneth

Envie d'un resto ? D'une idée shopping ou beauté ? Vous avez des questions existentielles sur l'amour ou la famille ? L'actrice a mille et une idées à vous faire partager sur son site. Vous pouvez même vous abonner à des newsletters hebdomadaires pour ne rien louper de ses coups de cœur, de ses spots préférés dans les plus grandes villes du monde, de ses conseils de « shoppeuse addict » et de maman macrobiotico-spirituelle. D'autres questions ?
http://goop.com/

Le blog s'habille en Prada

Lauren Weisberger, célèbre auteur du best-seller *Le Diable s'habille en Prada* nous fait part de sa vie mondaine new-yorkaise, de ses plans shopping et lecture et bien sûr de son actualité littéraire. Vous pourrez même commenter les photos de ses petits chiens !
http://laurenweisberger.blogspot.com/

SUDOKU

Niveau facile

9	3	2	4			7		5
5	1		9	2		6		
					5			
1	6			7			8	
7				6	1	2		
	7		2		8		9	
2				3		8		
8		9		5	7	3		

Solution p. 674

Des vêtements qui font un tabac !

Une créatrice de mode chilienne a décidé d'œuvrer pour l'environnement. Pour ce faire, elle ramasse par terre les mégots de cigarettes et en récupère les filtres. Une fois lavés, elle les intègre à la composition de ses tissus. Au final, cela donne des vêtements dont 10 % sont issus de cigarettes jetées. Il faut savoir qu'un mégot met 10 ans avant de se décomposer.

Les oiseaux

Le cerveau des oiseaux fait souvent l'objet de railleries notamment à cause de sa taille minuscule. Pourtant, la science nous prouve le contraire. Tous comme les écureuils, certains oiseaux font preuve d'une mémoire phénoménale, parfois supérieure à celle de l'être humain, pour collecter des aliments et organiser le monde qui les entoure.

Une mémoire d'éléphant !

Le casse-noix de Clark peut retrouver sur des kilomètres carrés 30000 graines qu'il a lui-même enfouies. Vous cherchez toujours vos clés ?

Des pigeons critiques d'art

Le japonais Shigeru Watanabe a entraîné des pigeons à reconnaitre les œuvres de Picasso, Monet et d'autres peintres. Ces oiseaux ont été capables de désigner en picorant sur une image l'auteur des œuvres qu'on leur présentait. Les pigeons de Watanabe pouvaient même classer les peintres d'une même catégorie comme celle des impressionnistes !

Des geais tournés vers l'avenir

Les geais ont comme les êtres humains une mémoire épisodique. La scientifique Nicola Clayton a prouvé que cette espèce était capable de prévoir ses stocks de nourriture en fonction de son environnement.

Dans le cadre d'une de ces nombreuses études, elle proposait aux oiseaux des larves fraiches et des cacahouètes. Les geais préféraient les larves, s'il leur était possible de les stocker dans les quatre jours qui suivaient leur mise en terre.

Mais s'ils se rendaient compte qu'il leur était impossible de les stocker passé ce délai, ils choisissaient les cacahouètes.

D'autres expériences démontrent également la capacité des geais à voyager mentalement dans le temps.

Maurice croise Robert :
- Tu sais, mon frère Pierrot vit depuis 2 ans dans le Rhône.
- Ah bon ? Et comment fait-il **POUR RESPIRER ?**

Un Esquimau attend une fille... Elle est en retard.
Il sort un thermomètre et se dit :
- Si elle n'est pas là **À MOINS 10**, je m'en vais !

Partir avec www.fa-vacances.fr

Femme Actuelle propose un nouveau site de voyages, dont les mots d'ordre sont « choix », « fiabilité » et « attractivité ». L'offre de plus de 1 500 destinations est soumise à une inspection drastique afin d'éviter de mauvaises surprises à ses internautes (les arnaques sont souvent au rendez-vous sur le web dans le secteur du tourisme) et les prix des séjours sont négociés toute l'année auprès des voyagistes. Les séjours vont de 100 à 2 000 euros.

http://www.fa-vacances.fr/

J'SAIS PAS QUOI ME METTRE !

D'après un sondage de la marque anglaise de prêt-à-porter Matalan, les femmes passeraient presque **1 an** de leur vie à choisir leurs vêtements ! **287 jours**, plus exactement.

On passe en revue le timing : chaque matin, une femme passerait **16 minutes** à choisir ses vêtements contre **14 minutes** le week-end. Elle hésiterait en moyenne entre **2 tenues** avant de partir. Et celles qui prévoient leur tenue la veille au soir passeraient **15 minutes**. Le soir, les femmes auraient besoin de **20 minutes** pour une sortie classique, en week-end contre **36 minutes** pour les grandes occasions.

Jeu d'articulation

Répétez dix fois très vite :

Je dis que tu l'as dit à
Didi ce que j'ai dit jeudi.

Le riz de tata tenta le rat,
le rat tenté tâta le riz
tentant de tata.

Les trucs à savoir pour traiter les taches

Qui n'a jamais demandé désespérément aux mamans ou grands-mamans les trucs pour traiter les taches ? Voici une liste des tâches les plus rebelles avec les astuces pour les neutraliser.

Encre
Appliquez de la laque capillaire ou tout autre fixatif et faites votre lessive.

Chewing-gum
Lavez le tissu avec du vinaigre blanc.

Rouge à lèvres
Imbibez un mouchoir de démaquillant pour les yeux et tamponnez la tache. Vous pouvez aussi utiliser de la mie de pain.

Graisse

Saupoudrez la tache de talc.

Boue

Grattez la tache de boue délicatement avec un couteau, puis frottez la tâche avec une moitié de pomme de terre ou du vinaigre.

Sang

Utilisez de la salive pour une tache de sang récente et laissez agir pendant une heure. Sinon, utilisez le bon vieux savon de Marseille.

Herbe

Humidifiez la tache et ajoutez du dentifrice ou bien utilisez de la laque pour cheveux et faites votre lessive.

Peinture

Vaporisez la tache avec du produit nettoyant pour four (type Easy Off). Laissez agir une heure, frottez et lavez. N'hésitez pas à renouveler l'application.

Un site pour s'endormir

Une petite insomnie se profile ? Ou vous avez du mal à endormir votre bébé ?
Voici un site spécialement fait pour vous ! Sur www.go2sleep.be, vous pourrez regarder sauter les moutons dans la nuit, à la lumière des étoiles, le tout sur un air de gospel très très très répétitif.
Vous pouvez même télécharger votre économiseur d'écran personnel pour vous endormir sur votre air préféré.

http://www.go2sleep.be/

Un docteur reçoit son patient :

- Voilà : j'ai **DEUX MAUVAISES NOUVELLES** à vous annoncer. Une mauvaise et une très mauvaise...

- Allez-y docteur. Vous pouvez tout me dire maintenant. Quelle est la très mauvaise nouvelle ?

- Vous avez **UN CANCER GÉNÉRALISÉ**.

- Oh, non ! Et la mauvaise nouvelle ?

- Vous avez **LA MALADIE D'ALZHEIMER**.

- Ouf ! Au moins, je n'ai pas **LE CANCER** !

D'où vient l'expression « tomber dans les pommes » ?

L'expression, qui veut dire s'évanouir, apparaît à la fin du XIXe siècle. Deux hypothèses sont avancées pour expliquer son origine. L'une voudrait que ce soit une transformation d'une locution de Georges Sand, écrivant à Mme Dupin qu'elle était « **dans les pommes cuites** », c'est-à-dire très fatiguée.

L'autre hypothèse veut que le terme du XVe siècle « **pâmes** », d'où vient le mot « **pâmoison** », c'est-à-dire « **évanouissement** » se soit peu à peu transformé en « **pommes** ».

Travailler à l'heure bolivienne

Vous connaissiez la ponctualité allemande et la vie à l'heure espagnole ? Mais connaissiez-vous l'heure bolivienne qui consiste à aller au travail ou à un rendez-vous avec une bonne heure de retard ? Victor Hugo Chávez, conseiller au ministère du Travail bolivien, a évoqué le projet d'une incitation financière à la ponctualité : « Ceux qui seront à leurs postes à l'heure recevront une prime de ponctualité en guise de reconnaissance. » Un projet de loi serait donc en cours.

En effet, les retards des Boliviens coûteraient plusieurs milliards de dollars au pays. Ainsi, changer les habitudes pourrait aider la Bolivie à sortir du rang des pays les plus pauvres de la planète.

Il faudrait peut-être que le président bolivien Evo Morales commence par donner l'exemple ! Il serait toujours en retard à ces apparitions publiques. La presse aurait même quitté le palais présidentiel après avoir attendu le président durant près de deux heures...

Jeu de logique

DAME

est à FCOG

ce que

CLEF est à ....

Solution

ENGH. Pour composer le deuxième mot, il suffit de compter deux lettres après celles qui forment le premier mot.

WC AU JAPON

Les stars et leurs régimes draconiens

Karl Lagerfeld

Les nouvelles générations l'ignorent peut-être mais le couturier Karl Lagerfeld n'a pas toujours été svelte. Il entreprit un régime du tonnerre en 2000 pour se débarrasser de sa carcasse trop enveloppée. En treize mois, le couturier allemand a perdu près de 13 kilos. Son régime a été suivi de près par le docteur Jean-Claude Houdret, avec lequel il publia un livre intitulé *Le meilleur des régimes.*

Janet Jackson

La sœur du roi de la pop a décidé de se prendre en main lorsque son poids atteignait les 82 kilos. Grâce à un savant programme sportif et alimentaire, elle a réussi à perdre en quelques mois 25 kilos.

Kristie Alley

Vous vous souvenez de la compagne de Travolta dans *Allo maman, ici bébé* ? Et bien, c'est une pro du yoyo. À une époque, elle avait réussi à perdre 30 kilos... qu'elle a repris depuis.

Miss Dominique

En 2006, Miss Dominique affronta Christophe Willem en finale de l'émission « À la recherche de la nouvelle star ». On se souvient d'elle à l'époque toute en rondeurs. Mais depuis, Miss Dominique s'est imposée une discipline de fer et a perdu 50 kilos. Un miracle !

Nicole Richie

La jet-setteuse, fille adoptive du chanteur Lionel Richie, affichait des formes généreuses en 2003, aux côtés de sa copine de toujours Paris Hilton. Mais, elle a tout perdu depuis, jusqu'à faire courir des rumeurs d'anorexie sur son compte. Mais s'il est vrai qu'à une certaine période, sa maigreur a pu inquiéter ses fans, depuis qu'elle est devenue mère, la starlette s'est un peu plus remplumée.

Sonia Dubois

Christine Bravo avait accueilli la chroniqueuse dans son émission Frou-Frou. Sonia Dubois rivalisait d'humour et de pêche, peut-être bien pour compenser ses complexes. En effet, l'animatrice affichait une silhouette déjà bien enveloppée à l'époque de l'émission. Mais depuis, Sonia Dubois s'est prise en main. Elle a perdu 55 kilos et donne tous ses secrets dans son ouvrage *Maigrissons ensemble.*

Britney Spears

Britney n'a pas toujours vu la vie en rose. Lorsqu'elle perdit la garde de ses fils, elle tomba en dépression et se consola avec la junk food, ce qui ne lui a pas réussi. La chanteuse s'était même rasée la tête, comme pour exprimer son mal-être. Tout ça, c'est du passé maintenant. Britney Spears a été coachée de toutes parts pour retrouver un corps ferme et svelte.

Les Spice Girls : Geri Halliwell et Mel C

Ces deux ex-membres du plus grand groupe de filles de toute la galaxie ont fait subir des transformations importantes à leurs corps : Melanie C, la « sportive » et Geri, alias Ginger Spice. Mais c'est surtout Geri qui a perdu le plus de poids : près de 14 kilos pour booster sa carrière solo. On se souvient de son corps hors du commun dans son clip *It's raining men.*

DEVINETTES

Qu'est-ce qui a 123 dents et 2 yeux ?

UN CROCODILE.

Qu'est-ce qui a 123 yeux et 2 dents ?

UN AUTOBUS

DE PERSONNES ÂGÉES.

Savez-vous comment les abeilles
communiquent entre elles ?

PAR E-MIEL.

Qu'est-ce qu'on donne à un éléphant
qui a la diarrhée ?

BEAUCOUP, MAIS ALORS

BEAUCOUP D'ESPACE !

Sexe : ne pas prendre l'initiative ? Peu importe !

Il n'est pas nécessaire d'être entreprenant pour faire l'amour. Parfois, il suffit juste d'être disponible et prêt à répondre aux sollicitations de l'autre, du moment que cela ne lui pèse pas. Sachez cependant susciter le désir en prenant soin de vous, en faisant certains gestes qui font craquer votre partenaire, en envoyant des messages subtils. Il est aussi important, si vous avez envie de faire l'amour, de savoir exprimer cette envie et de ne pas la frustrer sous prétexte de pudeur.

Perles de la météo

Une tempête s'est produite dans la nuit du 16 au 27 février.

Ciel nuageux l'après-midi, généralement bien ensoleillé la nuit.

305 jours d'ensoleillement en mars.

Un torrent de pluie mêlé d'eau s'est déversé sur la commune.

Mais les beaux jours sont enfin revenus avec leur lumineuse lumière.

Un violent orage a provoqué de nombreux dégâts. Le maire a demandé qu'une enquête soit ouverte afin de situer les responsabilités.

Avec le soleil printanier, on voit sur les arbres les premiers bourgeois.

D'énormes cunnilingus se sont amassés.

L'Espagne subit une vague de froid qui provoque, depuis 24 heures, une baisse générale des températures.

La mariée fut particulièrement violente.

Cote d'alerte dans la Sarthe : des tonnes de pommes de terre à cidre perdues.

Quant à la sécheresse, elle a été pour les agriculteurs, une véritable douche froide.

Une panne de courant survenue vers midi a plongé toute la région dans le noir.

Vent modéré de nord-ouest, favorisant une baise sensible du thermomètre.

Il fait un temps d'été stable.

Pourquoi Kenny meurt à chaque épisode de South Park ?

Vous vous êtes déjà demandé pourquoi les créateurs de *South Park* persistaient à tuer Kenny dans chaque épisode ? Le calvaire de ce pauvre Kenny est tout simplement dû à un pari.
Un des auteurs avait parié de caser le nom de la bière « Killkenny » dans chaque épisode. Les créateurs ont pu respecter leur engagement au travers du personnage de Kenny en faisant dire à ses copains « They killed Kenny » (en français, « ils ont tué Kenny »). La Killkenny est une bière rousse irlandaise issue de la brasserie Smithwick's.

Cherchez l'intrus

se réfugier

s'évader

s'enfuir

détaler

s'esquiver

Solution

Se réfugier. Il n'est pas synonyme de « partir ».

Prévenir l'infection des coupures

Voici un remède naturel pour que vos coupures cicatrisent et ne s'infectent pas. Préparez un mélange de 5 g de teinture de benjoin, 5 g de teinture d'aloès (aloe vera) et 5 g de teinture d'arnica. Agitez ce mélange puis imbibez-en une compresse stérilisée. Il faut appliquer ces compresses aussi souvent que nécessaire.

Sinon, glissez sous un pansement de la propolis, la cire brune des abeilles aux vertus cicatrisantes, protectrices et antiseptiques.

SUDOKU

Niveau moyen

2					4	8		
						2		4
	8	6	9		2			
1	2			6				
	4			3				2
8			4				3	7
	7		3			9		
3		4		5				6
							4	8

Solution p. 674

hi hi hi hi

HUMOUR

Jacob qui habite Tel Aviv téléphone à son fils Samuel qui a émigré à New York et lui dit :

- JE REGRETTE DE TE GÂCHER TA JOURNÉE, MAIS JE DOIS T'INFORMER QUE TA MÈRE ET MOI SOMMES EN TRAIN DE DIVORCER. QUARANTE CINQ ANS DE SOUFFRANCE, C'EST BON.

- PAPA, COMMENT PEUX TU DIRE ÇA ? ET JUSTE AVANT LES FÊTES !! lui crie le fils.

- NOUS NE POUVONS PLUS NOUS VOIR, répond le père, **NOUS SOMMES FATIGUÉS L'UN DE L'AUTRE ET J'EN AI RAS LE BOL DE TOUTE CETTE HISTOIRE, DONC TU ME RENDRAS SERVICE SI TU APPELLES TA SŒUR ANNA À CHICAGO.**

Et il raccroche abruptement.

Désespéré, le fils appelle sa sœur qui est complètement outrée.

- COMMENT VONT ILS DIVORCER, À LEUR ÂGE ?! JE ME CHARGE DE L'AFFAIRE.

Directement, la fille téléphone à son père et lui dit :

- VOUS N'ALLEZ PAS DIVORCER. NE FAITES RIEN JUSQU'À CE QUE NOUS VENIONS MON FRÈRE ET MOI CHEZ VOUS. TU M'AS BIEN ENTENDU. RIEN... TU NOUS ATTENDS !!!

Le père raccroche, se retourne vers sa femme et lui dit :

- TRÈS BIEN REBECCA, TOUT EST PARFAIT ! LES DEUX VIENNENT PASSER LES FÊTES AVEC NOUS ET ILS PAYENT EUX MÊMES LEUR BILLET D'AVION !

Alors là, plus d'excuses !

Besoin d'inspiration pour excuser un retard ou une absence impardonnable ? Vous avez deux sites à disposition : l'Excusotron et le Skuze generator. Vous pouvez choisir de créer votre excuse à partir des différents menus déroulants ou bien vous pouvez cliquer sur le bouton de rédaction aléatoire, ce qui peut parfois donner la phrase suivante : « Hier soir, pendant que je dormais après avoir relu pour la 3e fois *La Comédie humaine* de Balzac, mon chien a effleuré par inadvertance le Snooze de mon radio-réveil qui n'a donc pas sonné et ce n'est que quand le plombier est venu réparer l'inondation que j'ai repris connaissance. » C'est vrai que cette excuse laisse sans voix.

http://richard.geneva-link.ch/excusotron.html

http://rire-sourire.ifrance.com/autre/liste/divers/excusotron.htm

Le voleur de goûters a encore frappé !

Un homme a été condamné en juin 2010 à un an de prison ferme après avoir été pris en flagrant délit d'effraction dans une école maternelle du quartier de Kérentrech, dans le Morbihan. Le malfaiteur aurait 16 condamnations inscrites à son actif dans des établissements scolaires. L'homme avait pillé les cartables des élèves pour récupérer... les goûters. Il est actuellement incarcéré au centre pénitentiaire de Ploemeur. La presse ne dit pas si une cellule de crise a été mise en place pour les tout petits, car comme chacun sait, le vol de goûter peut être vécu comme un sérieux traumatisme chez les moins de 5 ans.

Petit cours sur le sang

• Le rôle du sang assure le bon fonctionnement et la survie de toutes les cellules du corps en distribuant l'oxygène et les nutriments et en récupérant le dioxyde de carbone et les déchets produits par l'organisme.

• Le corps d'un être humain est constitué de 5 litres de sang en moyenne, soit 7 à 8 % de sa masse corporelle

• Le sang se compose de 55 % de plasma et de 45 % de cellules sanguines qui comprennent les globules blancs, les globules rouges et les plaquettes.

• L'appartenance à un groupe sanguin est déterminée en fonction de la présence ou l'absence d'antigènes à la surface des cellules rouges. On dénombre trois types d'antigènes : A, B et AB. Lorsqu'il y a absence d'antigènes, on attribue le groupe O.

• Le système rhésus indique la présence ou l'absence d'antigène D. Un rhésus positif (Rh+) signifie qu'il y a présence de l'antigène. (Rh-) signifie l'absence de cet antigène.

• Le groupe sanguin le plus rare est le groupe AB.

Test

Êtes-vous mûr ?

Pour vous, être parent :

◆ « Oh, là, là ! On va attendre un peu, d'accord ? »
● « Je n'attends que ça ! Qui veut ? »
■ « Bah, on va en avoir un troisième, en fait… »

Quand vous êtes déprimé :

◆ Vous vous jetez sur du chocolat ou des bonbons.
● Vous téléphonez à un de vos plus proches amis.
■ Vous sortez vous aérer la tête une demi-heure.

Maman, pour vous, c'est :

◆ Maman, pardi !
■ Celle qui vous a donné la vie.
● Votre confidente.

Le jour de Noël, vous êtes :

◆ Celui se goinfre de chips et qui monte les jouets du petit neveu Victor.
● Celui qui décore le sapin et la table avec des petits nains de jardin.
■ Celui qui gère la logistique du dîner et qui ouvre les huîtres.

Vous prêtez votre ordinateur portable à votre cousin de 16 ans, qui vous le rend, penaud, avec des lettres en moins sur le clavier :

■ C'est la dernière fois que vous lui prêtez quelque chose !
◆ Vous lui faites un peu la tête, puis vous passez à autre chose.
● Il n'y a pas mort d'homme. C'est pas grave.

Votre grand-mère vous offre un cardigan qu'elle a tricoté elle-même et que vous n'aimez pas du tout :

■ Vous faites un beau sourire et vous le cachez dans votre tiroir à chaussettes.

◆ Vous dites à votre grand-mère qu'elle devrait se rendre compte depuis le temps que vous n'aimez pas les motifs de poussins.

● Vous trouvez que malgré tout c'est adorable de sa part et vous le portez pour lui faire plaisir.

Chaque année, il y a un film que vous ne ratez jamais :

■ Le dernier Lars Von Trier.

● Le dernier James Bond.

◆ Le dernier Pixar.

Les dessins-animés de votre enfance :

■ Vous ne vous en souvenez pas très bien, à vrai dire.

● Vous pouvez fredonner la mélodie des génériques.

◆ Vous les avez tous en édition collector chez vous.

Le dernier jeu-vidéo auquel vous ayez joué :

● Tetris.

■ Le démineur.

◆ Mario bros.

Un adulte sur une trottinette, vous trouvez ça :

◆ Génial !

● Assez drôle.

■ Pathétique...

Résultats

Vous avez une majorité de ◆

Vous êtes un grand enfant

À part les poils sous les aisselles, vous êtes restés le même qu'à 6 ans. Vous ne faites clairement pas votre âge et votre charme enfantin fait parfois craquer votre entourage. Mais vous vous énervez souvent contre ceux qui ne vous prennent pas au sérieux. Vous ne pouvez pas leur en vouloir, c'est à vous de grandir un peu. Votre âme d'enfant est certes précieuse et vous rend unique, mais elle ne sera pas mise en danger si vous gagnez en maturité. Il faut prendre vos responsabilités en main. Et puis, vous verrez, ce n'est pas si terrible que ça. Même si ce n'est pas toujours drôle, vous en tirerez une réelle satisfaction.

Vous avez une majorité de ■

Vous êtes un adulte jusqu'au bout des ongles

Pour vous, l'enfance c'est du passé. Vous êtes très mature, autonome, sérieux, raisonnable. Votre entourage a du mal à imaginer l'enfant que vous étiez. Mais, parfois, vous seriez presque mal à l'aise face à des enfants, comme si vous ne saviez plus les règles du jeu. Vous ne ressentez jamais le besoin de lâcher prise ? Attention, il ne s'agit pas de perdre le contrôle de vous-même, mais de simplement vous laissez aller à chahuter de temps en temps entre amis sur une de vos chansons préférées ou tout simplement de faire une bataille d'eau avec les plus petits lors des grands rassemblements familiaux. Vous ne serez pas ridicule et vous verrez, ça vous fera rire comme avant !

Vous avez une majorité de ●

Vous êtes un jeune adulte

À l'intérieur de vous, il y a l'enfant que vous étiez et l'adulte de maintenant qui se tiennent la main. Vous laissez votre âme d'enfant s'exprimer et vous ressortez la casquette de l'adulte en temps voulu. Parfois, vous vous abandonnez aux plaisanteries de cours de récré et vous vivez des fous rires mémorables avec vos amis. Ce sentiment de voguer entre l'enfant et l'adulte que vous êtes vous laisse parfois un peu soucieux et interrogateur sur votre propre personnalité. Mais, tenez-le vous pour dit : être adulte ne signifie pas renier l'enfant qui sommeille en vous pour toujours.

Énigme

Nous sommes près
l'un de l'autre,
mais nous ne nous
voyons pas.

Qui sommes-nous ?

Solution

Les yeux.

Trois cigognes se rencontrent et bavardent :

- **TU VAS OÙ, TOI ?**

- Hooo, je vais chez un couple qui essaie d'avoir un enfant depuis dix ans... Je leur apporte une petite fille.

- **C'EST COOL ! ET TOI ?**

- Je vais chez une dame qui n'a jamais eu d'enfant. Je lui apporte un petit garçon !

- C'est bien, je suis sûre qu'elle va être vraiment heureuse.

- **ET TOI ?** demandent les deux premières à la troisième cigogne.

- Moi ? Je vais juste là à côté, au couvent.

- Au couvent?

- Oui. Je ne leur apporte jamais rien, mais j'adore leur foutre la trouille...

Les rennes du père Noël

Les noms des rennes du Père Noël sont :

Comète

Cupidon

Danseur

Éclair

Fringuant

Furie

Tonnerre

Tornade

STAR WARS, QUELQUES CHIFFRES

- Chewbacca mesure **2,21 m**.
- Le réalisateur George Lucas avait initialement prévu de raconter la saga Star Wars en **9 épisodes**, au lieu des **6 actuels**.
- Dans l'épisode III, **1 500 personnes** étaient présentes sur le plateau de tournage pour assister à la scène du retour de Dark Vador.
- Le robot **R2D2** doit son nom à une abréviation du **dialogue 2 de la bobine 2** (**Reel 2 / Dialog 2**). George Lucas utilisait ce codage pour numéroter les pellicules du film *American Graffiti*, sorti en 1973.
- Le **4 mai** est le jour de *Star Wars*. Cette date a été choisie car la célèbre phrase « Que la Force soit avec toi » se dit « May the Force be with you » en anglais et le 4 mai se traduit « May the Fourth », qui se prononce sensiblement de la même manière.

DEVINETTES

Justine Hénin a un fils. Comment s'appelle-t-il ?

H5. PARCE QUE H5N1.

Comment sait-on que l'on est arrivé en Ecosse, en Auvergne ou en Israël ? (pas de jaloux)

IL Y A DES FEUILLES DE PAPIER TOILETTE QUI SÈCHENT SUR LES CORDES À LINGE.

Mélanie Laurent, découverte par Depardieu

Enfant, Mélanie Laurent n'a jamais réellement pensé faire du cinéma. Elle est entrée dans le métier grâce à... Gérard Depardieu !
Celle qui a incarné depuis Shoshana dans *Inglorious Basterds* de Quentin Tarantino a accompagné, à l'âge de 13 ans une copine figurante sur le tournage d'*Astérix et Obélix*, en banlieue.
« Je m'étais mise à l'écart pour ne pas déranger, je bronzais. Et là Depardieu s'approche et me dit "Est-ce que tu veux faire du cinéma ?" J'avais 13 ans. C'est comme ça que j'ai débuté dans Un pont entre deux rives. C'était un baptême de luxe, facile et confortable. Zéro stress. »
En pure autodidacte, elle suit scrupuleusement les trois conseils que lui a donnés Depardieu :

1. Ne va jamais en cours.
2. N'apprends pas ton texte.
3. N'aie pas peur du ridicule.

En manque de vuvuzela ?

Ne pleurez plus sur le sort lamentable des Bleus lors de la Coupe du Monde 2010. Ne gardez de ce championnat que le meilleur, ce qui a fait littéralement vibrer votre été : le vuvuzela ! Vuvuzuelez vos sites préférés avec le « Vuvuzelator » ou plutôt le site Vuvuzuela Time. Vous n'aurez plus qu'à entrer l'adresse du site et surfez en toute tranquillité au son de cet inoubliable instrument à vent. Vous voyez, vous êtes déjà plus détendu...

http://www.vuvuzela-time.co.uk/

Suite logique

Parmi ces mots :
jardin – assiette - indice, soleil -
bouteille – gardien - veuf
Quel mot continue la série suivante :

Brasero
hideux
vingt-quatre
saucisse
fortuite

....

Solution

Indice. La dernière syllabe de chaque mot correspond à un chiffre pair : 0, 2, 4, 6 et 8. Le mot indice correspond au chiffre 10.

HUMOUR

Un type meurt à la limite exacte de la frontière franco-allemande.
Il arrive au ciel pour le jugement dernier. Saint Pierre lui dit :
- Bon votre vie sur terre, pas terrible. Quelques adultères, pas souvent à la messe, des blasphèmes... Je ne peux pas vous faire entrer au paradis, mais comme vous n'avez rien commis de grave et que vous êtes mort sur la frontière, je vous laisse le choix entre **L'ENFER ALLEMAND** et **L'ENFER FRANÇAIS**.
- Mais, saint Pierre, je ne connais ni l'un ni l'autre. Pourriez-vous m'en dire un peu plus ?
- Et bien, dans **L'ENFER ALLEMAND**, on vous met dans une grande marmite pleine de purin, des petits gnomes très très vilains et qui sentent mauvais mettent des bûches sous la marmite. Un dragon vient allumer les bûches et vous cuisez toute la journée. Et c'est tous les jours la même chose !
- Et **L'ENFER FRANÇAIS** ?
- Et bien, dans **L'ENFER FRANÇAIS**, on vous met dans une grande marmite pleine de purin, des petits gnomes très très vilains qui sentent mauvais et qui mettent des bûches sous la marmite. Un dragon vient allumer les bûches et vous cuisez toute la journée. Et c'est tous les jours la même chose ! Mais, si vous voulez un bon conseil, choisissez **L'ENFER FRANÇAIS** !
- Mais, saint Pierre c'est exactement la même chose !!!!!!!
- Non, non, pas du tout ! Car dans **L'ENFER FRANÇAIS**...
UN JOUR LES GNOMES SONT EN GRÈVE,
UN JOUR ON N'A PAS LIVRÉ LES BÛCHES,
UN JOUR LE DRAGON EST EN RTT,
UN JOUR IL EST EN CONGÉ MALADIE,
UN JOUR IL NE TROUVE PLUS LA MARMITE,
UN JOUR ON A OUBLIÉ DE COMMANDER LE PURIN !

Un garage propre

Les taches sur le sol du garage sont les plus difficiles à éliminer. Pour faire partir les traces et taches de cambouis, recouvrez-les de litière pour chat. Faites pénétrer en marchant dessus, frottez légèrement à l'aide du pied et laissez agir quelques heures. Ensuite, il suffit de balayer la litière et de frotter avec un produit d'entretien. Il n'y aura plus aucune trace.

Comment gagner du temps pour soi ?

Vous vous plaignez de ne pas avoir de temps pour vous, pour les autres, mais avez-vous réellement songé à remettre en question votre mode de fonctionnement ? Il serait temps. Suivez nos conseils pour définitivement vous libérer de cette course effrénée.

1 - Changez d'air lors de vos jours de repos

Ce n'est pas une question de moyens financiers mais d'organisation. L'objectif n'est pas de partir à l'autre bout du monde, mais de changer d'environnement, de fuir les lieux dans lesquels vous vivez au quotidien pour véritablement « souffler ». Il y a certes toujours des choses à régler chez soi ou dans sa ville, mais ces petits moments de pause valent clairement leur pesant d'or. Si vraiment vous ne souhaitez pas changer de lieu, sortez de chez vous et choisissez un endroit que vous ne connaissez pas, un quartier, une forêt à une heure de transport de votre ville. L'objectif, c'est l'évasion.

2 - Faites du sport à plusieurs

Dans la semaine, beaucoup se disent : « Ce week-end, je me remets au sport !» Mais rares sont ceux qui réussissent à se motiver seuls. Faites appel à vos amis ou à vos proches ! Ainsi, vous cesserez de mettre de côté injustement les bienfaits du sport lors de votre temps libre.

3 - Segmentez vos congés

Naturellement, un mois de vacances consécutives, ça fait rêver. Mais, la perspective d'attendre toute l'année la presque totalité de ces congés peut paraître insoutenable. Et si vous répartissiez vos congés sur l'année ? Il serait plus judicieux de vous réserver ces moments de pause à différents moments de l'année. Et si vous n'avez pas d'enfants scolarisés, profitez-en pour partir hors saison. De même, partir au soleil en plein hiver, ça requinque pour les prochains mois de froid.

4 - Assurez votre tranquillité

Qui n'est pas envahi d'appels, de mails, en bref, de signes extérieurs qui viennent troubler l'emploi du temps que vous vous étiez fixés ? Faites un classement des contacts prioritaires, mettez-vous sur répondeur et contactez les intrus une fois votre tâche terminée.

5 - Planifiez vos loisirs

L'idée de planifier tous ses loisirs sur des semaines ou des mois peut rebuter certains. Pourtant, c'est le seul moyen de voir plus loin que le bout de son nez et de ne pas laisser passer l'expo ou le concert que l'on ne voulait pas rater. Souvent, ce type d'événements se glisse dans un coin de votre tête, derrière toutes les autres choses à planifier. Résultat : les mois filent et vous avez loupé plus d'un événement.

6 - Consacrez-vous un soir par mois pour vous seul

Ce conseil s'adresse particulièrement aux parents surmenés et aux colocataires hyperactifs. L'expérience de la solitude se fait de plus en plus rare pour eux. L'idéal serait de se réserver un soir ou un après-midi que l'on consacre à soi-même : bain, lecture, promenade, sport, etc.

7 - Apprenez à ne rien faire

Rien, c'est rien ! Ne rien faire, ce n'est pas envoyer des sms dans les transports en commun ou regarder la télé! Ne rien faire, c'est par exemple, s'asseoir ou s'allonger et regarder le décor ou sentir le vent qui souffle. Vous voyez ? Ce sont tous ces instants auxquels on ne pense jamais et qui permettent pourtant de retrouver un sentiment de paix. L'objectif est aussi de faire le vide dans son esprit et non de rester immobile à ressasser des pensées négatives.

Un jouet pas très pédagogique dans le menu enfant

Dans un McDonald suisse, une petite fille a trouvé un préservatif dans la boîte de son Happy Meal. L'objet se trouvait au milieu des frites, toujours dans son emballage d'origine, mais ouvert. La direction a ouvert une enquête pour savoir comment le préservatif s'est retrouvé dans le menu qui se vante d'ordinaire d'offrir des jouets pédagogiques.

Pourquoi Google s'appelle Google ?

C'est en 2004 que David Koller accepta de dévoiler l'origine de ce nom. David Koller est l'un des mathématiciens qui furent sollicités par les fondateurs de Google, Larry Page et Sergey Brin. Google vient du mot Googol, le nom attribué au chiffre 1 suivi par 100 zéros, supérieur au nombre de particules élémentaires de l'univers : rien que ça ! Le nom Googol a été attribué en 1938 à ce nombre par le mathématicien Edward Kasner dans son traité intitulé Mathematics and the Imagination. L'histoire dit que l'idée vient du petit neveu de Kasner, âgé de 8 ans. En septembre 1998, les fondateurs du plus célèbre moteur de recherche déposent la marque sous l'orthographe « Google ». En anglais, le mot « google » désigne au départ des lunettes de plongée ou de piscine. Mais désormais, le verbe « to google » est rentré dans la langue anglaise et signifie rechercher une information dans un moteur de recherche. Quelle success story !

15 MINUTES PLUS TARD

Il existe un prix littéraire appelé le prix **15 minutes plus tard**. Il est décerné chaque année 15 minutes exactement après le prix Goncourt.

Un évêque, un curé et une bonne sœur reviennent des Journées Mondiales de la Jeunesse de Cologne. Dans le train, ils lisent tous les trois le journal La Croix.
L'évêque, un peu joueur, leur dit :
- Et si on faisait un concours de mots croisés puisqu'on a tous le même journal ?
Ils s'y mettent dare-dare et, au bout de 5 minutes, l'évêque s'écrie :
- Ça y est, j'ai fini, c'était vraiment facile !
La bonne sœur, 2 minutes plus tard :
- J'ai fini moi aussi, mais ce n'était pas évident.
Dix minutes plus tard, le curé se gratte toujours la tête. L'évêque vient à son secours :
- Mais qu'est-ce qui vous embête ?
Le curé :
- Ben, le 3 horizontal... j'ai bien la deuxième lettre, le **"O"**, la troisième le **"U"**, la quatrième le **"I"**, ensuite **"L"**, **"L"**, **"E"** et **"S"**... Mais je ne vois pas du tout : est-ce que c'est nouilles ou mouilles ? Non, je ne vois vraiment pas...
L'évêque :
- Voyons la définition : **"SE VIDENT QUAND LE COUP EST TIRÉ..."** mais ce sont les douilles, bien sûr !
La sœur, d'une petite voix :
- Vous n'auriez pas une gomme ?

SUDOKU

Niveau difficile

				2		6		
	4						2	
		1	6	4				
		4					5	
				1	2		3	
	2	7		8				
	3	5					4	9
	8		9					
			5	3				6

Solution p. 674

Un site déjanté sur les mouettes

Voilà un site Internet bien insolite et qui ne manque pas d'humour. Mouettes Online a pour « vocation de réhabiliter » la mouette, cet animal jugé « stupide et stressant ». Vous y trouverez des infos loufoques sur toutes les espèces de mouettes (sachez que la mouette en papier fait partie des espèces répertoriées) et vous pourrez même lire la Déclaration des Droits de la Mouette Citoyenne. Bonne lecture !

http://mouettesonline.free.fr/

Bulgarie :
filles à vendre sur le marché

Votre adolescente pleure son célibat sur son lit à chaudes larmes ? Sa situation pourrait être pire : elle pourrait être mise en vente en Bulgarie !

Dans le village de Mogila, un marché aux femmes est organisé le premier samedi après le début du carême de la Pâque orthodoxe. Les jeunes filles rom vêtues de leurs plus beaux atours sont vendues par milliers et au plus offrant. Elles sont plus de 2000 à être exposées. Les plus jolis minois pourront être échangés contre quelques milliers d'euros.

WC EN AFRIQUE DU SUD

Le saviez-vous ?

Une tasse de café entre les mains influence notre jugement des autres

Il n'y a pas que les carottes qui rendent aimables. Il y a aussi les boissons chaudes !
D'après deux études très sérieuses conduites par le professeur John Bargh, professeur de psychologie à l'Université de Yale, la chaleur d'une boisson que nous tenons dans la main nous rend davantage bienveillants et généreux à l'égard d'autrui.
Une première étude a été réalisée sur des étudiants qui ont été répartis en deux groupes : un groupe qui tenait une tasse de café chaud, un autre qui tenait une tasse de café glacé. Puis, les chercheurs ont communiqué des informations à chaque étudiant sur une personne dont il fallait juger la personnalité. Ceux qui avaient tenu une tasse chaude ont trouvé la personne en question beaucoup plus chaleureuse que ne l'avaient estimé ceux qui portaient la tasse froide.
La deuxième étude consistait à remettre des compresses chaudes à un premier groupe d'étudiants et des compresses froides à un deuxième groupe.

Ensuite, les chercheurs ont donné aux étudiants la possibilité de choisir entre un chèque cadeau pour un ami ou un cadeau pour eux personnellement. Les résultats ont montré que le groupe des compresses chaudes a préféré en règle générale le cadeau pour un ami et le groupe des compresses froides a plutôt choisi le cadeau perso.
Tous ces résultats rejoignent ceux de travaux précédents qui démontraient que le contact physique chaleureux et la distance physique parents-enfants avaient un impact réel chez l'individu adulte sur sa capacité à développer des relations plus saines et plus ouvertes. Le professeur John Bargh explique ce phénomène en détails et ses travaux dans le numéro d'octobre 2008 de la revue américaine *Science*. Les psychologues de l'étude ont par ailleurs précisé que le contact de la chaleur ou du froid déclenchait une forte activité dans la zone cérébrale appelée « insula », située au fond du sillon latéral. L'insula ou cortex insulaire est un lobe qui ferait partie du système limbique, système qui joue un rôle sur le comportement, sur les sentiments comme la peur, la joie, la tristesse et la capacité à faire confiance et à coopérer. Ça marche aussi avec le vin chaud, du coup !

DEVINETTE

Quelle différence y a-t-il entre une prostituée, une maîtresse et une épouse ?

Quand elle fait l'amour, la prostituée regarde le plafond et se dit :

« **QUAND VA-T-IL FINIR... ?** »

La maîtresse regarde le plafond et se dit :

« **QUAND VA-T-IL REVENIR... ?** »

L'épouse regarde le plafond et se dit :

« **QUAND VA-T-IL LE REPEINDRE... ?** »

Une veuve tuée par le cercueil de son mari

Incroyable mais malheureusement vrai... En novembre 2008, une Brésilienne de 67 ans est morte assommée par le cercueil de son défunt mari. Ce dernier était décédé la veille d'une crise cardiaque lors d'une soirée dansante.

D'après le quotidien *Folha*, Marciana Silva Barcelos voyageait à bord du corbillard sur le siège passager, lorsqu'un accident de la route a précipité le cercueil sur elle, lui fracassant le crâne.

Le drame s'est produit dans le Rio Grande do Sul, à une centaine de kilomètres au sud de Porto Alegre.

Yelle :
les secrets de beauté d'une femme so fresh

avec www.maviedefemme.com

La jeune et jolie chanteuse bretonne au look coloré aime se chouchouter et privilégie les produits naturels. Découvrez ses secrets beauté !

Son astuce beauté

Pour un corps tout doux, Yelle se tartine le corps de crèmes bio, de véritables cocktails rafraichissants aux textures gourmandes !

Ses produits chouchous

Le shampooing Big de Lush, aux cristaux de sel.
Les vernis à ongles colorés de Sephora.

Son adresse bio

La coopérative bio de Saint-Brieuc, La Gambille.

Texte à trous

Placez ces mots au bon endroit dans le texte suivant :

entendre - heure - moi - aube - demeurer - nuit - inconnu - croisées - sais - toi - marcherai - montagne

Demain, dès l'..............., à l'.............. où blanchit la campagne,
Je partirai. Vois-tu, je .... que tu m'attends.
J'irai par la forêt, j'irai par la...............
Je ne puis.............. loin de.............. plus longtemps.

Je.............. les yeux fixés sur mes pensées,
Sans rien voir au dehors, sans.............. aucun bruit,
Seul, ..., le dos courbé, les mains...............,
Triste, et le jour pour .... sera comme la...............

Victor Hugo, *Demain dès l'Aube*

Solution p. 680

Comment aider efficacement une personne handicapée ?

Dans les transports en commun

Peu d'handicapés aiment que l'attention soit portée sur eux. Plutôt que de lui demander si elle veut votre place, levez-vous et faites comme si vous alliez descendre ; la personne en difficulté pourra alors s'asseoir sans se sentir mal à l'aise.

Au supermarché

Si vous croisez une personne à mobilité réduite dans un supermaché, sachez que pour elle, faire ses courses relève du parcours du combattant. N'hésitez pas à lui proposer de l'aide en allant lui chercher ce dont elle a besoin ou en attrapant les produits situés sur les étagères hautes.

À la caisse

Peu de personnes handicapées font valoir leur droit. Elles sont cependant prioritaires lors du passage en caisse. Faites-en une règle d'usage. Proposez-leur aussi d'emballer leurs courses dans les sachets en plastique.

C'est une tâche peu facile pour quelqu'un muni de béquilles.

À un passage piéton

Proposez votre aide pour traverser la rue aux personnes non-voyantes ou âgées. Si elles refusent, n'insistez pas. Vous risqueriez de les blesser.

En voiture

Ne vous garez pas sur les bateaux, ils sont fait pour que les personnes en fauteuil roulant puissent descendre du trottoir. Si une voiture est garée sur un passage clouté, l'handicapé n'a d'autre choix que de traverser au suivant. De même, pensez à laisser assez de place pour un fauteuil si vous devez vous garer sur le trottoir.

Signalez les dysfonctionnements

Si vous rencontrez un problème d'accessibilité, un feu tricolore mal réglé ou une bouche d'égoût mal refermée, un petit coup de téléphone à la mairie peut y remédier dans la journée.

Avec vos enfants

Apprenez à vos enfants ces règles de savoir-vivre. Et surtout, réprimandez-les fortement si vous les surprenez à se moquer d'une personne handicapée. C'est un citoyen comme les autres, qui nécessite davantage d'aide que de moquerie.

Apprendre l'anglais avec Obama

Asahi Press a édité en 2008 un recueil des discours d'Obama traduits en japonais, fourni avec un CD.
Un vrai best-seller : plus de 400 000 exemplaires vendus en l'espace de 2 mois !
L'éditeur de cet ouvrage Yuzo Yamamoto justifie cet engouement en expliquant que les discours d'Obama sont simples à mémoriser et teintés d'émotion.

La crise

Il paraît que la crise rend les riches plus riches et les pauvres plus pauvres. Je ne vois pas en quoi c'est une crise. Depuis que je suis petit, c'est comme ça.

COLUCHE

Touchés par la crise, de nombreux marchands d'armes se sont reconvertis dans la lingerie. Les armes de la séduction.

Roland TOPOR

Il ne peut pas y avoir de crise la semaine prochaine : mon agenda est déjà plein.

Henry KISSINGER

La crise n'est pas comme une maladie dont on ne peut sortir : elle est comme une sorte de nouvelle naissance !

André MAUROIS

Dans toute crise, apparaissent des leaders qui savent ce qu'ils ont à faire.

Xavier EMMANUELLI

Un Marseillais, un Parisien et un Lyonnais sont surpris en état d'ébriété en Arabie Saoudite, alors que la consommation d'alcool y est rigoureusement interdite. Le sultan décide de les punir, tout en restant bienveillant. Pour éviter l'incident diplomatique, il leur dit :
- Pour la consommation de l'alcool, vous aurez une punition de **50 COUPS DE FOUET !** Mais, puisque vous êtes des étrangers et que vous ne connaissiez pas l'interdiction, je vais être bon. Avant la punition, **VOUS AVEZ DROIT À UN SOUHAIT !**
Là-dessus, le Lyonnais dit :
- Je souhaite que vous **M'ATTACHIEZ UN COUSSIN SUR LE DOS**, avant de me fouetter.
Son souhait est réalisé, mais le coussin, sous la force des coups de fouet, rompt malheureusement dès 25 impacts.
Le Parisien qui voit cela, souhaite qu'on lui attache **DEUX COUSSINS SUR LE DOS**.
Aussitôt dit, aussitôt fait, mais pour lui aussi, les coussins se sont déchirés, hélas, très vite.

Maintenant, le sultan s'adresse au Marseillais et dit :
- Puisque tu es marseillais, que je suis un grand fan de football et que vous jouez si bien au football du côté de la Canebière, je vais être particulièrement indulgent avec toi ! **TU AS DROIT À DEUX SOUHAITS**, mais choisis bien !
Le Marseillais dit :
- OK, j'ai déjà choisi. Mon premier désir est de recevoir **100 COUPS DE FOUET** au lieu de 50 seulement !
Le Parisien et le Lyonnais sont très surpris et le prennent pour un fou.
Le sultan dit :
- Je ne te comprends certes pas, mais le double des coups est toutefois accordé ! Et ton second désir ?
Le Marseillais répond :
- Qu'on **M'ATTACHE LE PARISIEN DANS LE DOS !**

Jeu d'articulation

Répétez dix fois très vite :

Le scout mange son
casse-croûte cru.

Le fisc fixe exprès
chaque taxe excessive
exclusivement au luxe
et à l'exquis.

LA CUISINE

Les Français mangent en moyenne **54 kilos** de pain par an et par habitant.

Quant aux Belges, ils ingurgitent environ **33 kilos** de frites par an.

Chaque année, **11 millions** de bouteilles de beaujolais sont importées au Japon. Les vertus de ce vin sont telles à leurs yeux que certains le versent dans leur baignoire ou leurs thermes en plein air pour se baigner dedans.

58 % des Français prennent un goûter.

Devenez réalisateur en quelques clics !

Voici deux sites qui vous permettront de réaliser des courts-métrages très facilement : Classik TV et Bollywood TV. Les deux sites permettent de choisir des extraits dans une banque de rushs et de les monter. Classik TV propose en plus des musiques et des effets. Vous pouvez même écrire des sous-titres. Lorsque vous êtes satisfait de votre création, vous pouvez ensuite l'envoyer à vos amis ou à vos collègues. Ça égayera leur journée ! Le tapis rouge de Cannes n'attend plus que vous.

http://www.grapheine.com/classiktv/
http://www.grapheine.com/bombaytv/

Vive le jardinage !

Vous n'avez jamais songé aux bienfaits de cette activité zen par excellence ? Le jardinage nous fait entrer en communion avec la nature et son cycle de vie, reflet de notre propre cycle. De même, il permet de prendre du temps pour soi dans un réel cadre de paix.

Investissez votre petite parcelle de terre, si cela n'est pas déjà fait, et si vous n'avez pas la chance d'en disposer, renseignez-vous sur les possibilités de co-jardinage dans votre quartier. Car le jardinage peut se faire aussi à plusieurs, entre voisins ou en famille ! Si vous n'osez pas vous lancer tout seul, inscrivez-vous à des cours de jardinage.

Énigme

Avec les lettres
de mon nom,
on peut écrire
celui de ma maison.
Qui suis-je ?

Solution

Le chien. La niche étant la maison du chien.

Un instituteur demande à ses élèves :
- Quelle serait pour vous une **BELLE MORT** ?
Ce à quoi une petite fille au fond de la classe répond :
- C'est mourir **COMME MON GRAND-PÈRE**.
- Ah bon, réplique le maître. Et comment est mort ton grand-père ?
- Il s'est **ENDORMI**.
Là-dessus, le maître demande alors :
- Et quelle serait alors selon vous une **MORT ATROCE** ?
Et la même petite fille répond :
- Ce serait mourir **COMME LES COPAINS DE MON GRAND-PÈRE**.
Le maître intrigué lui demande alors :
- Et comment donc sont-ils morts ?
- Ils étaient **DANS LA VOITURE DE MON GRAND-PÈRE** quand il s'est endormi...

2001 :
l'année où la roue fut brevetée !

C'est John Keogh, un Australien, qui déposa le brevet de la roue en 2001. En effet, notre plaisantin a souhaité protester contre le système de brevets mis en place par son gouvernement, qui permettait de déposer tout et n'importe quoi. Alors, mister Keogh a choisi la roue, inventée vers 3500 avant J.-C. à Sumer en Basse Mésopotamie.

Les 10 endroits dans le monde où les touristes sont les plus susceptibles d'être victimes de pickpockets.

1. Barcelone
2. Rome
3. Prague
4. Madrid
5. Paris
6. Florence
7. Buenos Aires
8. Amsterdam
9. Athènes
10. Hanoï (Vietnam)

Vivez une hallucination en direct sur le web

Vous n'en croirez pas vos pupilles ! Entrez l'adresse du site du « Disque Waouh ». Vous devez fixer pendant 30 secondes un point rouge encerclé par des disques noirs qui tournent, tournent, tournent.
Les 30 secondes sont passées ? Regardez par exemple votre main, posée sur votre souris d'ordinateur : hallucinations garanties !

http://www.topcanon.com/

SUDOKU

Niveau moyen

			8			6		
	8	6		4	9	1		5
4		7	3		5			8
					8	3		1
		8	5	2	1			9
1		9						
							2	
5	9							6
2					3		4	

Solution p. 674

BALEINES BLEUES

Saviez-vous que la langue d'une baleine bleue pesait autant qu'un bébé éléphant ? Et saviez-vous que la taille de son cœur de **600 kilos** était aussi grande que celle d'une petite voiture ?
D'ailleurs, le cœur d'une baleine bat **8 fois par minute** en surface et **4 fois sous l'eau** pour faire circuler **10 000 litres de sang**.

Astuce contre les mains qui transpirent

La transpiration des mains peut être très handicapante, surtout si notre métier exige que l'on serre beaucoup de mains. Voici la solution : frottez-vous les mains régulièrement avec de la poudre de lycopodium (champignon). C'est sans danger pour la santé et très efficace.

MONSIEUR ET MADAME...

Monsieur et Madame **TEUZMANY** ont un fils, comment s'appelle-t-il ?

GÉDÉON

Monsieur et Madame **SCOTT** ont une fille, comment s'appelle-t-elle ?

ADÈLE

Monsieur et Madame **PARAILAFATIGUE** ont une fille, comment s'appelle-t-elle ?

CANDICE

Connaissez-vous le bookcrossing ?

Le bookcrossing, c'est la libre mise en circulation de livres sur toute la planète. À l'origine de ce phénomène, il y a un site : bookcrossing.com. Vous pouvez d'ores et déjà inscrire un livre sur le site qui se chargera de lui attribuer un BCID (identifiant bookcrossing). Il suffit ensuite d'inscrire le BCID sur une étiquette, de la coller sur le livre et d'abandonner l'ouvrage dans un lieu public. Qui sait ? Votre livre se retrouvera peut-être entre les mains d'une étudiante japonaise ou d'un restaurateur mexicain ! Le site compte plus de 800 000 bookcrossers dans 130 pays. En devenant bookcrosser, vous pourrez aussi signaler sur le site la découverte d'un livre, en inscrivant son BCID sur la page d'accueil.

http://www.bookcrossing.com/

MOTS CROISÉS

HORIZONTALEMENT

A : Don.
B : Printemps – Nu en hiver.
C : Combler les trous.
D : Deuxième amour – Pratique sexuelle.
E : Amenées à soi.
F : À cette place – Rognon.
G : Agence spatiale américaine - En tartare.
H : Habitant du 62.
I : Habitants de Riga.
J : Raidisses.
K : Nattées.

VERTICALEMENT

1 : Parole de vendeur – Filet touché.
2 : Peu sympathique.
3 : Plante à baies bleues.
4 : Petite – Avant latin.
5 : Prendre en location – On les entend.
6 : B. a.-ba – Instant.
7 : Anciennes colères – Nacrées.
8 : Fin du voyage – Sigle nazi.

	1	2	3	4	5	6	7	8
A								
B			■					
C								
D						■		
E							■	
F				■				
G					■			
H	■							
I								■
J		■						
K								

Solution p. 681

Pourquoi les chats ronronnent-ils ?

Après de nombreuses études, les scientifiques ont pu prouver qu'il s'agit d'un phénomène aérodynamique. Les muscles du larynx et du diaphragme se contractent de façon régulière, provoquant l'ouverture et la fermeture de la glotte.
Cette vibration commence très tôt dans la vie du chat, dès l'âge de deux jours. Il résulte d'une dépendance à sa mère. Sa persistance à l'état adulte est le résultat d'un comportement infantile. Ainsi, le chat domestique élevé au biberon, très attaché à celui qui l'a nourri, ronronne très fort. À l'inverse, un chat à l'état sauvage, tout comme le lion ou le tigre, ne sait pas ronronner.
Le ronronnement n'est pas forcément signe de bien-être. Il peut être provoqué par une intense émotion. Ainsi, une chatte qui accouche ou un chat malade peuvent ronronner. C'est plutôt le ronronnement qui rassure le chat à la recherche d'une sensation d'aisance.
Cette vibration stimule la production d'endorphines, également appelées « hormones du bonheur ». Elles provoquent détente et plaisir et diminuent les sensations désagréables.
Les humains profitent eux aussi des ronronnements du chat. Les fréquences émises par les matous sont comprises entre 25 et 50 hertz. On utilise des vibrations de la même fréquence pour soigner des douleurs musculaires et accélérer la guérison de fractures. Mais le ronronnement peut aussi diminuer le stress, calmer les bébés et procurer un sentiment maternant. Il existe même des CD de ronronnement pour trouver calme et sommeil !

Mozambique : des rats contre les mines antipersonnel

Détrompez-vous. Il ne s'agit pas de libérer des groupes de rats sur des zones précises pour qu'ils soient piégés par les mines à la place des humains. Ils sont dressés pour repérer l'emplacement des mines.

Les scientifiques de l'université Sokoine ont constaté le potentiel des rats géants de Tanzanie, une fois dressés. Ces rats ont des capacités olfactives supérieures à l'homme. Ils sont macrosmatiques, c'est-à-dire qu'ils peuvent déceler des particules infimes dans l'air. Les rats géants de Tanzanie peuvent vérifier une surface de 100 m^2 en 30 minutes, contre une journée pour les humains. Ils sont rapidement opérationnels car il faut entre 6 et 10 mois pour les dresser et ils ne craignent pas l'homme. Enfin, ils résistent aux maladies tropicales et sont plus dociles que les chiens dressés. En revanche, ils travaillent moins efficacement lorsque la végétation est dense.

Rappelons que chaque année, des milliers de personnes meurent à cause des mines antipersonnel au Mozambique. Rien qu'en 2002, plus de 11 000 personnes, dont une majorité d'enfants, sont mortes à cause des mines.

QUELQUES MONUMENTS HISTORIQUES

8 852 km ! Selon des travaux réalisés par des chercheurs chinois, ce serait la longueur exacte de la muraille de Chine. Elle est donc beaucoup plus longue mais aussi, à en juger par certains morceaux sortis de terre, en bien plus mauvais état que ce que l'on pensait !

La statue de la Liberté mesure **12 mètres** de tour de poitrine.

Pour savoir qui serait le Soldat inconnu, on a effectué un tirage au sort sur **8 cercueils**.

Un employé d'une grande entreprise prend le téléphone et dit :

– **ALLO MA POULE ! LÈVE TON JOLI PETIT CUL, MONTE-MOI UN CAFÉ ET UN CROISSANT, ET PLUS VITE QUE ÇA MA BELLE !!**

À l'autre bout du téléphone, une voix très masculine répond :

– **ESPÈCE DE CON, TU T'ES TROMPÉ DE NUMÉRO. TU SAIS À QUI TU PARLES ? AU DIRECTEUR-GÉNÉRAL !**

Et l'employé lui dit :

– **ET TOI, CONNARD, TU SAIS À QUI TU PARLES ?**

Le directeur rétorque :

– **NON !**

Et l'employé répond :

– **OUF !**

Les Anglais roulent à gauche et opèrent à... ?

En Angleterre, un audit de la NPSA, Agence nationale pour la sécurité des patients, avertissait en 2005 des dangers de l'absence de standardisation des procédures de chirurgie crânienne.

En effet, certains services de neurochirurgie marquaient au stylo le côté du crâne à opérer alors que d'autres services marquaient le côté à ne pas opérer.

Ainsi, de nombreux chirurgiens continuaient d'opérer du mauvais côté du cerveau. Quinze erreurs chirurgicales ont été signalées à la NPSA entre 2005 et 2009.

Énigme

Marie-Astrid et Stanislas jouent au tennis tous les dimanches après-midi pour digérer le rôti de veau aux blettes de Mamie Yvonne.

Mercredi dernier, nos deux champions ont joué 7 parties et chacun remporta autant de victoires que l'autre. Aucun match nul. Comment est-ce possible ?

Solution

Rien ne nous dit qu'ils se sont affrontés tous les deux !

Trois adolescents sauvent Nicolas Sarkozy de la noyade. Très reconnaissant, ce dernier leur demande ce qu'ils désireraient en guise de remerciement.
Le premier lui répond :
– J'AIMERAIS UN SCOOTER POUR ALLER À L'ÉCOLE CAR MES PARENTS N'ONT PAS LES MOYENS DE M'EN ACHETER UN...
Nicolas Sarkozy rétorque :
– OK, TU M'AS SAUVÉ LA VIE, JE VAIS ÊTRE GÉNÉREUX. TU AURAS TON SCOOTER !
Le deuxième demande :
– J'AIMERAIS UNE PLAYSTATION 2 CAR JE N'AI PAS D'ARGENT POUR M'EN ACHETER UNE ET MES PARENTS NE VEULENT PAS...
Nicolas Sarkozy dit :
– PAS DE PROBLÈME. JE SUIS TELLEMENT RECONNAISSANT QUE JE T'OFFRE MÊME UNE SECONDE COMMANDE POUR JOUER AVEC TES COPAINS.
Et, s'adressant au troisième :
– ET TOI, QUE DÉSIRES-TU ?
Le troisième répond :
– MOI, J'AIMERAIS DES OBSÈQUES NATIONALES AVEC TOUT LE CÉRÉMONIAL, LA FANFARE, ETC.
Compte tenu de l'âge du jeune homme, Nicolas Sarkozy ne comprend pas sa requête et lui demande pourquoi...
Le jeune homme lui répond :
– PARCE QUE, LORSQUE MON PÈRE VA APPRENDRE QUE JE VOUS AI SAUVÉ, IL VA ME TUER !

D'où vient l'expression « fier comme Artaban » ?

Qui est ce fameux Artaban dont parle cette locution et qui a l'air si prétentieux ? C'est un personnage de *Cléopâtre*, un roman en 13 volumes de Gautier de la Calprenède, écrit au XVIIe siècle.

Il n'est resté de ce livre tombé dans l'oubli que le personnage d'Artaban et sa nature orgueilleuse. Frédéric Dard déforma l'expression pour la mettre dans la bouche de San-Antonio : « **fier comme s'il avait un bar-tabac** », que Coluche a ensuite reprise à son compte.

Changer d'adresse grâce au web

Si vous créez un compte sur mon.service-public.fr, vous pouvez communiquer en quelques clics votre nouvelle adresse aux Assedic, aux allocations familiales, à la Caisse d'Assurance Maladie, à la Poste et au Trésor Public. Munissez-vous de tous vos courriers, attestations et relevés pour procéder à une identification complète. Sur le site mon.service-public.fr, vous pouvez d'ailleurs effectuer un bon nombre de démarches administratives en ligne. Le site mériterait bien un petit coup d'œil !

https://mdel.mon.service-public.fr/je-change-de-coordonnees.html

WC MUSULMAN

Tailles, pointures et mensurations des people

Mariah CAREY a pour mensurations 90-75-95.

Inès de LA FRESSANGE mesure 1,81 m.

BEYONCÉ a pour mensurations 82-65-105.

LADY GAGA mesure 1,55 m.

Vincent CASSEL mesure 1,88 m, de même que **Tony PARKER**, **Clint EASTWOOD**, **John TRAVOLTA** et **Jim CARREY**.

Isabelle NANTY mesure 1,50 m.

Les mensurations de **Liv TYLER** sont 85-62-95.

Laure MANAUDOU chausse du 43.

Vanessa PARADIS mesure 1,60 m.

Tom CRUISE mesure 1,70 m, tout comme **Al PACINO**.

Scarlett JOHANSSON a pour mensurations 93-58-88.

Brad PITT mesure 1,80 m.

Marilyn MONROE chaussait du 38-39.

Eva LONGORIA mesure 1,57 m.

Gisele BÜNDCHEN mesure 1,80 m. Ses mensurations sont 81-60-89.

Le nageur **Ian THORPE** chausse du 53.

Carla BRUNI-SARKOZY mesure 1,75 m, tout comme **Johnny DEPP** et **Paris HILTON**.

Cécilia ATTIAS, ex-**Mme SARKOZY**, mesure 1,78 m. **La GRANDE SOPHIE** mesure la même taille.

Les mensurations de **Penelope CRUZ** sont 76-59-75.

Nicolas SARKOZY mesure 1,68 m, tout comme **Jennifer LOPEZ**.

Suite logique

L

N

P

R

....

Solution

T. Il s'agit de sauter une lettre sur deux dans l'alphabet.

La cerise : un fruit plein de ressources

- La consommation modérée de cerises est bonne pour la santé : c'est le fruit rouge le plus énergétique avec 68 kcal/100 g. De même, avec une portion de 125g, vous pouvez couvrir jusqu'à 30 % de l'apport quotidien recommandé en vitamine C et 25 % de l'apport quotidien recommandé de carotène (provitamine A). Enfin, la cerise a des propriétés anti-oxydantes et sa consommation stimule le transit (250 mg de potassium pour 100 g).

- Utilisez le jus pour guérir vos petits maux : une étude américaine a démontré que le jus de cerise pouvait neutraliser l'activité enzymatique à l'origine de la formation de plaques et donc à terme de caries. Enfin, le jus de cerise serait le seul fruit utilisable pour guérir les dartres (affections cutanées). Écrasez des cerises aigres ou des cerises de Montmorency sur les zones à traiter.

- Gardez vos noyaux de cerise : vous pouvez les glisser dans un sac pour en faire un oreiller massant ou une bouillote à chauffer au four à micro-ondes.

- Attention à ceux qui suivent un régime : la cerise est le fruit rouge le plus sucré. Si votre régime le permet, préférez les variétés dites « acides », comme les griottes ou les amarelles, qui sont moins caloriques. Dans tous les cas, pour une bonne digestion de ce fruit, prenez soin de bien mastiquer les cerises et de ne pas boire beaucoup d'eau lors de leur consommation.

Massages de pied express

Profitez d'un passage aux toilettes pour un massage express de vos pieds.

Massage des pieds relaxant : stimulez votre Yin

1. Effectuez lentement des petits cercles avec le pouce, du talon jusqu'aux orteils.
2. Élargissez les cercles et terminez par le centre de la voûte plantaire.

Massage énergisant : stimulez votre Yang

1. Massez vos pieds en les frictionnant du talon vers les orteils.
2. Massez fortement chaque orteil, l'un après l'autre, en pinçant son extrémité.
3. Effectuez des pressions de 5 secondes avec le pouce sur la plante, tout en expirant lentement.

POUR ÊTRE HEUREUX EN MARIAGE

Selon une étude britannique, voici la recette idéale pour que votre couple dure toujours :

4 baisers par jour.

Un « je t'aime » par jour.

2 activités communes par jour.

2 dîners romantiques par mois.

Le mythe du « coup de froid »

On contracte un rhume par contamination et non en se baladant sans écharpe en plein hiver. Bien sûr, les changements de température pour maintenir le corps à 37 °C perturbent l'organisme et le froid peut irriter la muqueuse nasale, mais c'est bel et bien à cause des virus que nous attrapons dans les transports en commun ou dans les lieux publics que l'on contracte un rhume. Sartre nous avait pourtant prévenus : l'enfer, c'est les autres !

ÉQUIPE DE FRANCE, SPÉCIAL RÈGLEMENTS DE COMPTES !

COUPE DU MONDE 2010, LES BLEUS PROGRESSENT

Coup de boule avec **ZIDANE**,
Coup de main avec **HENRY**,
Coup de queue avec **RIBÉRY**.

ÇA DESCEND,
ILS VONT BIENTÔT ENFIN JOUER AVEC LEURS PIEDS !

SUDOKU

Niveau moyen

	3				1	2	7	5
7	5						6	4
			7	5				
		2					3	
8	1			7	9			6
	7	5		2	6			
			6					1
	6			9	3			7
		9						

Solution p. 675

Le championnat du monde d'écrasement de moustiques !

Les moustiques rendent la vie des Finlandais tellement infernale que ces derniers ont inventé un championnat mondial d'écrasement de moustiques (en anglais : *World Championship of Mosquito Killing*).

Ce championnat a lieu à Pelkosenniemi et les candidats disposent de 5 minutes pour tuer le maximum de moustiques à mains nues.

En Finlande, on dénombre 35 espèces de moustiques.

Un curé dit à son ami rabbin :
- J'ai un truc pour manger à l'œil.
- Super, tu fais comment ?
- Je vais au restaurant assez tard, je commande une entrée, un plat, je prends mon temps pour le café, le cognac, un bon cigare et j'attends la fermeture. Comme je ne bouge pas, quand ils rangent toutes les tables et mettent les chaises dessus pour fermer, le garçon vient me demander de payer. Je lui dis que j'ai déjà payé son collègue qui est parti. **SIMPLE, NON ?**
- **GÉNIAL**, fait le rabbin. Si on essayait demain ?
- D'accord, je réserve.
Le soir suivant, le curé et le rabbin vont au restaurant et commandent de nombreux plats. À la fin de la soirée, le garçon arrive et leur demande de payer.
Le curé lui répond :
- Mais nous avons **DÉJÀ PAYÉ** l'addition à votre collègue. Vous voyez ? Celui qui est parti il y a 20 minutes.
Le rabbin :
- Et ça fait un moment **QU'ON ATTEND LA MONNAIE !**

Attraper des flocons de neige avec la langue en plein été ? C'est possible !

Mais oui ! Connectez-vous sur le site Snowday et allumez votre Webcam. C'est parti ! Votre tête est sur l'écran : il suffit de tirer la langue pour pouvoir attraper des flocons de neige.

Vous ne nous croyez pas ? Essayez.

http://holiday.rosetta.com/snowday/

LES CHIFFRES RECORD DE FACEBOOK

- Sur Facebook, plus d'**1,5 million de contenus** (photos, vidéos, articles, posts, liens, etc.) sont partagés tous les jours.
- Facebook compte **260 milliards de pages ouvertes** tous les mois.
- Si Facebook devenait un pays, il serait le **4e plus gros État du monde**, derrière les États-Unis et devant l'Indonésie.
- **Les femmes de 55 à 65 ans** représentent la catégorie d'utilisateurs qui augmente le plus rapidement sur Facebook.
- La radio a mis **38 ans** pour atteindre **50 millions d'utilisateurs**, la télévision a mis **13 ans** et Internet **4 ans**. Facebook a mis **9 mois** pour en atteindre **100 millions**.

L'ancêtre de Barbie est un jouet pour adultes !

C'est lors de vacances en Suisse en 1956 que les époux Handler, dirigeants de Mattel, ont découvert la poupée Lilli, une figurine plastique de couleur chair, haute de 29 cm aux cheveux blond platine, les lèvres rouges sexy et un regard de braise. Le personnage de Lilli était la mascotte du journal allemand *Bild Zeitung*, dessinée par Reinhard Beuthien.

Le 12 août 1955, une poupée à l'effigie de cette mascotte est commercialisée à destination des adultes et rencontre un franc succès auprès des lecteurs masculins. Le joujou est alors vendu dans d'autres pays comme l'Autriche et la Suisse.

Durant leur séjour en Suisse, les époux Handler achetèrent plusieurs modèles de la poupée, puis après avoir acquis les droits de la *Bild Lilli Doll*, ils confectionnèrent la plus célèbre poupée mannequin du monde, mais cette fois-ci à destination des enfants.

Perles de médecine
Les médecins

Homme de 69 ans, décrépit apparaissant en bonne santé, mentalement alerte mais distrait.

Le patient avait des antécédents médicaux remarquablement non significatifs avec seulement un gain de poids de 20 kilos dans les trois derniers jours.

Un triple pontage sur trois ne réussit qu'une fois sur deux.

Le patient a quitté l'hôpital en se sentant beaucoup mieux, si l'on excepte ses douleurs initiales.

Elle n'a eu aucun frisson ni aucun tremblement, mais son mari dit qu'elle était très chaude dans le lit la nuit passée.

Le patient a ressenti une douleur de poitrine en se trouvant sur son côté gauche pendant plus d'une année.

Le patient a expiré sur le sol sans prévenir.

Il s'agit d'un nouveau-né de sexe masculin, sans autre malformation associée.

Le patient stipule qu'il a une douleur brûlante dans son pénis qui va jusqu'à ses pieds.

Décharge : Vivant mais sans permission. Le patient aura besoin d'une déposition et donc nous inciterons le docteur X à le rejeter.

Le patient a refusé une autopsie.

Le patient a laissé ses leucocytes dans un autre hôpital.

La patiente est triste et pleure constamment. Elle semble aussi être déprimée.

Le patient n'a aucun passé connu de suicides.

Elle a glissé sur la glace et apparemment ses jambes sont allées dans des directions séparées au début décembre.

Le deuxième jour, le genou allait mieux et le troisième jour, il avait complètement disparu.

Le patient a été renvoyé aux consultations externes sans ses habits. J'ai suggéré qu'il desserre son caleçon avant de se mettre debout et ensuite, une fois debout avec l'aide de sa femme, il est tombé sur le plancher.

Le patient devenait plus fou avec sa fréquence urinaire.

Au moment de son admission, son cœur rapide s'est arrêté et il s'est senti mieux.

Le patient était en bonne santé jusqu'à ce que son avion tombe en panne de kérosène et se crashe.

UNE NAINE VA CONSULTER UN GYNÉCOLOGUE.

- Docteur, c'est terrible ! Chaque fois qu'il pleut, j'ai l'entrecuisse brûlant, le sexe en feu !
- Je ne vois rien de particulier, aucune inflammation. Revenez me voir quand il pleuvra.

Dix jours plus tard, alors qu'il pleut des cordes, la naine revient chez le gynécologue.

- Docteur, c'est épouvantable ! Ça me brûle, je suis en feu encore !
- Allongez-vous.

Après l'avoir examinée, le docteur dit :

- Ne bougez pas. Je vois ce que c'est !

Il va chercher un instrument et crac, crac, crac.

Deux minutes plus tard il lui dit :

- C'est terminé. Levez-vous et marchez.

La naine se lève, fait quelques pas, et s'écrie :

- Je n'ai plus mal, plus du tout ! Docteur, vous êtes extraordinaire !
- N'exagérons rien ! J'ai simplement **RACCOURCI VOS BOTTES EN CAOUTCHOUC !**

Casse-tête

Disposez dans cette figure chacun des chiffres de 1 à 8 de façon à ce qu'aucun ne soit en contact ni par un côté ni par une diagonale avec le chiffre qui le précède ou celui qui le suit. Plusieurs solutions sont possibles.

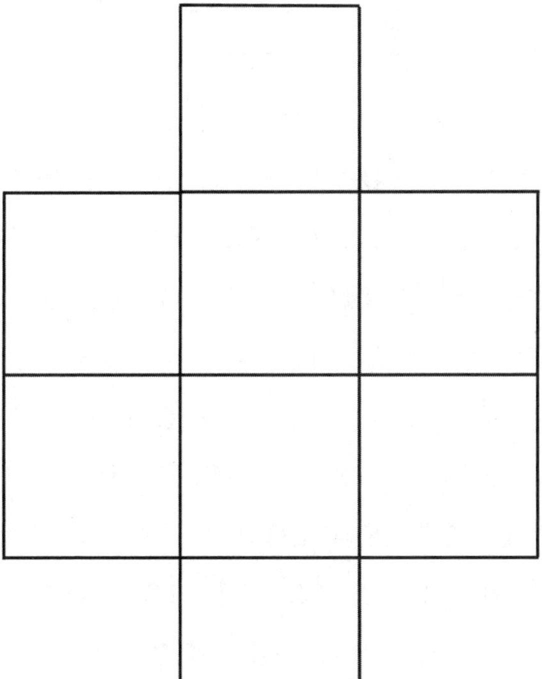

Solution p. 683

Petite histoire de l' Arc de Triomphe de Paris

En 1730, la place de l'Étoile était appelée « l'Étoile de Chaillot ». Il n'y avait pas encore le célèbre monument que nous connaissons aujourd'hui. Pourtant, les idées ne manquaient pas. En 1758, un projet de construction d'éléphant géant avait même été proposé. L'animal aurait abrité un hôtel, une salle de bal et un théâtre. Mais c'est le projet de Bonaparte qui triompha (c'est le cas de le dire...) : ériger un monument à la gloire de sa Grande Armée.

Changez de coiffure avant d'aller chez le coiffeur

Vous aimeriez bien révolutionner votre coupe, mais vous hésitez entre différents styles ou alors vous souhaitez voir votre tête avant de la sacrifier chez le coiffeur. C'est possible !

Le site Internet StylOr vous permet de choisir la coupe idéale avec une simple photo numérique de votre visage. Suivez les conseils du site pour choisir ou prendre une photo adaptée avec votre appareil photo ou votre webcam. Vous pouvez ensuite faire des essais gratuits de coupes. L'accès devient payant si vous souhaitez bénéficier de la totalité du panel.

https://www.stylor.org

Tous les moyens naturels contre les verrues

Pour lutter contre ces maudites verrues, vous pouvez associer des traitements par voie orale et par voie cutanée.

Les traitements par voie orale

- Prenez des médicaments homéopathiques type Verulia.
- Suivez une cure de magnésium.
- Incluez dans votre alimentation des produits qui renforcent le système immunitaire, contenant par exemple de la vitamine A, C, E et des oligo-éléments.

Les traitements par voie cutanée

- Coupez la moitié d'un oignon en petits morceaux, emballez-les dans un sac congélation que vous appliquerez sur la zone à traiter pendant une nuit. Les verrues disparaissent sous 15 jours.

- Appliquez la peau d'un citron préalablement trempée pendant 1 heure dans du vinaigre blanc. À renouveler jusqu'à disparition des verrues.
- Appliquez du suc de chélidoine (plante).
- Faites un bain de pied avec du jus de citron deux fois par jour pendant 10 jours.
- Appliquez de l'extrait de pamplemousse pur.
- Appliquez des cataplasmes d'argile verte plusieurs fois par jour.
- Appliquez les huiles essentielles suivantes : Lemon Grass, Sariette Vivace ou Melaleuca Alternifolia (huile essentielle d'arbre à thé).
- Appliquez tous les jours du jus de chou-fleur. À renouveler jusqu'à disparition des verrues.
- Badigeonnez après traitement les anciennes verrues avec de l'huile essentielle de germe de blé additionnées de quelques gouttes d'essence de myrrhe.

Au boulot, Rémi et Fabrice discutent de la nouvelle venue, une superbe secrétaire :
- Je te parie que je couche avec elle dès ce soir !
- Ok, pari tenu.
Rémi drague de ce pas la splendide créature et n'a aucun problème pour l'emmener chez lui juste après le travail. Pari gagné !
Le lendemain :
- Alors, t'a vu la classe ? Je savais que j'allais gagner, frime Rémi. Par contre, ce n'est pas un super coup ! **MÊME MA FEMME BAISE MIEUX QU'ELLE.**
- Ah bon ? Pas un bon coup ? Je couche avec elle dès ce soir et je te dis ce que j'en pense, affirme Fabrice.
Le surlendemain, les deux collègues se retrouvent à la cafète.
- Alors, tu as couché avec elle ? s'impatiente Rémi.
- Oh oui... et tu avais raison ! **TA FEMME BAISE MIEUX QU'ELLE !**

Le gang du Monopoly

Au Danemark, une sexagénaire a réussi à échanger 2 000 fausses couronnes suédoises provenant d'un jeu de Monopoly contre de vrais billets danois dans une filiale de la banque Nordea, à Svenborg. Elle a été arrêtée le lendemain lorsqu'elle s'est présentée de nouveau au même guichet avec 8 000 autres couronnes suédoises de Monopoly !

Énigme

Plus Madison consomme de smoothies banane tapioca au distributeur de son club de gym, moins ça lui coûte cher. Comment est-ce possible ? Le prix reste pourtant toujours le même.

Solution

Il s'agit tout simplement de statistique. Plus Madison se rend au distributeur, plus elle augmente ses chances de récupérer de la monnaie oubliée. En fin de compte, son smoothie lui coûte moins cher que ce qu'il lui aurait coûté sans ce raisonnement.

Optimiser son sommeil et gagner plus de dix ans de vie active !

Avec cette méthode, on peut gagner jusqu'à 17 ans de vie active. Il suffit de diviser le temps de sommeil tout en optimisant la récupération. Pour ce faire, il faut se pencher sur le cycle du sommeil et ses différentes phases. Dans une nuit, il y a plusieurs cycles comme il y a plusieurs trains dans une gare. À vous de savoir quel billet vous choisissez de prendre. Mais attention ! Il faut faire un savant calcul car un cycle dure en moyenne 1 h 30, mais les phases qui composent chaque cycle n'ont pas toujours la même durée.
Explication : il faut repérer chez soi l'heure à laquelle les signes de fatigue marquent le début d'un cycle. En règle générale, le premier cycle se situe aux alentours de 23 heures, le deuxième vers 00 h 30, par exemple, et ainsi de suite. Ainsi, pour optimiser son sommeil, il faudrait se coucher 5 à 15 minutes avant le début d'un cycle et se réveiller 5 minutes après la fin d'un cycle. Sachez que la phase de sommeil profond dure 1 heure en moyenne pendant le premier cycle de sommeil, puis 30 minutes au deuxième cycle, 10 minutes au troisième et 5 minutes au quatrième.
Ainsi, le premier cycle est de toute évidence le plus récupérateur, car il comprend la phase de sommeil profond la plus élevée. Mais si vous ne pouvez vous endormir durant le premier cycle, efforcez d'attendre le début du prochain et n'essayez pas de vous endormir en plein milieu d'un cycle. Votre nuit sera peut-être plus courte mais plus récupératrice.
De même, ne vous réveillez pas, dans la mesure du possible, au milieu d'un cycle. Il faut que le réveil ait lieu 5 minutes après la fin d'un cycle. Enfin, si vous réduisez votre sommeil de 8 h à 4 h 30, comptez une période d'adaptation d'environ 3 mois et prévoyez des micro-siestes d'1 à 15 minutes. Ensuite, le corps s'adaptera à votre nouveau rythme, mais il vaut mieux ne pas renoncer au bénéfice des micro-siestes.

Apprenez la musique sur le web

Faites-vous plaisir en vous adonnant à votre passion musicale et procurez-vous des partitions gratuitement. Vous pouvez même apprendre à faire de la musique directement via le web.

http://dme.mozarteum.at : consultation et accès gratuits à plus de 650 œuvres de Mozart, des pages de partitions, notes et commentaires...

www.partoch.com : des cours d'initiations à visionner librement... guitare, solfège... pour des débutantes ou des plus avancées.

www.trocmusic.com, http://www.ebay.fr, www.priceminister.com : pour acheter vos instruments de musique à bas prix.

Sexe : la synchronisation n'est pas une règle absolue

Les scènes de sexe au cinéma, où l'on voit l'homme et la femme jouir en même temps, sont très rares. La plupart du temps, ce n'est pas le cas. L'important est de prendre du plaisir, même si c'est l'un après l'autre. L'homme doit cependant suivre le rythme de sa partenaire, pour lui permettre si possible d'atteindre l'orgasme avant lui. Certains gestes pour retenir l'éjaculation sont très simples, il suffit par exemple de changer de position. Et plus on attend, plus le plaisir est grand…

DISCRIMINATION À L'EMBAUCHE : QUELQUES CHIFFRES

- Un candidat en situation de handicap (reconnu Cotorep) a **50 % de chances en moins** de décrocher un entretien d'embauche.
- Une femme de 32 ans mariée et ayant 3 enfants a **37 % de chances en moins** d'être convoquée à un entretien d'embauche.
- Un candidat dont le visage est éloigné des canons de la beauté a **29 % de chances en moins** d'être convoqué à un entretien d'embauche.
- Un candidat de **48 ans** et plus reçoit **3 fois moins de réponses positives** qu'un candidat de **30 ans**, alors qu'il dispose d'un CV plus fourni.
- Un candidat au patronyme étranger reçoit **3 fois moins de réponses** qu'un candidat au nom et prénom « français de souche ».
- Seulement **7 % de ce que nous pouvons dire** en entretien d'embauche est retenu par l'embaucheur.

Un homme se balade dans Central Park à New York.
Soudain, il voit un pitt-bull attaquer une petite fille. Il se précipite, attrape le chien et finit par le tuer sauvant ainsi la gamine.
Un policier qui a vu la scène arrive et lui dit :
- Vous êtes un héros. Demain, tout le monde pourra lire dans les journaux : **"UN COURAGEUX NEW-YORKAIS SAUVE LA VIE D'UNE ENFANT."**
L'homme répond :
- Mais... je ne suis pas de New York !
- Eh bien on lira : **"UN COURAGEUX AMÉRICAIN SAUVE UNE PETITE FILLE..."**
- Mais... je ne suis pas américain !
- Et qu'est-ce que vous êtes, alors ?
- Je suis pakistanais.
Le lendemain, les journaux titrent : **« UN EXTRÉMISTE ISLAMISTE MASSACRE UN CHIEN AMÉRICAIN SOUS LES YEUX HORRIFIÉS D'UNE PETITE FILLE ! »**

Les sauts en patinage artistique

Axel

L'axel est souvent considéré comme le saut le plus difficile. On le nomme le saut du roi. Il fait partie des sauts de carre (la carre est la lame du matériel de glisse en contact avec la neige). Un patineur effectue un axel de la manière suivante : il prend une impulsion avec sa jambe gauche vers l'avant. Puis, il effectue un demi-tour de rotation en l'air. Il croise sa jambe d'impulsion pour former un X et se réceptionne avec la jambe droite levée en arrière. Un axel constitue en tout une rotation et demie. Bien sûr, avant de passer au double ou au triple axel, il faut maitriser celui-ci sur le bout des orteils.

Salchow

Le salchow fait également partie des sauts de carre. Pour l'exécuter, le patineur prépare le saut en patinant vers l'arrière, puis patine de nouveau vers l'avant et effectue un virage « en trois extérieur » (un virage qui ressemble à un 3 sur la glace) et prend une impulsion pour effectuer le saut. Le patineur se réceptionne enfin sur son pied droit, la jambe gauche en arrière. Cette position ressemble à celle de l'écuyère de cirque ,en appui sur une seule jambe sur son cheval. Très gracieux !

Boucle (Rittberger)

On dit LE boucle, parce qu'il s'agit DU saut de boucle. Le boucle est un autre saut de carre et le patineur prépare aussi le saut en patinant vers l'arrière, puis il exécute une courbe prononcée sur la carre arrière extérieure avec la jambe qui lui permet de lancer le saut. Le patineur exécute grâce à la courbe de la carre un boucle, deux boucles, etc. Puis il se réceptionne sur son pied droit comme pour le salchow. Bon. Quand vous saurez reconnaître un salchow d'un boucle (ou un double salchow d'un double boucle), vous serez presque sortis de la catégorie des néophytes.

Boucle piqué

Comme son nom l'indique, le boucle piqué fait partie des sauts piqués. On entend par saut piqué (à ne pas confondre avec une célèbre marque de conserves de poissons) un saut qui s'exécute en piquant la pointe d'un des patins dans la glace. On pique plus exactement les dents au bout de la pointe. Pour exécuter un boucle piqué, le patineur fait un virage en trois intérieur pour glisser sur une carre arrière extérieure, puis il pique la glace avec sa jambe libre afin d'obtenir l'élan nécessaire pour un boucle, deux boucles, etc. Enfin, le patineur se réceptionne sur un dehors arrière pied droit. Le boucle piqué est considéré comme le saut le plus facile. Facile ? Ça dépend pour qui...

Flip

Le flip fait également partie des sauts piqués. À la différence du boucle piqué, il se prépare en en exécutant un virage en trois extérieur. Le patineur se retrouve sur une carre arrière intérieure puis il pique avec la jambe libre pour faire son flip. La même jambe est utilisée pour piquer et pour atterrir. Le patineur se réceptionne sur un dehors arrière pied droit.

Lutz

Le dernier saut piqué de notre liste. Celui-ci se prépare en patinant vers l'arrière et en glissant sur une carre arrière extérieure. Puis le patineur enterre les dents de la pointe de la lame dans la glace, mais en croisant la ligne dessinée par la carre extérieure. Le patineur s'apprête alors à tourner dans la direction opposée à celle où il se dirige. Il exécute enfin son ou ses lutz et se réceptionne comme pour les précédents sauts piqués sur un dehors arrière pied droit. Plaisanterie d'initiés : gare aux « flutz » ! Il faut bien glisser sur une carre arrière extérieure avant le lutz et non sur une carre arrière intérieure. Sinon on transforme son lutz en flip, donc en « flutz ».

Il est possible de visualiser ces sauts sur Internet et de les étudier en images. Vous pourrez même visionner quelques vidéos de gamelles.

Lady Gaga en bref !

Lady *Gaga* s'appelle en réalité **Stefani Joanne Germanotta**.

Stefani s'est inspiré du titre de la chanson **Radio Ga Ga du groupe Queen** pour se trouver son nom de scène (pour ceux qui connaissent la chanson, Freddy Mercury dit aussi « Radio *Goo Goo* ».

Lady *Gaga* s'est produite dès l'âge de **14 ans dans les bars** de New York en tant qu'artiste et même **gogo danseuse**, rêvant de gloire et de paillettes.

À cette époque, son idole était... **Britney Spears** !

Avec son tube *Just Dance*, elle devient une star mondiale !

Un milliardaire russe du nom d'Arkady a même donné **un million d'euros** pour **apparaître dans le clip** de la chanson *Alejandro*. Normalement, ce sont les acteurs ou les figurants qui sont rémunérés, mais il faut se rendre à l'évidence : rien n'arrête un vrai fan !

Jeu

SUDOKU

Niveau difficile

	7				6			
	6	2			3	7	1	
					5		3	
	3		5					
8			3			4		
1				2	8		9	
		9		1				
			4			5	7	
						6		

Solution p. 675

Concours de photos

Un automobiliste de Seattle a reçu un jour une amende de 40 dollars pour excès de vitesse avec une photo de son véhicule prise par un radar.

L'homme a décidé de répliquer avec humour. Il a envoyé deux photos d'un billet de 20 dollars en guise de paiement.

Or la police n'a pas manqué d'humour : l'automobiliste a reçu en retour une photo de menottes, ce qui a mis fin à la plaisanterie car notre fanfaron est immédiatement allé régler son amende.

LES WC EN BRETAGNE

CONTREPÈTERIES

« J'ai un éléphant incontrôlé dans la menthe », s'écria la directrice du zoo.

J'aime vachement ton frangin.

SOLUTIONS

« J'ai un élément incontrôlé dans la fente », s'écria la directrice du zoo.

J'aime franchement ton vagin.

Stop au grignotage !

Où que vous soyez

1. Réfléchissez : avez-vous réellement faim ? Est-il vraiment impossible d'attendre le déjeuner ou le dîner ? Si votre faim est réelle, vous pouvez caler votre petit creux avec un fruit peu sucré.
2. Buvez d'un trait un grand verre d'eau que vous pouvez aromatiser, sirotez une tisane ou bien un soda light. Votre estomac inquiet sera peut-être ainsi tranquillisé.
3. Il existe aussi des bonbons sans sucre, efficaces pour tromper votre faim.
4. Et si vous passiez un petit coup de fil de 5 minutes pour vous changer les idées ? Mais si. Il y a sûrement un(e) copin(e) que vous n'avez pas appelé(e) depuis longtemps.

Chez vous

1. On s'active ! On s'attaque aux placards, aux papiers qui traînent, à la poussière qui s'accumule et on frotte, on frotte ! On jardine, on bêche, on replante !
2. En cas de risque de fringales déraisonnables, enfilez vite votre maillot de bain ou vos vêtements préférés encore un peu serrés aujourd'hui et que vous souhaiteriez bien exhiber de nouveau.
3. Consacrez vous à des instants beauté ou détente : un petit peu de vernis à ongle pour les femmes, un masque sur le visage, un bonne douche relaxante ou un bain parfumé. En bref : chouchoutez-vous !

Suite logique

LNPR

BEHK

FJ.. ..

Solution

NR. Dans la première suite, on avance dans l'alphabet en sautant une lettre sur deux, dans la deuxième, on en saute deux sur trois, et dans la quatrième, trois sur quatre.

Les ingrédients de la potion magique

La célèbre potion du druide Panoramix possède neuf ingrédients connus :

De la carotte
Des fleurs sauvages
Du gui coupé avec une serpe d'or
Du homard
De l'huile de roche
De l'oignon
Du poisson
Du sel
Du trèfle à quatre feuilles

Le top des applications iPhone

Pour ceux qui ne connaissent pas l'iPhone, saviez-vous qu'en plus de bénéficier de ses fonctions téléphone, Internet et lave-linge (le troisième exemple est évidemment une plaisanterie...), vous pouviez régulièrement télécharger des « applications » ? Une application désigne un petit logiciel à télécharger entre autres sur son téléphone portable. Voici un tour d'horizon des applications utiles et futiles, totalement incontournables :

Les applis utiles

Celemondo : voici une application complètement inédite ! Grâce à Celemondo, vous pouvez découvrir les lieux en lien avec les célébrités : people, hommes et femmes politiques, compositeurs, peintres, inventeurs, etc. Cette application iPhone permet de géolocaliser les adresses, les bâtiments, les parcs, les restaurants qui font partie de l'histoire des célébrités d'hier et d'aujourd'hui. Entrez dans la dimension Celemondo !

Wapedia : c'est la version téléphone de Wikipedia, la célèbre encyclopédie en ligne. La plupart des articles sont disponibles en 130 langues. Ainsi, lors d'un rencard où il faut épater votre partenaire, vous pourrez discrètement consulter votre encyclopédie de poche dans les toilettes et ressortir moins bête !

Shazam : cette application est un des produits phares de l'iPhone. Une pure merveille... Elle permet de reconnaître le titre et l'auteur d'une chanson. Lorsque vous entendez un morceau qui vous plaît mais que vous ne parvenez pas à l'identifier, il suffit de placer l'iPhone sur les enceintes et quelques secondes plus tard, vous obtenez le titre et l'auteur de la chanson. Pas facile de faire ça au volant sans un coéquipier, en revanche...

Mobicarbu : si vous avez sur votre iPhone une connexion Wi-Fi ou 3G, cette application vous permettra de géolocaliser les stations essence les plus proches et de les classer par ordre de prix. Utile, non ?

Picolotest : le nom est plutôt bien trouvé. Cette application sert en effet à évaluer votre taux d'alcoolémie suivant votre sexe, votre poids, l'heure du premier verre et le nombre de verres ainsi que leur contenu. Avouez que vous avez pensé durant quelques secondes qu'il fallait souffler dans le téléphone !

Les applis futiles

Coussin péteur : le nom de l'application parle de lui-même. En tout cas, vous allez devenir un récidiviste du coussin péteur. Votre entourage n'a qu'à bien se tenir.

Kalm Sutra : voilà une application futile plutôt utile. Et surtout discrète... Au lieu de se promener avec son Kamasutra de poche, il suffit de tapoter sur l'application et vous obtiendrez toutes les informations nécessaires en cas de besoin... Et puis les plus obsédés pourront tripoter les silhouettes sur l'écran de leur iPhone.

Lightsaber Unleashed : vous sortez d'une réunion qui vous a bien tapé sur le crâne ? Pour changer de la pause café, voici une application régressive : transformez votre iPhone en sabre laser et combattez tous les soldats de Dark Vador que vous trouverez sur votre chemin.

NervSounds : voici une application de « bruits horripilants », comme l'indique le concepteur, à faire fuir votre entourage : violon qui crisse, fourchette qui gratte une assiette, craie qui couine sur le tableau. Rien que d'y penser, on a les dents qui grincent...

Dbilmtre : avec cette application, vous pourrez déterminer votre quotient intellectuel et votre niveau de débilité. Le concepteur a imaginé des « questions intentionnelles et saugrenues ». Vous êtes prévenus...

Un petit vieux se présente à la pharmacie.

– BONJOUR MADAME, JE VOUDRAIS DU VIAGRA...

– OUI MONSIEUR, COMBIEN EN VOULEZ-VOUS ?

– OH, TRÈS PEU. 5 OU 6 COMPRIMÉS SUFFIRONT PARCE QUE JE VAIS LES COUPER EN 4.

– HEU... SI JE PEUX ME PERMETTRE MONSIEUR, J'AI BIEN PEUR QU'UNE SI PETITE DOSE SOIT INSUFFISANTE POUR MAINTENIR UNE RAIDEUR ACCEPTABLE DURANT ASSEZ LONGTEMPS...

– OH LÀ, JE VOUS ARRÊTE ! ÇA N'A RIEN À VOIR AVEC LE SEXE ! MOI J'AI PLUS DE 90 ANS ET TOUT CE QUE JE VEUX, C'EST ARRIVER À PISSER SUFFISAMMENT LOIN POUR NE PAS MOUILLER MES PANTOUFLES.

L'affaire du pain qui rend fou : un coup de la CIA ?

17 août 1951. Des habitants de Pont Saint-Esprit, petit bourg du Gard, sont victimes de troubles digestifs. Les médecins croient tout d'abord à une intoxication alimentaire, mais ce diagnostic est rapidement écarté. Les troubles digestifs se transforment en une nuit de crise hallucinatoire collective. Les faits relatés par la presse sont effrayants. Une jeune fille se croit poursuivie par des tigres, un ouvrier hurle qu'il est mort et affirme que sa tête est en cuivre et que des serpents habitent son estomac. Un enfant de 11 ans tente d'étrangler sa mère. Certains se jettent même du haut de leurs fenêtres.

Le 24 août 1951, un homme se prend pour un avion et se jette par la fenêtre. Il se fracture les jambes et court sur une cinquantaine de mètres dans la ville. Les villageois de Pont Saint-Esprit sont la proie de crise de folies sans précédent. Le docteur Gabaï parle à l'époque de « nuit de l'apocalypse ». Pont Saint-Esprit comptera dans cette histoire 5 morts, plus de 30 personnes hospitalisées et près de 300 malades. Le film Le Pain du diable, fiction diffusée sur France 3 en février 2010, a d'ailleurs été largement inspiré de cette affaire.

Peu après ces événements, les habitants accusent très rapidement la boulangerie de la ville, la boulangerie Briand. Les crises hallucinatoires des villageois seraient dues à la maladie de l'ergot de seigle, maladie très répandue au Moyen-âge et qui avait pourtant disparu depuis le XVIIIe siècle en France. La farine du pain de chez Briand serait la cause de tout.

Pourtant, le professeur Giraud et le docteur Gabbaï trouvent une autre piste pour expliquer le mal étrange qui s'est abattu sur la ville, car l'hypothèse de la maladie de l'ergot de seigle ne justifie pas tous les symptômes.

En Suisse, Albert Hofmann du laboratoire Sandoz découvre à cette époque le LSD, synthétisé à partir d'ergot. Le professeur Hofman valide à Pont Saint-Esprit la piste du LSD. Ainsi, la farine du pain de chez Briand aurait été contaminée par une forme d'ergotine synthétique. Cette piste relayée par le juge d'instruction en charge du dossier est catégoriquement rejetée par le laboratoire Sandoz au retour du professeur Hofman à Bâle et l'affaire est alors plus ou moins classée.

L'historien Steven Kaplan, spécialiste mondial du pain, s'intéresse de près à ce fait divers surnaturel et relate notamment ses recherches dans son livre « le pain maudit ». Il regrette que la piste du laboratoire évoquée à l'époque n'ait pas été davantage étudiée.

Le décès suspect d'un biochimiste américain, Franck Olson, survenu en 1953, relance l'enquête plusieurs années plus tard. En 2009, le journaliste Hank Albarelli publie un livre au sujet de son enquête sur le décès mystérieux de ce scientifique qui, d'après la version officielle, se serait suicidé du haut du 13e étage d'un hôtel de New York. L'enquête conduit le journaliste américain sur des révélations bouleversantes. Franck Olson travaillait au sein du SOD (Special Operations Department), à Fort Derrick, sur des dossiers ultra secrets. Après la guerre de Corée, les Américains soupçonnaient les Coréens d'avoir fait subir des lavages de cerveaux à leurs prisonniers. C'est pourquoi le SOD travaillait sur des programmes de manipulation mentale à des fins militaires. Hank Abarelli est alors en possession de documents de correspondance entre le représentant américain du laboratoire Sandoz et un membre de la CIA. Le représentant du laboratoire dévoile la cause de l'affaire du Pont Saint-Esprit. La diéthylamide, qui correspond au D du LSD, serait à l'origine des troubles des habitants. Abarelli obtient d'autres révélations sous couvert d'anonymat grâce à d'anciens militaires et membres de la CIA, collègues de Franck Colson : le SOD et la CIA auraient programmé une opération de pulvérisation aérienne de LSD au-dessus de Pont Saint-Esprit. La CIA était déjà pointée du doigt en 1975 par une commission d'enquête de Nelson Rockefeller pour ses pratiques non éthiques (Opération Bluebird, Artichoke, MK-Ultra). Le journaliste Hank Albarelli ne parvient pas en revanche à obtenir d'informations sur l'éventuelle participation des services secrets français à cette opération autour de la ville cobaye du Gard. Il doit se contenter de leur silence.

À ce jour, malgré les enquêtes qui ont été menées, l'affaire du pain maudit de Pont Saint Esprit reste irrésolue...

D'où vient l'expression « à brûle-pourpoint » ?

Cette locution qui signifie « **brusquement** », tire ses origines dans le vocabulaire militaire. Entre le XIIIe et le XVIIe siècle, les hommes portaient en guise de veste des pourpoints. Lorsqu'on tirait sur un homme à bout portant, le coup de fusil ou de pistolet brûlait le pourpoint. Or, pour tirer un coup de feu de près, il faut agir par surprise, sans ménagement. Ainsi, lorsqu'on pose une question à brûle-pourpoint, on est sûr de surprendre son interlocuteur et de l'efficacité de son effet.

Cherchez l'intrus

Aquatique

Nautique

Maritime

Aquicole

Solution

Aquicole. Ce terme ne se rapporte pas directement à la mer.

Énigme

Trois hommes marchent dans l'ordre décroissant de leur âge.

Le premier de la file dit : « Je suis le plus grand. »

Le deuxième, plus petit que le premier donc, dit « Je suis le plus grand. »

Enfin, le troisième et dernier homme, le plus petit, dit « Je suis le plus petit. »

Lequel de ces hommes ment ?

Solution

Aucun. Le deuxième homme de la file dit vrai, car il « suit » le plus grand, du verbe « suivre ».

Le site référence du bide musical

Marre d'entendre toujours les mêmes musiques ? Les mêmes hits internationaux ? Les mêmes titres radio de chanson française ? Alors, surfez sur Bide et Musique. Le site répertorie tous les meilleurs bides musicaux aux titres évocateurs : *Fais-nous Tarzan*, *Ça, c'est la vie* ou *Le gondolier de l'amour*. Le must, c'est de voir les pochettes des albums : impérissables... En bref : le plaisir des yeux et des oreilles !

http://www.bide-et-musique.com/index.html

Une riche vieille dame décide d'aller faire un safari photo en Afrique. Elle emmène son fidèle et vieux caniche pour lui tenir compagnie.
Un jour, le caniche part à la chasse aux papillons, et après un petit moment, il s'aperçoit qu'il s'est perdu. Errant au hasard en tentant de retrouver son chemin, il voit un léopard courir vers lui avec l'intention visible de faire un bon repas.
Le vieux caniche : « **OH, OH ! JE SUIS VRAIMENT DANS LA MERDE, LÀ !** »
Remarquant les quelques os d'une carcasse qui traîne sur le sol à proximité, il se met aussitôt à mâcher les os, tournant le dos au léopard qui approche. Quand celui-ci est sur le point de lui sauter dessus, le vieux caniche s'exclame haut et fort :
« **OUAH, CE LÉOPARD ÉTAIT VRAIMENT EXCELLENT ! JE ME DEMANDE S'IL Y EN A D'AUTRES, PAR ICI ?** »
En entendant cela, le jeune léopard interrompt son attaque en plein élan, regarde le caniche avec effroi, et s'enfouit en rampant sous les fourrés.

« OUF ! SOUPIRE-T-IL. C'ÉTAIT TOUT JUSTE ! CE VIEUX CANICHE A FAILLI M'AVOIR ! »

Cependant, un vieux singe, qui avait observé toute la scène d'une branche d'arbre à proximité, se dit qu'il pourrait mettre à profit ce qu'il sait en négociant avec le léopard et obtenir sa protection.

Le vieux caniche voyant le singe courir à toute vitesse après le léopard, réalise que quelque chose doit se tramer. Effectivement, il lui dévoile le pot aux roses, et lui propose son accord.

Le jeune léopard est furieux d'avoir été trompé :

« ARRIVE ICI, LE SINGE, MONTE SUR MON DOS, ET TU VAS VOIR CE QUI VA ARRIVER À CE PETIT MALIN ! »

Le vieux caniche voit le léopard accourir avec le singe sur son dos et s'inquiète :

« QUE VAIS-JE FAIRE MAINTENANT ? »

Mais au lieu de s'enfuir, le chien s'assied dos à ses agresseurs, faisant semblant une fois de plus de ne pas les avoir vus, et juste au moment où ils arrivent à portée de voix, il s'exclame :

« OÙ EST DONC CE FOUTU SINGE ? ÇA FAIT UNE HEURE QUE JE L'AI ENVOYÉ ME CHERCHER UN AUTRE LÉOPARD ! »

Comment gérer un premier rendez-vous amoureux ?

Au téléphone

Bon. Vous avez son numéro. Ouf ! Idéalement, il vaut mieux ne pas appeler tout de suite après l'avoir obtenu (au risque de passer pour un mort de faim). Attendez le lendemain ou plutôt quelques jours. Au téléphone, ne perdez ni votre temps, ni celui de votre interlocuteur. Expliquez que vous n'allez pas déranger la personne, que vous disposez de peu de temps et proposez un rendez-vous. Bien sûr, il faut rester détendu, naturel et ne pas presser la personne. Proposez un lieu qui arrange les deux personnes. Le rendez-vous est fixé ? Banco !

Le lieu de rendez-vous

Si c'est à vous de choisir le lieu, alors ne dévoilez pas tout. Choisissez un endroit où vous vous sentez à l'aise, que vous connaissez comme votre poche, mais donnez rendez-vous à une place ou à une station de bus, de métro. Ainsi, vous ferez la surprise, ce qui pimente un peu la rencontre. Evidemment, choisissez un lieu en fonction du profil de la personne que vous cherchez à séduire. Il ne s'agit pas de se cantonner aux clichés, mais a priori vous savez que vous avez en face de vous une poupée BCBG, un rebelle altermondialiste, un jeune cadre dynamique branchouille ou une métalleuse de diamant.

La discussion

Discuter, communiquer, c'est tout un art. Tout dépend bien sûr de votre interlocuteur, mais il y a des règles de base à connaître pour vous donner des chances d'intéresser votre partenaire et tout simplement de passer un bon moment. Multipliez les « private jokes » complices et soyez à l'écoute. Parlez de vous au bon moment, mais n'abrutissez pas la personne de longs discours sur vous-même sans avoir posé une seule question à votre interlocuteur. C'est l'échec assuré. Enfin, quand votre dulciné(e) parlera de sa situation, attention de ne pas émettre trop de jugements de morale. Ce n'est pas ce qu'on vous demande lors d'un premier rendez-vous. Ne prévoyez surtout pas les discussions à l'avance, au risque de passer pour un animateur télé ou pour un recruteur en entretien d'embauche. On a vu plus romantique. Enfin, gardez votre calme en toutes circonstances. Et oui ! On vous avait dit que c'était tout un art...

Le sentiment de « première fois »

Si vous voulez marquer beaucoup de points chez la personne que vous cherchez à séduire, il faut que vous insuffliez un esprit de première fois dans votre rencontre. Elle n'est jamais allée faire un bowling ? C'est parti pour les strikes. Il n'est jamais allé dans tel ou tel arrondissement ? À l'abordage ! On se souvient pratiquement toujours des premières fois et surtout des personnes avec qui on les a partagées. Alors, creusez vous un peu la tête pour savoir ce que votre futur(e) dulciné(e) n'a pas encore eu la chance de voir, goûter, etc. Vous voyez votre cible rougir ou sourire jusqu'aux oreilles ? Vous êtes sur la bonne voie.

Aspirez sous les meubles

Certains coins ne sont pas accessibles à l'aspirateur, même lorsqu'on en retire l'embout roulant. Pour aspirer dans tous les recoins et même sous le réfrigérateur, fixez sur l'embout rond un rouleau de papier absorbant ou de papier toilette. Facile à plier, il allongera l'aspirateur tout en passant par tous les recoins.

Raffermissez vos chaises cannées

L'assise de vos chaises cannées s'affaisse ? Voici une solution miracle ! Mouillez le cannage d'eau chaude salée et laissez-le sécher à l'air libre. Le tressage se resserrera de lui même, jusqu'à retrouver sa première jeunesse.

Jeu d'articulation

Répétez dix fois très vite :

Zazie causait avec sa cousine

en cousant.

Sous cet arbre vos laitues naissent-elles ?

Oui, oui mes laitues naissent.

Merci...

Tu me consacres du temps, c'est le plus généreux de tous les cadeaux.

Annelou DUPUIS

Une femme peut courir des heures chercher un cadeau pour un homme. Ça finit toujours par une cravate.

Earl Joseph WILSON

Le plaisir le plus délicat est de faire celui d'autrui.

Jean de LA BRUYÈRE

Le cadeau, dira-t-on, n'a rien de somptueux. Mais venant d'un ami, tout nous est précieux.

THÉOCRITE

La reconnaissance est la mémoire du cœur.

Hans Christian ANDERSEN

Pour les gens qui ne peuvent pas le rendre, un cadeau n'a pas de prix que s'il n'a pas de valeur.

Alexandre DUMAS fils

La valeur d'un homme tient dans sa capacité à donner et non dans sa capacité à recevoir.

Albert EINSTEIN

DEVINETTES

Quelle est la différence entre les joueurs de l'équipe de France et Zahia ?

ELLE, AU MOINS, ARRIVE À FAIRE 3 PASSES DE SUITE !

Quelle différence y a-t-il entre les footballeurs français et les artistes ?

LES FOOTBALLEURS FONT DES MI-TEMPS INTERMINABLES ET LES ARTISTES MINABLES SONT INTERMITTENTS.

Qu'est-ce que MacGyver peut faire avec une cafetière ?

DU CAFÉ !

L'AMOUR EN CHIFFRES

10 % des gens ne tombent jamais amoureux.

C'est vers la **cinquième année** de mariage que la fréquence des divorces est le plus élevée ; **18 %** se produisent avant cinq ans, **21 %** entre cinq et dix ans de mariage.

65 % des Français écrivent des lettres d'amour.

1 femme mariée sur 25 n'est pas sûre d'être amoureuse.

55,6 % des Français pensent rester avec leur partenaire toute la vie, contre **25,9 %** qui ne le pensent pas (**18,5 %** ne savent pas).

L'amour fusionnel (ou hypnose amoureuse) dure **2 ans** en moyenne.

1 Français sur 3 a déjà trompé son partenaire.

1 Français sur 2 pardonne une infidélité.

31 % des enfants de 3 à 6 ans aimeraient se marier avec leur maîtresse d'école.

La moyenne de rapports sexuels des Français est de **121 fois** par an.

53 % de femmes sont convaincues que leur homme préfère une soirée avec ses potes à une soirée romantique.

En France, l'âge moyen du premier rapport sexuel est **16,8 ans**. **27 %** des jeunes ont une activité sexuelle avant 16ans.

Dans une vie, les Français(es) ont, en moyenne **16,7** partenaires. Seuls **10 %** se contenteront du même toute la vie.

89 % des français croient au grand amour.

55 % des hommes ont enregistré un CD avec des chansons romantiques pour faire plaisir à leur compagne.

34 % des Français font l'amour plutôt le matin que le soir.

La Joconde, selon vous

Qui n'a jamais rêvé de toucher la Joconde ?

Aujourd'hui, c'est possible ! Et en toute légalité. Il suffit de vous connecter sur le site de la Joconde Interactive et vous pourrez la tripatouiller comme bon vous semble grâce à votre souris et aux expressions disponibles. Ça y est ! Vous venez de réaliser un de vos fantasmes...

http://www.cite-sciences.fr/francais/ala_cite/expo/explora/image/mona/index.php#

États-Unis : les droits de l'Homme et ... du pétomane !

En 1993, des avocats américains auraient mis en œuvre une action juridique pour étendre aux flatulences publiques les lois répressives sur le tabagisme. En effet, la population ferait parfois appel à la police pour faire sortir des lieux publics les malotrus qui empoisonnent l'air d'autrui. Cette cause aurait rapidement évolué en polémique, avec l'émergence de deux camps : les anti-pétomanes contre les juristes pro-pétomanes qui auraient exigé que le droit de libérer des gaz soit protégé par les 1er et 4e amendements de la constitution américaine.

D'ailleurs, saviez-vous que l'armée américaine en 1996, face au recrutement croissant de femmes militaires, a ajouté des restrictions au règlement ? Interdiction d'employer un langage grossier, grivois, d'adopter un comportement sexiste, d'exprimer son animosité envers les homosexuels et surtout, interdiction de péter de manière sonore dans les lieux publics. L'armée aurait dû interdire les pets silencieux au lieu des pets sonores, car en théorie, on dit qu'ils sont plus nauséabonds...

SUDOKU

Niveau facile

	5	2	3					
	8		9	6		3		1
					4		6	
		6	7			9	8	
					3		1	
3	1		6	9		5	4	
8		4		5			3	
9						2	5	
2			1			8		

Solution p. 675

Dossier
Tout sur le Papier hygiénique !

La naissance du papier toilette

L'origine du papier toilette est très ancienne. Ces sont les Chinois qui l'ont inventé au XIVe siècle mais son usage a été tardivement introduit en Occident. Il faut néanmoins ajouter que le papier hygiénique en Chine était exclusivement réservé à l'empereur.

Durant l'Antiquité, les Grecs utilisaient des cailloux lisses ou bien tout simplement leurs doigts pour s'essuyer. Mais, le plus souvent, ils ne s'essuyaient pas. D'après le poète Aristophane du Ve siècle avant J.-C, les riches utilisaient des poireaux pour faire leur petit travail. Aristophane précisait également à l'époque le nombre de pierres qu'il fallait utiliser : « trois pierres peuvent suffire pour se torcher le cul si elles sont raboteuses. Polies, il en faut quatre ». On imagine difficilement notre tête aujourd'hui si l'on échangeait nos papiers triple épaisseur à l'aloé vera contre les dites « pierres raboteuses ». Les Romains se servaient également de cailloux et à partir du Ier siècle avant J.-C., les patriciens, c'est-à-dire les citoyens nobles de Rome, commencèrent à utiliser des serviettes en tissu. La laine, souvent parfumée, fut même introduite dans les usages à la fin du Ier siècle avant J.-C.

Au Moyen Âge, on pouvait se récurer le derrière au moyen d'un bâton courbe et on peaufinait le travail avec du foin, de la terre ou des feuilles. L'usage du bâton était pourtant répandu depuis plusieurs siècles en Asie et l'objet, parfois précieux, était même transmis de père en fils (mon Dieu, que c'est beau...) Les peuples asiatiques se servaient également de coquillages vides.
Les siècles qui ont suivi n'ont pas été marqués par une grande évolution des techniques en Occident. En revanche, les tissus utilisés par les plus riches se diversifièrent. Le tissu le plus couramment utilisé était fait de lin ou de chanvre, matière principalement employée par les roturiers aux XVIIe et XVIIIe siècles et la noblesse se payait parfois le luxe de se chouchouter la rondelle avec une étoffe précieuse comme le velours. Les couches les plus populaires continuèrent de se servir de leurs vêtements et de leurs doigts des siècles durant ou des moyens que Mère Nature daignait leur mettre à disposition, en fonction des saisons et des climats : eau des rivières, neige, foin, pierre, terre, sable, etc. (prenez des notes, si vous êtes en pénurie de PQ et que vous êtes à court d'idées...) À partir du XVIIIe siècle, l'usage du papier journal se généralise. À la fin du XIXe siècle, la médecine occidentale aborde timidement la question de l'hygiène, notamment celle qui concerne la zone anale et l'idée d'un usage unique de papier est enfin émise en Angleterre.

L'industrialisation du papier toilette

C'est l'Américain Joseph Cayette qui est à l'origine de l'industrialisation du papier hygiénique. En 1857, celui-ci commercialise alors le premier papier industriel réservé à l'usage des toilettes. Mais le produit est utilisé par une petite élite de consommateurs qui peuvent s'en payer le luxe et l'usage du papier journal reste le mode le plus courant. Les Américains se servent même principalement de catalogues. À l'époque, le catalogue de la société Sears est clairement le PQ national. Les consommateurs se seraient même plaints à l'époque lorsque les catalogues Sears ont été imprimés avec du papier glacé (vous prenez toujours des notes ? Papier journal, oui. Papier glacé, non...). En Europe, le papier journal reste un mode plébiscité jusqu'à la moitié du XXe siècle. Ainsi, retenez que l'industrie du papier toilette telle que nous la connaissons aujourd'hui a pris son envol depuis la Seconde guerre mondiale.

Papier toilette et mondialisation

Des multinationales américaines se partagent le marché du PQ et possèdent leurs propres forêts aux États-Unis, au Canada et en Amérique du sud. Maintenant, vous savez-tout sur l'histoire du papier toilette. Vous pourrez briller en société.

Voici, à présent, le classement international de kilos de papier toilette utilisés en une année, par personne :

États-Unis : 10 kg
Norvège : 8 kg
Canada : 7 kg
France: 4,6 kg
Belgique: 4,5 kg
Suisse : 4,5 kg
Espagne : 3,9 kg
Portugal : 3 kg

Est-ce qu'on considère que les pays du Nord sont plus stricts sur l'hygiène ou est-ce qu'on estime qu'ils sont les moins écolos du classement ? Ou les deux ?

Rappelons cependant que moins d'un quart de la population mondiale se sert de papier hygiénique. Dans certains pays, comme le Burkina Faso, le papier toilette est vendu à la feuille. Du coup, si on s'en tient au classement mondial, un Américain qui respecte sa moyenne nationale peut rapporter gros !

Papier toilette et environnement

Évidemment, nous ne pouvions pas terminer cet article sans une problématique d'ouverture : la question de l'environnement. L'heure étant aux changements des comportements pour sauver notre pauvre planète en détresse, les conseils des écolos ne manquent pas, mais ils n'ont pas toujours l'avantage d'être pratiques. L'utilisation du papier recyclé est bien sûr un des moyens préconisés pour respecter l'environnement, avec l'usage de toilettes sèches ou de jets d'eau comme au Japon. Mais là où la polémique fait rage, c'est sur le nombre de feuilles de PQ autorisées pour être éco-citoyen. Les écologistes les plus radicaux exigent un maximum de deux feuilles, ce qui pour la majorité d'entre nous est proprement inconcevable.

Des manuscrits comme papier hygiénique !

Pierre-Jean Trombetta et son équipe d'archéologues ont découvert dans les anciennes latrines du Louvre plus de 700 cachets de cire aux armoiries de ceux qui ont fait les XVIIe et XVIIIe siècles. Ces documents précieux ont effectivement été utilisés comme papier toilette. Dommage...

Une assistante de direction annonce à son patron :

- J'ai deux nouvelles à vous annoncer, monsieur.

- Commencez par la bonne...

- VOUS N'ÊTES PAS STÉRILE !

Êtes-vous Yin ou Yang ?

Vous avez rendez-vous avec l'élu de votre cœur :

● Impossible de dormir la veille et vous mettez des heures à vous préparer le jour J.

◆ Vous ressentez un léger trac et vous cherchez seulement à vous mettre en valeur.

■ Vous restez serein et ne faites pas d'effort particulier sur votre apparence.

Vos proches disent que vous êtes :

■ Dépensier.

● Radin.

◆ Gestionnaire.

Selon vous, vous êtes plutôt :

● Quelqu'un de calme.

■ Quelqu'un de nerveux et pressé.

◆ Un peu des deux, c'est selon.

Au travail, vous avez un esprit :

■ Risque-tout.

● Posé.

◆ Flexible.

Votre couleur préférée :

■ Le rouge.

● Le vert.

◆ Le noir.

Ce que vous préférez dans le sexe :

■ La variété des positions.

● La phase de préliminaires.

◆ Tout.

Votre sport préféré :

■ Le football.

● La natation.

◆ Le yoga.

Vous êtes coincé dans un ascenseur et attendez les secours :

● Vous paniquez et hurlez que vous êtes bloqué à qui voudra l'entendre.

◆ Vous en profitez pour écouter votre Ipod.

■ Vous regardez l'heure toutes les 5 minutes en râlant.

Le matin, vous ouvrez les yeux :

■ Avant le réveil.

● Longtemps après la sonnerie du réveil.

◆ Quelques minutes après la sonnerie.

Si vous deviez choisir un cadeau pour Noël, ce serait :

◆ Un baptême en hélicoptère.

● Un dîner dans un restaurant quatre étoiles.

■ Un saut en parachute.

Résultats

Vous avez une majorité de ●

Vous êtes Yin

Vous êtes définitivement Yin. C'est votre côté « féminin » qui domine. Vous êtes plutôt calme et intuitif. Rassurez-vous, cela ne fait pas de vous quelqu'un de mou. Vous savez briller par des talents cachés comme un esprit créatif, par exemple, mais un peu de Yang ne vous ferait pas de mal. Car, la philosophie du Yin et Yang, c'est justement de cheminer vers un parfait équilibre entre ces deux forces. Faites plus de choix sans penser aux risques, prenez davantage d'initiatives et exprimez vous dans l'action concrète. En amour, vous formez un couple fusionnel avec un partenaire Yin et une relation complémentaire avec un partenaire Yang.

Vous avez une majorité de ■

Vous êtes Yang

Vous, vous êtes clairement Yang ! Votre profil « masculin » domine votre personnalité. Vous êtes dans l'action, vous foncez, vous aimez diriger et vous n'aimez pas que quelque chose vous arrête. Attention ! Une personne Yang n'est pas forcément quelqu'un d'impulsif. Vous

vous posez simplement en acteur concret de votre vie. En revanche, il serait bien de mettre un peu de yin dans votre vin. Sachez mettre des limites à votre fureur de vivre, car votre corps et votre esprit réclament un peu de paix. Observez les profils Yin autour de vous et inspirez-vous de leur calme et de leur sens de la diplomatie. En amour, vous formez un couple dynamique avec un partenaire Yang et une relation plus équilibrée avec un partenaire Yin.

Vous avez une majorité de ◆

Vous êtes Yin ET Yang

Vous avez trouvé le juste équilibre et vous savez exprimer votre Yin ou votre Yang en fonction des situations. Ce parfait mariage, même s'il est délicat à respecter en toutes circonstances, contribue à la sérénité de votre esprit. Vous l'avez compris : il ne faut rien changer. Vous avez trouvé la clé pour vivre dans la paix. En amour, il vous faudrait trouver idéalement un partenaire à la fois Yin et Yang, comme vous. Si vous êtes en couple avec un vrai Yang ou un vrai Ying, il faudra peu à peu l'aider à trouver son équilibre, pour que cette relation soit durable.

Enfants : les meilleures boutiques en ligne pour les habiller

Vertbaudet (www.vertbaudet.fr) est une enseigne de VPC qui habille les enfants de 0 à 12 ans (sans oublier les futures mamans).
La marque vous propose des produits de qualité à des prix tout doux.
Tape à l'œil (www.t-a-o.com) propose régulièrement, sur sa boutique en ligne, des réductions allant jusqu'à 50 %.
Ventes privées
Les ventes privées sur internet ne sont pas à négliger. Sur http://shopping.infobebes.com des ventes à durée limitée de quelques jours seulement sont organisées toutes les semaines. Vous pouvez réaliser jusqu'à 70 % de réduction sur des dizaines d'articles de marque.
Achetez d'occasion !
ChicOkaz (www.chicokaz.com) vous propose des centaines d'articles d'occasion, 100 % chic ! Et à des prix jusqu'à 75 % moins chers que le neuf.
Il y a aussi les franchises Bébé Futé qui proposent du neuf et de l'occasion et permettent de trouver des vêtements et tout le nécessaire pour le confort et l'amusement de bébé. Les marques sont mises en avant, mais les disponibilités et les quantités varient en fonction des dépôts.

Suite logique

2 5 1 4 3

5 3 4 1 2

4 1 5 3 2

4 3 5 2 1

2 5 4 1 3

....

Solution

4 3 1 5 2. Pour trouver la position d'un chiffre, il suffit de regarder le suivant et de le mettre à la place indiquée par ce nombre dans la ligne suivante.

Ainsi, la première ligne, où le 2 est devant le 5, nous indique que le 2 sera en cinquième position dans la rangée suivante, et ainsi de suite.

Un prêtre et une nonne sont dans une tempête de neige. Après un moment, ils trouvent une petite cabane. Exténués, ils se préparent à dormir.
Ils trouvent une pile de couvertures et un duvet sur le sol, mais seulement un lit.
Gentleman, le prêtre dit :
- Ma sœur, vous dormirez dans le lit, et je dormirai sur le sol, dans le duvet.
Alors qu'il venait juste de fermer son duvet et commençait à s'endormir, la nonne dit :
- **MON PÈRE, J'AI FROID.**
Il ouvre la fermeture de son duvet, se lève, prend une couverture et la pose sur elle.
De nouveau, il s'installe dans le duvet, le ferme et se laisse sombrer dans le sommeil, quand la nonne dit encore :
- **MON PÈRE, J'AI TOUJOURS TRÈS FROID.**
Il se lève à nouveau, met une autre couverture sur elle et retourne se coucher.
Juste au moment où il ferme les yeux, elle dit :
- **MON PÈRE, J'AI SIIIIII FROIIIIIID !**
Cette fois, il reste couché et dit :
- Ma sœur, j'ai une idée : nous sommes ici au milieu de nul part, et personne ne saura jamais ce qui s'est passé. Faisons comme si nous étions mariés.
Enfin exaucée, la nonne répond :
- Oui, c'est d'accord.
Et le prêtre crie :
- **ALORS TU LÈVES TON CUL ET TU PRENDS TOI-MÊME TA PUTAIN DE COUVERTURE, CONASSE !**

Lèvres gercées ? Plus jamais !

Grâce à cette recette, vous guérirez et préviendrez les gerçures à raison de 2 applications par jour en temps normal et de 4 applications en cas de lèvres gercées. Pour cela, il vous faut 3 g de cire vierge et 15 g d'huile d'olive. Faites fondre la cire à feu doux, incorporez l'huile puis mélangez le tout. Versez enfin la mixture dans un petit pot à couvercle et laissez refroidir.

Jeu d'articulation

Répétez dix fois très vite :

Si l'Américain
se désaméricanisait
comment le
réaméricaniserions-nous,
l'Américain ?
On le réaméricaniserait
comme on l'a désaméricanisé,
l'Américain.

Comment lutter contre l'obésité infantile ?

D'après une étude américaine conduite par les scientifiques Robert Whitaker et Sarah Anderson, qui a porté sur 8 550 enfants, trois facteurs sont liés à l'obésité infantile : le risque d'obésité serait inférieur à 40 % lorsque les enfants prennent leurs repas en famille, lorsque la durée de consommation de la télévision est inférieure à deux heures quotidiennes et lorsqu'ils dorment au moins 10 heures et demie par nuit. Pourquoi ? Premièrement, les repas pris en famille incitent davantage l'enfant à se nourrir de fruits et de légumes et à diversifier son alimentation. De même, les repas en famille réduisent le grignotage. Deuxièmement, le manque de sommeil perturbe le système de régulation physiologique et multiplie les prises alimentaires durant la période d'éveil, en raison de la fatigue. Troisièmement, la télévision réduit logiquement l'activité physique chez l'enfant et incite bien souvent, comme chacun sait, au grignotage. Les scientifiques de l'étude invitent les familles non pas à respecter un seul de ces critères mais à associer les trois. Ces enseignements ne sont pas à prendre à la légère quand on sait que 18 % des enfants français sont en surpoids en 2010.

Un homme s'évade de prison après 15 ans. Il entre dans une maison pour voler de l'argent mais trouve un jeune couple au lit. Il s'empare d'un couteau et ordonne à l'homme de se lever pour l'attacher à une chaise. Le fugitif fait de même avec sa femme. Il se met sur elle, l'embrasse dans le cou, se lève et s'en va dans la salle de bain. Le mari tout affolé en profite pour dire à sa femme :

– ÉCOUTE MA CHÉRIE, C'EST UN ÉVADÉ DE PRISON, REGARDE SES VÊTEMENTS. CELA DOIT FAIRE LONGTEMPS QU'IL N'A PAS TOUCHÉ DE FEMME. J'AI BIEN VU COMMENT IL T'EMBRASSAIT DANS LE COU. S'IL VEUT DU SEXE, NE RÉSISTE PAS, FAIS CE QU'IL VEUT. DONNE-LUI SATISFACTION MÊME SI ÇA TE RÉPUGNE. S'IL SE FÂCHE, IL PEUT NOUS TUER. SOIS FORTE CHÉRIE. JE T'AIME !

Sa femme lui répond :

– IL NE M'EMBRASSAIT PAS DANS LE COU, IL M'A CHUCHOTÉ À L'OREILLE QU'IL ÉTAIT GAY, QU'IL TE TROUVAIT À SON GOÛT ET VOULAIT SAVOIR SI ON AVAIT DE LA VASELINE. JE LUI AI DIT OUI, DANS LA SALLE DE BAIN. SOIS FORT CHÉRI... JE T'AIME !

LES WC EN HOLLANDE

Énigme

Combien de fois peut-on soustraire 6 de 36 ?

Solution

Une seule fois ! Pourquoi ? Parce qu'après avoir soustrait 6 de 36, on peut soustraire 6 uniquement de 30. Et non plus 36.

Restez zen : toutes les femmes simulent

Simuler l'orgasme est déjà arrivé au moins une fois à chaque femme. Cela part d'une volonté de faire plaisir à leur partenaire. Bien entendu, cela ne doit pas devenir une habitude et il est préférable d'être honnête, voire rassurante : le fait que vous n'ayez pas atteint l'orgasme ne vous empêche pas d'avoir trouvé l'acte agréable. De plus, il est plus difficile de jouir pour une femme. En simulant, les femmes évitent de chercher de quelle manière elles peuvent avoir un orgasme plus facilement.

DEVENIR RICHE : MODE D'EMPLOI

La Sofres a posé en juillet 2007 la question suivante aux Français : comment devenir riche ?

40 % des Français ont répondu que l'on devenait riche en travaillant dur au boulot alors que **39 %** d'entre eux considèrent qu'il faut gagner à la loterie. **30 %** des sondés estiment qu'il faut investir dans une résidence principale contre **25 %** dans l'immobilier locatif. Certains Français comptent sur l'héritage (**20 %**) pour devenir riches, d'autres (**15 %**) à la création et la revente d'entreprise. **13 %** des sondés investiraient en bourse et **3 %** comptent sur un riche mariage.

Jésus décide en 2011 de redescendre sur terre pour voir de quelle façon ont évolué les humains.
Il arrive en Corse par le plus grand des hasards et est stupéfait par la beauté des paysages.
Jésus erre dans le maquis, ne croise personne jusqu'au moment où il aperçoit au loin un beau village perché. Il s'approche du seul bar du centre et y rentre. Assoiffé, Jésus demande un verre d'eau.

– ÇA FAIT 1 EURO.

– MAIS… JE N'AI PAS D'ARGENT, JE SUIS… JÉSUS.

– OUI, C'EST ÇA ! ALORS, OK SI TU ME LE PROUVES…

Se tournant vers un paralysé assis à une table, Jésus lui ordonne en le pointant du doigt :

– LÈVE-TOI ET MARCHE !

Incroyable. Il marche ! C'est un miracle.
Le fils de Dieu aperçoit un aveugle. Il lui passe la main sur le visage…
Et re-miracle ! L'homme recouvre la vue.
Jésus aperçoit au fond du bistrot quatre corses attablés et qui jouent aux cartes en fumant.
Il s'approche de l'un deux et lui dit :

– QUANT À TOI…

– NON, NON !!! PAS MOI ! JE SUIS EN ARRÊT MALADIE !

Pourquoi dit-on « boire un canon » ?

Cette expression tient ses origines du XVIe siècle.
À cette époque, le canon correspondait à unité de mesure des vins et spiritueux. Il fallait compter 1/16 de litre pour un canon. C'est pourquoi un canon désigne par métonymie un verre d'alcool.
Le mot « **coup** » dans l'expression « **boire un coup** » fait quant à lui référence à la quantité de liquide que l'on peut boire en une seule fois.

Les célébrités accro au feng shui

avec www.maviedefemme.com

★ Le gouverneur de Hong Kong refusa d'intégrer la résidence de l'ancien gouverneur à cause d'un Feng Shui néfaste.

★ Le Premier ministre de Singapour aurait eu recours au Feng Shui pour augmenter la croissance extraordinaire de l'économie de sa République.

★ Plusieurs banques internationales ont commandé un plan de prévision appelé « Indice Feng Shui » portant sur le comportement du marché.

★ Madonna, Johnny Depp et d'autres stars internationales utilisent le Feng Shui afin d'être en harmonie avec eux-mêmes.

★ Le siège social de la compagnie aérienne « British Airways » a été entièrement conçu selon les principes de cette pratique chinoise.

★ Tony Blair aurait fait décorer son bureau selon l'art du feng shui.

★ Bill Clinton et son épouse ont aménagé un bureau ovale afin que ce dernier reflète une énergie harmonieuse.

Et 1, et 2 ! Et... 149-0 !

Ce score improbable a été enregistré à Madagascar le 31 octobre 2002, lors d'un match opposant l'AS Adéma et le Stade Olympique de Emyrne (SOE). C'est l'AS Adéma qui est ressortie vainqueur du match, à raison d'un but toutes les 36 secondes.

Mais alors ? Les joueurs de l'AS Adéma sont des dieux plein de superpouvoirs ou bien les joueurs du SOE sont des grosses brêles ? Ni l'un, ni l'autre. Les joueurs du SOE ont volontairement marqué des buts contre leur camp pour saboter le match. En effet, l'équipe protestait contre son exclusion du championnat de Madagascar due à un penalty douteux à la fin d'un match précédent entre l'As Adéma et la DSA. Concrètement, le 31 octobre 2002, le SOE n'avait plus rien à perdre. C'est pourquoi ses joueurs ont décidé de ridiculiser l'arbitrage en marquant 149 buts contre leur camp.

Évidemment, les spectateurs ont demandé à être remboursés.

SUDOKU

Niveau moyen

				4				
		5			6			
		8	9			6	4	1
1	9		2	5			6	
6	5						7	
			6					2
9	7	3			8			
		6	3					4
					7	9		8

Solution p. 675

Secrets de geek de Google : les easter eggs

Vous tournez en rond ? Vous ne savez même plus quoi regarder sur Internet pour tuer le temps ? Peut-être que vous ignorez encore l'existence des « easter eggs » (en français : « œufs de Pâques »), ces fonctions cachées accessibles au moyen de mots clés ou de combinaisons de touches et de clics. En voici quelques uns, bien connus des geek, à taper directement sur Google :

- Le lapin de Pâques : un easter egg n'est pas nécessairement lié à la thématique de Pâques. Mais il y en a un qui est clairement fidèle à sa désignation. Tapez « google easter egg » et cliquez sur le bouton « J'ai de la chance » (et non sur « Recherche Google »). Vous pourrez jouer avec un petit lapin.
- l'œuf gothique : tapez « google gothic » puis cliquez sur « J'ai de la chance ». Votre page Google se transformera en moteur de recherche gothique, avec des liens vers des images gothiques, des publicités pour du prêt-à-porter, etc.

• l'œuf dément : tapez « google loco » (« fou » en espagnol) et vous verrez les lettres Google taper une bonne crise de nerfs. Essayez aussi de taper quelques mots clés, par curiosité.

• l'œuf marketing : certaines entreprises conçoivent des easter eggs pour épater les consommateurs. En espérant, que celui-ci sera toujours valable lorsque vous lirez votre WC BOOK, rendez-vous sur la page Google britannique (http://www.google.co.uk/), puis tapez « meet android » (en français, rencontrer android - la marque) et enfin, cliquez sur « J'ai de la chance ». Une créature de la marque se fera un plaisir de démolir votre page affichée à l'écran.

• l'œuf Norris : Chuck Norris étant une figure incontournable de l'humour, il semblait indispensable de créer un easter egg qui lui rende hommage. Tapez « trouver Chuck Norris », puis cliquez sur « J'ai de la chance ». Vous verrez bien ce qui s'affichera...

Visitez les blogs de geek en quelques mots clés pour connaître toute l'actualité des easter eggs. Certains bloggeurs donnent même des combinaisons pour jouer à un simulateur de vol sur Google ou bien pour voir apparaître un ninja sur Facebook.

Allez, au travail, maintenant !

DEVINETTES SPÉCIAL BLEUS

Quelle est la différence entre l'équipe de France et un taxi ?

UN TAXI N'EN PREND PAS PLUS DE QUATRE.

Comment rendre brillants les yeux d'un fan de l'équipe de France ?

IL SUFFIT D'ALLUMER UNE LAMPE DE POCHE ET DE LA POINTER DANS LES OREILLES DU FAN.

Un Français, un Togolais et un Coréen tombent d'un pont. Qui s'écrase en premier ?

ON S'EN FOUT, ALLEZ L'ARGENTINE !

« Be british ! »

« Soyez british ! ». C'est ce que criait le capitaine Edward John Smith au moment du naufrage du Titanic. Mourir certes, mais avec classe...

D'après un chercheur australien, le savoir-vivre british aurait causé davantage de victimes chez les Anglais que chez les Américains.

Ces derniers auraient tenté par tous les moyens de sauver leur peau en se ruant sur les canots de sauvetage, tandis que les Anglais attendaient sagement leur tour.

Quelques astuces pour faire ses courses

Ne partez pas sans votre liste de courses

La pire chose que vous pouvez faire est de parcourir les rayons au hasard, en cherchant de l'inspiration ou une « bonne idée ». Non seulement vous oublierez un tas de produits dont vous avez un réel besoin, mais vous succomberez à au moins une (dans le meilleur des cas) des « tentations » concoctées par le supermarché. Prenez le temps d'établir votre liste de courses, vous y gagnerez ! Commencez par déterminer les menus pour la semaine. Si vous êtes au clair avec ce que vous voulez avoir dans votre assiette, ce sera plus facile. Et une bonne liste est celle qui ne contient que l'indispensable (et dans les quantités utiles). De cette façon, vous éviterez le superflu et les gaspillages.

N'allez jamais faire vos courses le ventre vide

C'est le meilleur moyen d'acheter en quantités énormes et de remplir votre chariot avec des produits sucrés ou gras, très chers, qui nuisent à votre forme et à votre porte-monnaie. Faites vos courses de préférence après avoir mangé suffisamment.

Ne cherchez pas que les grandes marques

Dans l'esprit du consommateur, une grande marque est gage de qualité alors que la marque distributeur a des origines douteuses. La réalité est tout autre. Derrière certaines marques distributeurs se cachent les mêmes produits que ceux qui se trouvent dans le joli paquet de la grande marque. Et même lorsque ce n'est pas le cas, les marques distributeurs sont, pour la plupart, d'une excellente qualité. Les grandes enseignes font un énorme effort pour proposer des produits dont la qualité n'a rien à envier à celles des marques connues. Et ce, 30 voire 40 % moins cher.

Comparez les prix, mais faites-le intelligemment

Quand vous comparez les prix de deux paquets ou deux boîtes, cherchez sur l'étiquette le prix au kilo ou au litre. Même s'ils présentent le même volume, ils peuvent contenir des quantités différentes. Faites l'essai dans une grande surface, vous verrez que ce qui semble être moins cher à première vue ne l'est pas toujours. Et deuxième conseil, ne négligez pas les différences de centimes. Additionnés sur le ticket de caisse, tous ces petits centimes font une réelle différence.

Respectez votre budget

Définissez un budget avant de partir et essayez de vous y tenir. Le compte n'est pas très difficile à faire mais, au besoin, vous pouvez utiliser une calculatrice. Si malgré cela vous continuez à faire des écarts, laissez votre carte bleue à la maison et partez avec du liquide.

Ne vous faites pas avoir par la taille du chariot

Ils sont de plus en plus grands. Les articles que vous y posez semblent petits et les quantités insuffisantes... Que faites-vous alors ? Vous rajoutez des articles dont vous n'avez pas vraiment besoin mais qui remplissent le chariot. Si vous n'avez pas de grosses courses à faire, prenez plutôt deux paniers ou un mini chariot.

Vérifiez toujours le ticket de caisse

Il arrive souvent (serait-ce un simple hasard ?) que les produits affichés comme des promotions passent avec leur prix normal. Retenez ou notez les prix des promotions, vérifiez votre ticket de caisse et si vous constatez que la promotion n'a pas été prise en compte, faites une réclamation immédiatement auprès de la direction.

Allez fouiller au fond

Pour ne pas remplir votre frigo de produits qui périment trop vite, allez chercher les produits frais les plus éloignés, ceux qui sont au fond de la rangée. Pour écouler les stocks de produits qui approchent la date limite de consommation, les commerçants les placent souvent devant.

Posez-vous régulièrement la question : est-ce un achat utile ?

... ou cédez-vous tout simplement à une astuce marketing ? Sachant que le consommateur ne reste que 1,11 min dans le même rayon et que 76 % des achats s'effectuent en moins de 10 secondes les grandes surfaces abondent de « pièges » qu'il faut déjouer sans cesse.

Jeu

Suite logique

janvier : 4

février : 4

mars : 3

avril : 3

mai : ....

Solution

1. il s'agit du nombre de consonnes présentes dans chaque mot.

LE CHÂTEAU DE VERSAILLES EN CHIFFRES

3 600 m^3/heure de consommation d'eau lors des Grandes Eaux
11 hectares de toitures
51 210 m^2 de planchers
2 153 fenêtres
700 pièces
67 escaliers
6 000 peintures
1 500 dessins et **15 000** gravures
2 100 sculptures
5 000 pièces de mobilier et objets d'art
150 variétés de pommiers et de poiriers au Potager
20 km de murs de clôture
800 hectares de parc
20 km de routes
46 km de treillages
200 000 arbres
210 000 fleurs plantées chaque année
132 km d'alignements d'arbres
23 hectares de superficie pour le Grand Canal
5,570 km de circonférence pour le Grand Canal
50 fontaines
620 jets
35 km de canalisations

Les descendants d'Adolf Hitler

Les derniers membres de la famille Hitler ne sont que trois. Ils vivent sous un autre nom aux Etats-Unis et se sont fait le serment de ne jamais avoir d'enfants pour éradiquer totalement les gènes du dictateur de la surface de la Terre.

La maîtresse demande a chacun de ses élèves :

- Que voulez-vous faire plus tard ?

- Moi, quand je serai grand, je veux être **UN SUPER JOUEUR AU PSG** et, si ça ne marche pas, je serai **PETIT JOUEUR À L' OM**.

- Moi, quand je serai grand, je veux être **CHIRURGIEN** et puis, si ça marche pas, je serai **BRANCARDIER**.

- Moi, quand je serai grande, je veux être **ACTRICE** et puis, si ça marche pas, je serai **CAISSIÈRE AU CINÉMA**.

- Moi, quand je serai grand, je veux être un **ATHLÈTE OLYMPIQUE** et puis, si ça marche pas, je serai **PROF DE GYM**.

- Moi, quand je serai grand, je veux **DES FEMMES ET DU CHAMPAGNE**, dit Lulu.

- Ah bon, s'exclame la maîtresse en riant. Et si ça ne marche pas ?

- **BRANLETTE ET CHAMPOMY !**

Police, Samu, pompiers : quand peut-on les appeler ?

Pompiers : le 18

Composez le 18 en cas d'incendie, de fuite de gaz, si vous êtes en danger ou si quelqu'un d'autre est en danger et que vous ne pouvez trouver de solution technique par vous-même : accident de voiture, maison condamnée par une inondation, menace de suicide d'une personne du haut d'un immeuble. Si une personne est blessée sur le lieu de l'incident, les pompiers prodigueront les gestes de premier secours ou contacteront le Samu en cas de problème grave.

Samu : le 15

Composez le 15 en cas de problème médical très grave nécessitant des soins immédiats : arrêt cardiaque, signes d'infarctus ou d'accident vasculaire cérébral, chute de toit... Vous pouvez contacter le

Samu pour demander si le problème constaté est grave et nécessite son intervention ou celle d'un autre service. Mais contactez de préférence, si possible, votre médecin pour tout autre problème de santé : grippe, gastro-entérite, fièvre...
Si le problème constaté ne peut attendre d'être résolu en consultation, faites appel aux urgences : fièvre chez un enfant de moins de trois mois, problème médical persistant chez une personne âgée après consultation, traumatisme nécessitant une radio, plaie nécessitant une suture, etc.

Police secours : le 17

Composez le 17 si vous êtes témoin ou victime d'une infraction nécessitant une intervention immédiate de la police et s'il est encore possible d'arrêter les malfaiteurs en flagrant délit. Par exemple, si vous êtes témoin d'une agression de personne, si vous êtes agressé par quelqu'un en état d'ébriété, si on vous vole un bien et que vous avez relevé une plaque d'immatriculation ou bien si vous avez identifié d'autres informations permettant de repérer le malfaiteur ou de le poursuivre. Si l'intervention immédiate de la police est impossible, adressez-vous à votre commissariat.

HIER ET AUJOURD'HUI

- En **1911**, le Code du travail comptait **14 pages**. Aujourd'hui, il fait plus de **2 600 pages**.

- Il y a **10 ans**, un élève de cinquième qui faisait **8 fautes d'orthographe** en dictée en fait aujourd'hui **15**.

- En **1950**, le temps moyen passé à faire la cuisine était d'**1 h 30**. Aujourd'hui, il est estimé à **13 minutes**.

- En **1930**, on passait en moyenne **19 minutes** à rire par jour. Aujourd'hui, on rit à peine **1 minute** dans une journée.

- Le temps moyen d'un repas est de **30 minutes**. Les Français restaient attablés **1 heure** en **1995** et **1 h 30** en **1980**.

- En **1960**, les top models pesaient en moyenne **23 kilos** de plus qu'aujourd'hui.

Énigme

Un bus scolaire accueille un certain nombre d'élèves. Le bus dessert plusieurs établissements. Au premier arrêt, *Gégé*, le chauffeur du bus, laisse descendre 1/6 des élèves. Au deuxième arrêt, il laisse descendre 1/5 élèves, puis 1/4 au troisième, et ainsi de suite. À la fin du parcours, le bus est vide. Combien d'enfants sont entrés en début de trajet ?

Solution

Il y avait 6 élèves au départ. 1/6 des enfants descend. Il en reste alors 5. Puis 1/5 des élèves descend. Il en reste 4, etc.

Perles de Renault Assistance

Bonjour ! Je suis dans ma Clio et mon pouêt-pouêt est en panne...

C'est pour une dépannation.

J'ai roulé toute la matinée sur des routes de campagne et j'ai du prendre une pierre et j'ai une très légère fuite au réservoir d'essence. Mais je suis très pressée et je ne veux pas qu'on me remorque au garage. Tout ce que je voudrais, c'est que vous m'envoyiez un monsieur pour me boucher le petit trou !

La voiture est tombée dans les pommes.

C'est ma tête d'allumeur qui est félée.

J'ai fait un faux mouvement avec mon pot d'échappement...

Vous pouvez m'envoyer un dépanneur pour enlever le chêne qui est tombé sur ma voiture ?

Mon véhicule est né en 1995.

J'ai la garantie, j'ai ma carte sur moi et pourtant je suis en panne, je ne comprends pas !

On me dit qu'on va me passer quelqu'un et puis j'entends de la musique, alors moi je raccroche... Moi, j'parle pas à d'la musique !

On a essayé de violer ma Twingo !

Je suis en panne, rue Salvador Alien 2.

Je vous appelle d'une cabine. Ma voiture est restée à l'extérieur.

Pourriez-vous m'envoyer un dépanneur pour qu'il voie si c'est la peine qu'il vienne.

J'aimerais parler à René Assistance.

On a agressé ma voiture.

Je vous appelle pour un de mes chauffeurs qui est en panne, je ne sais pas du tout où est la voiture mais peut-on déjà envoyer un dépanneur ?

J'exige que vous m'envoyiez une nouvelle R19 par avion.

... avec un F comme farmacie.

Un type se tient debout sur le bord d'une route déserte au milieu d'une très sombre nuit en faisant du stop.
Tout à coup, une terrible tempête se déchaîne.
Les rares voitures qui passent ne s'arrêtent pas.
L'orage est si fort qu'il est impossible de voir à plus de trois mètres devant soi.
Tout à coup, il voit une voiture qui s'approche lentement et qui s'arrête.
Le gars, sans se poser de questions, monte dans la voiture et ferme la portière.
Lorsqu'il se retourne, il se rend compte qu'il n'y a personne à la place du conducteur...
La voiture démarre doucement et roule lentement.
Soudain, il voit un virage qui approche, effrayé, il commence à prier.
Juste avant d'y arriver, la porte du conducteur s'entrouvre et une main entre pour faire tourner le volant dans le virage !
Paralysé par la peur, il s'accroche de toutes ses forces à son siège.
Terrorisé, il voit que la même chose arrive à chaque fois qu'il y un virage sur la route.
La tempête augmente encore en force, et le gars complètement paniqué, finit par descendre de la voiture et s'enfuit en courant jusqu'au village le plus proche.
Il entre dans un bar, demande deux doubles whiskies et, en tremblant, commence à raconter à tous les gens présents ce qui lui est arrivé.
Environ une demi-heure plus tard arrivent deux gars complètement trempés, l'air exténués et l'un dit à l'autre :
« REGARDE LÀ-BAS, C'EST LE CONNARD QUI EST MONTÉ DANS LA VOITURE PENDANT QU'ON LA POUSSAIT ! »

Le site de référence des tricheurs

Vous saurez tous les secrets des tricheurs grâce au site web-tricheur.net.
Le site répertorie entre autres les trucs et astuces de tricheurs par niveau de difficulté, allant de « facile » à « suicidaire ». Vous pourrez également consulter des fiches conseils extrêmement techniques pour gruger comme un champion ou fabriquer des sarbacanes. Et ce n'est pas tout ! Il y a des interviews, des articles sur la triche à l'étranger, un forum, des blagues, etc. Une vraie encyclopédie !

http://www.web-tricheur.net/fr/

La Symbolique des Couleurs

La couleur des vêtements que vous portez vous semble anodine, pourtant chaque teinte symbolise de choses très précises. Voici un petit tour d'horizon sur ce que représentent chaque couleur, du blanc au noir, en passant par l'orange ou le rose...

Le blanc

Synthèse de toutes les couleurs, le blanc était considéré dans l'Antiquité comme la couleur du divin. Il renvoie à l'idée de lumière, de pureté, de vertu et de chasteté.

Le noir

Dans la symbolique occidentale, le noir est l'antithèse de la lumière. On l'associe au néant, au mal et à la mort (c'est la couleur du deuil). Dans le symbolisme indien, le noir, au contraire, représente la fécondité. Il symbolise une promesse de naissance et de régénération et il renvoie à la pureté originelle.

Le rouge

Le rouge, couleur du sang et du feu, est souvent associé à la vie, à la force et à la puissance mais aussi à la destruction. Clair, c'est la couleur de l'amour, de la force vitale. Sombre, c'est celle de l'excès, de la passion destructrice. Dans l'Antiquité, le rouge était associé à la divinité et au culte, ainsi qu'à la noblesse.

Le jaune

Le jaune d'or est la couleur de la lumière céleste révélée aux hommes. Le jaune plus pâle symbolise l'inconstance, les passions dépravées, la trahison.

Le violet

Mélange de bleu et de rouge, le violet symbolise l'amour de la vérité. C'est la couleur de la fusion amoureuse.

L'orange
Mélange de rouge et de jaune, l'orange symbolise l'amour divin, la fidélité, mais aussi la luxure, le besoin de jouissance et d'expansion. L'orangé représente l'intuition, l'entrain, la jeunesse et l'audace. Lorsqu'il tend vers le rouge, l'orange symbolise l'épicurisme, les plaisirs de la table et de la chair. Il figure alors l'adultère, la luxure, la dissimulation et l'hypocrisie.

Le rose
Mélange de rouge et de blanc, le rose, couleur de la chair, symbolise l'amour, la fidélité et la pureté. Couleur de Vénus, le rose est la couleur de la tendresse, de la jeunesse et du bonheur. Ne dit-on pas « voir la vie en rose » ?

Le vert
Couleur de la nature, le vert est doué d'un pouvoir de régénération. Il symbolise l'espérance, mais aussi la vengeance. Lorsqu'il tire sur le jaune, on lui prête une influence néfaste.

Le bleu
Dans toutes les mythologies, le bleu est associé à la divinité. Il symbolise la vérité éternelle, l'immortalité, la fidélité, la chasteté, la loyauté et la justice. Le bleu apaise, appelle à la méditation, à la contemplation, il favorise la méditation et le repos. Le bleu clair incarne l'évasion et le merveilleux.

Le brun
Couleur de la terre, le brun rappelle les couleurs de la nature qui se meurt et connote de ce fait la mort. Couleur de la matérialité, le brun symbolise également l'obstination, l'avarice et l'égoïsme.

Le gris
Union du blanc, couleur de l'innocence, et du noir, couleur de la culpabilité, le gris représente la tristesse, l'anxiété et la rêverie. Il symbolise la mort terrestre et l'immortalité spirituelle. C'est aussi un symbole de pénitence et de deuil.

Énigme

Rachid et son fils Hassan ont 36 ans à eux deux. Si Rachid a 30 ans de plus que son fils, quel âge a Hassan ?

Solution

Le fils a 3 ans et non 6 ans. Bah oui ! Si Hassan avait 6 ans, lui et son père auraient 42 ans à eux deux.

La fin des chaussettes dépareillées

Le cauchemar des chaussettes seules peut prendre fin grâce à une astuce toute simple : il suffit de mettre celles dont la jumelle a disparu dans une boîte à chaussures. Une fois par mois, triez votre boîte : toutes les chaussettes se retrouveront mariées !

Des bottes de pluie en bon état

Les bottes en caoutchouc ont tendance à durcir et à se craqueler avec le temps. Pour leur assurer souplesse et brillance, vaporisez-les régulièrement de produit destiné à laver les vitres et les appareils électroniques.

Duel de vannes : vous n'en sortirez pas indemnes

Vous avez toujours rêvé de proférer les insultes les plus mythiques ? Les duels de vannes ou plutôt « battles » de vannes (en français, « batailles »), sont faits pour vous.
L'idée nous vient des Etats-Unis. La chaîne MTV a créé une émission sur cette nouvelle tendance des quartiers populaires. Elle s'intitulait « Yo Momma » (sous-entendu « your mum », soit « ta mère » en français) et faisait s'affronter des clans des quartiers de New York et de Chicago. Le concept s'est exporté jusque dans nos cités françaises, où il est courant de s'adonner à ces joutes verbales pour faire passer le temps et se détendre. C'est pourquoi, des marques de sport se sont emparées du phénomène. La marque Reebok, par exemple, organise dans ses points de vente des concours de vannes et les vainqueurs remportent une paire de baskets. Les vannes portent principalement sur la famille et le physique, comme on peut s'en douter. Voici quelques idées pour « clasher » votre entourage :

« **Va chez le coiffeur, t'as la coupe à Pujadas !** » (présentateur sur France 2)

« **Il paraît que les hommes descendent du singe. À mon avis, toi t'es pas descendu, tu t'es cassé la gueule.** »

« **Toi, t'es tellement maigre que si je te mets entre mes fesses, on dirait un hot-dog.** »

« **Ton jean, tu l'as trouvé à la Croix-Rouge ?** »

Vous pourrez en piocher d'autres sur Facebook, à la page www.facebook.com/pumpbattle.

Que le meilleur gagne !

Une institutrice demande à ses petits élèves s'ils connaissent des noms de médicaments.
Mario lève la main et dit :
- **ASPIRINE**.
- Bien , dit l'institutrice, et à quoi ça sert ?
- C'est pour **LES MAUX DE TÊTE**.
Julie lève le doigt :
- **CAMPHOPNEUMINE**.
- Oui, très bien répond l'institutrice. Et à quoi ça sert ?
- C'est pour guérir **LA TOUX**.
C'est au tour de Florian qui dit :
- **VIAGRA**.
- Excellent ! dit l'institutrice, et à quoi cela sert-il ?
- C'est contre **LA DIARRHÉE**, je crois.
- Et qui t'a dit cela ? demande l'institutrice.
- Tous les soirs avant d'aller dormir, j'entends ma mère dire à mon père : **« N'OUBLIE PAS DE PRENDRE UN VIAGRA, PEUT-ÊTRE QUE CETTE PETITE MERDE VA DURCIR UN PEU ! »**

SUDOKU

Niveau difficile

				2	5	1	6	
2		9						8
		5	6					
	8						1	
1					2	3		7
6				9	7			
			5					
					6			
7		3	4	8				9

Solution p. 676

LES WC DE MARSEILLE

Quelques anecdotes farfelues

Géraldine Chaplin, fille adoptive ?

Géraldine Chaplin, la fille de Charlie Chaplin, se promenait un jour en Espagne. Lorsque deux femmes l'arrêtèrent pour avoir un autographe. L'une des deux femmes demande à son amie : « Qui est-ce ? » L'autre répondit : « Tu ne la reconnais pas ? C'est la fille de Laurel et Hardy ! »

Hitchcock, flatteur de bas niveau

Un jour, l'actrice Mary Anderson demanda à Hitchcock quel était son meilleur profil, celui qu'il fallait mettre en valeur lors des prises de vue. Le réalisateur lui répondit : « Ma chère, vous êtes assise dessus. »

Depardieu fait un canular à Chabrol

Le réalisateur Claude Chabrol se demandait pourquoi il recevait tant de coups de fils de personnes intéressées pour racheter sa maison en Anjou, alors qu'elle n'était pas à vendre. Il se rendit compte que c'était la faute de Gérard Depardieu : ce dernier avait accroché à la porte de sa maison un panneau « à vendre » avec le numéro de téléphone du réalisateur.

Albert Einstein, le roi de l'épouvante

Un jour, un ami présenta au grand physicien son fils de huit mois. C'est alors que le bébé, à la vue d'Einstein, fondit en larmes et hurla de toutes ses forces. Albert Einstein n'a pas manqué d'humour, bien au contraire. Il adressa les mots suivants au petit : « Tu es la première personne depuis des années qui me dise vraiment ce qu'elle pense de moi. »

La petite histoire de Guy Bedos

Un soir de spectacle, un homme du public s'est levé, est passé devant la scène où jouait Guy Bedos, puis il dit à l'humoriste : « je reviens ! » Aucun problème, se dit le comique. Il interrompit le spectacle et fit attendre le retour du bonhomme par le public. Qu'elle ne fut pas la surprise de ce trouble-fête lorsqu'il fût accueilli par un tonnerre d'applaudissements de retour des toilettes.

Arletty, amoureuse épique et cynique

L'amour peut-être un crime surtout sous l'occupation. La belle Arletty a dû s'expliquer devant un tribunal pour être tombée amoureuse d'un Allemand. L'actrice a su remettre la Cour à sa place avec beaucoup d'esprit. « Vous savez, monsieur le juge, je ne suis pas très résistante... ». L'amour rime aussi avec humour.

Robert Mitchum, conseiller matrimonial

Un jour, l'acteur fut interrogé sur les raisons de la longévité de son couple : trente ans de mariage. Quel était son secret ? Robert Mitchum répondit qu'il fallait une « patience mutuelle ». Il ajouta en parlant de sa femme et de lui-même : « Chacun de nous a tous les jours cru que l'autre allait mieux se comporter le lendemain. »

Le site web qui lit dans vos penseés

Connectez vous sur 20q et choisissez votre langue maternelle.
Maintenant, vous allez penser à quelque chose de précis : un objet, un animal, etc. et répondre aux questions posées. Si vous faites preuve d'honnêteté et d'objectivé, le site va deviner ce à quoi vous pensez ou au pire, quelque chose de très approchant.
Époustouflant !

http://www.20q.net/

Pourquoi Auchan s'appelle Auchan ?

C'est le fondateur d'Auchan, Gérard Mulliez, qui a choisi ce nom pour l'ouverture de sa première enseigne. En effet, celle-ci a été inaugurée dans le quartier des Hauts-Champs à Roubaix.
Mais alors pourquoi cette orthographe ? Tout simplement pour figurer en première position dans l'annuaire. Il faut savoir qu'Auchan est présent dans plusieurs pays, notamment en Espagne, où l'enseigne s'appelle Alcampo, littéralement « au champ ».

LES CRIS DES ANIMAUX

Que fait le chien ? ok, il aboie…
Mais que fait…

Le faucon ?
LE FAUCON STIRE.
Le loup ?
LE LOUP BARRE.
Le veau ?
LE VEAU CALISE.
La vache ?
LA VACHE QUIRIT.
La raie ?
LA RAIE AGAUCHE.
La cane ?
LA CANE BIÈRE.
L'agneau ?
L'AGNEAU GNOTE.
La biche ?
LA BICHE OMABICHE.
La fourmi ?
LA FOURMI CROONDE.

La pie ?

LA PIE CASSIETTE.

La taupe ?

LA TAUPE INAMBOURE.

Le cochon ?

LE COCHON QUISSANDÉNIT.

Le cygne ?

LE CYGNE DELEUILLE.

Le bouc ?

LE BOUC ÉMISSÈRE.

Le coq ?

LE COQ ALIGHT.

Le hérisson ?

LE HÉRISSON ÉYAJAMAISPERSONQUIRÉPOND.

La lapine ?

LA LAPINE HEUPE.

Le lézard ?

LE LÉZARD DIVINATOIRE.

Le héron ?

LE HÉRON HÉRONPETITPATAPOND.

La truite ?

LA TRUITE DECHOUBÈRE.

Le kangourou ?

LE KANGOUROU DELASECTE.

Et chez les humains, n'oublions jamais que le Serbo... **CROATE**.

MOTS CROISÉS

HORIZONTALEMENT

A : Mouillage.
B : Évoquée - Radon.
C : Achèves.
D : Première page - Nul.
E : Introniser.
F : Pas loin - Peser l'emballage.
G : Polit.
H : Morte.
I : Doigts de pied.
J : Peau - Pièce porteuse d'une voûte.
K : Fioriture.

VERTICALEMENT

1 : Récente - Cobalt.
2 : À moi - Adverbe enveloppant.
3 : Foyer - Oiseau chanteur.
4 : Ancienne mesure de radiation - Habituel.
5 : Ressuscite autrement.
6 : Composée de récits.
7 : Poncée à la meule - Rêne.
8 : Enlace - Connut.

	1	2	3	4	5	6	7	8
A								
B						■		
C								
D				■				
E		■						
F			■					
G							■	
H								■
I	■							
J					■			
K								

Solution p. 681

Les formes et leur symbolique

Les mots véhiculent des sens et des symboles, mais comme chacun sait, la symbolique du non-verbal, c'est-à-dire de tout ce qui ne touche pas aux mots, est particulièrement captivante. Vous connaissez peut-être certaines significations de la symbolique des couleurs ou des objets. Saviez-vous que les formes avaient aussi leur propre symbolique ? En voici quelques exemples :

Le cercle ou la sphère

C'est le symbole de la plénitude, d'un tout complet, de l'ordre parfait. De même, le cercle possède visuellement sa propre limite et par là même symbolise l'idée d'un contenu et d'un contenant. C'est aussi le symbole du groupe, de la communauté.

Le carré

Le carré est complémentaire du cercle. Il symbolise l'espace terrestre et sa création. Ses angles font office d'équerre qui permettent de tracer, de mesurer, de construire le réel. Ces quatre coins symbolisent par ailleurs les quatre éléments naturels et les quatre points cardinaux.

La demi-sphère

La demi-sphère quant à elle évoque l'idée d'une matrice. Elle représente surtout la féminité en attente de fécondation.

Le demi-carré

Le demi-carré est complémentaire du demi-cercle et symbolise le masculin. C'est aussi le symbole de l'être humain dans sa polarité incomplète, dans son imperfection. Le carré cartésien est tronqué de moitié.

La droite horizontale

Elle est évidemment la représentation de la ligne d'horizon. C'est la droite terrestre par excellence, sur laquelle le réel est érigé. La droite horizontale est par ailleurs synonyme de stabilité et d'accueil. C'est aussi un symbole de masculinité

La droite verticale

La droite verticale représente le lien entre les êtres humains et le divin. C'est l'ascension à proprement parler vers le divin. C'est aussi le symbole de l'individu debout et de la force du pilier. Enfin, la droite verticale symbolise l'idée de hiérarchie. C'est une droite qui peut représenter une échelle de supériorité et infériorité.

La diagonale

Qu'elle soit ascendante ou descendante, la diagonale est synonyme de mouvement, comme le vecteur en géométrie. Elle est symbole également de cheminement, de progression et de transition. C'est le symbole de l'action multiple car il y a une infinité de diagonales à dessiner et à parcourir.

Donner le sein pour travailler sans voile

En 2007, l'imam égyptien Izzat Attiyah a édicté une fatwa pour permettre à des collègues femme et homme de travailler dans le même bureau sans que la femme porte le voile.

Selon l'imam, la femme doit donner le sein à son collègue à cinq reprises dans la journée. Izzat Attiyah a justifié cette fatwa par les propos suivants, recueillis par le quotidien *Al-Ayyam* : « Les liens de lait ainsi établis entre ces deux collègues les empêchera d'avoir des relations sexuelles prohibées et leur mixité dans le bureau ne posera plus de problème. De plus, une fois ce lien établi, la femme pourra ôter son voile au bureau et montrer ses cheveux, même en présence de son collègue. » Le cheikh saoudien Mohsen Al-Obeikan a précisé le contexte de cette têtée entre collègues : « Il ne s'agit pas de téter comme un nourisson, ce qui ne serait pas licite. La femme doit seulement presser fortement son sein à cinq reprises afin que son collègue de travail puisse boire le lait ainsi recueilli. »

Cette fatwa se fonde sur des écrits évoquant une tradition datant de l'époque du prophète Mahomet, qui avait interdit à son épouse Aïcha de rencontrer des hommes étrangers à la famille. Or après la mort de Mahomet, Aïcha aurait exigé que « tout homme désirant la rencontrer devait téter ses cousines et ses nièces, avant d'accéder à sa tente ».

Il faut tout de même préciser que cette fatwa a fait l'objet d'une très vive polémique au sein de l'islam. Certains religieux musulmans estiment que cette fatwa serait bien au contraire une incitation à la débauche.

Un braqueur arrive dans une banque. Il tient le monde en respect avec une arme et exige l'accès au coffre fort. Il ressort quelques instants plus tard avec plusieurs sacs de billets. Il regarde un client droit dans les yeux et lui demande :

- **TU AS VU QUELQUE CHOSE ?**

Le client répond :

- **OUI, J'AI TOUT VU. VOUS AVEZ...**

Il n'a pas le temps de finir sa phrase qu'il est abattu d'une balle entre les deux yeux.

Le malfaiteur regarde le client à côté de lui droit dans les yeux et lui repose la même question

- **TU AS VU QUELQUE CHOSE ?**

Le client répond :

- **MOI, NON. MAIS MA FEMME, ELLE A TOUT VU !**

Une sauce sans grumeaux

Si vous devez épaissir une sauce avec de la farine, ajoutez une pincée de sel à celle-ci. Les grumeaux ne se formeront pas.

Décongeler sans perdre le moelleux

Lorsque l'on décongèle du pain, des viennoiseries ou des gâteaux au four micro-ondes, il arrive souvent qu'ils durcissent. Pour qu'ils gardent tout leur moelleux, placez aussi un verre d'eau dans le micro-ondes.

Gribouillez virtuel

Vous avez tendance à griffonner lorsque vous êtes au téléphone ? Ne gâchez plus de papier : laissez parler votre imagination sur ordinateur ! Sur ce site, chaque mouvement de votre souris produit des taches colorées qui s'agrandissent et se déploient comme des feux d'artifice. Un joli moment de poésie et de créativité totalement gratuit !

http://www.neave.com/imagination/

PI

3,14159265358979323846264338
327950288419716939937510582O9
74944592307816406286208998628
03482534211706798214808651328
23066470938446095505822317253
594081284811174502841027019385
21105559644622948954930381964
42881097566593344612847564823
37867831652712019091456485669
23460348610454326648213393607
26024914127372458700660631558
81748815209209628292540917153
64367892590360011330530548820
466521384146951941511609...

Énigme

Je suis le centre de gravité.

Qui suis-je ?

Solution

La lettre V.

Ne pas avoir de fantasmes, c'est normal

Vous n'avez jamais eu envie de faire l'amour dans un avion ou un lieu public ? Rassurez-vous, vous n'avez aucun problème. Le fantasme surgit lorsqu'une personne est, même légèrement, frustrée sexuellement. Il est tout à fait salutaire lorsque notre couple est en panne de désir et peuvent donner un coup de pouce en stimulant l'imagination. Si vous n'en avez pas besoin, c'est tout simplement que votre désir est satisfait.

D'où vient l'expression « à gogo » ?

Cette locution, qui date du XVe siècle et signifie « **beaucoup** », « **abondamment** », vient de l'ancien français « **gogue** ».
Ce mot n'avait pas alors le sens argotique actuel et désignait la joie, la fête. De ce terme sont issus les mots « **goguette** » et « **goguenard** ».
Pour former « **gogo** », « **gogue** » est devenu « **go** » et a été dupliqué.
On peut citer le lexicographe Antoine Furetière qui écrivait au XVIIe siècle :
« **Les gens riches vivent à gogo.** »

hi hi hihi

HUMOUR

Deux hommes dans leur soixantaine parlent du vieillissement et l'un dit à l'autre :

- Le pire, c'est nos femmes : elles refusent d'admettre qu'elles vieillissent et essaient toujours de cacher leurs bobos.

- Tu as raison, dit l'autre, mais moi, j'ai trouvé un bon truc pour les prendre au jeu : si tu veux savoir si ta femme commence à être sourde, place-toi à 10 mètres derrière elle et **POSE-LUI UNE QUESTION**. Puis, quand tu verras qu'elle ne répond pas, avance-toi à 5 mètres. Puis à 2 mètres. Puis à 1 mètre. Et là, elle va devoir se rendre à l'évidence qu'elle commence à devenir sourde !

Le mec trouve l'idée très bonne et, en rentrant chez lui, il se met à 10 mètres de sa femme et lui demande d'une voix forte :

- QU'EST-CE QU'ON MANGE POUR SOUPER ?

Pas de réponse...

Il s'approche alors à 5 mètres et demande encore :

- QU'EST-CE QU'ON MANGE POUR SOUPER ?

Pas de réponse...

Il s'approche encore, à 2 mètres, et redemande :

- QU'EST-CE QU'ON MANGE POUR SOUPER ?

Pas de réponse.

Le gars n'en revient pas !

Il s'approche alors à 1 mètre et hurle :

- QU'EST-CE QU'ON MANGE POUR SOUPER ?

Sa femme se retourne et crie :

- POUR LA QUATRIÈME FOIS : DES LASAGNES !!

INCENDIE : ON N'EST PAS À 1 MINUTE PRÈS, NON ?

Saviez-vous que la quantité d'eau nécessaire pour éteindre un incendie augmente de façon démentielle à chaque minute ?
À la **1re** minute, il suffirait d'un verre d'eau pour l'éteindre. À la **2e**, il faudrait déjà un seau d'eau et à la **3e**, une citerne.

1 Français sur 3 serait victime d'un incendie au cours de sa vie.

L'incendie représente la **2e** cause de mortalité chez les enfants de moins de cinq ans.

Monica Bellucci : comment ressembler à la Bellissima ?

avec www.maviedefemme.com

La sublime Monica Bellucci est l'une des plus belles femmes du monde. Divine, fatale, ultra glamour... Découvrez les secrets forme et beauté de la belle Italienne.

Ses astuces pour garder forme et ligne

★ La belle Monica déteste les régimes ! Pour elle, prendre du plaisir à table, accepter et respecter son corps et son âme sont les conditions de la sensualité et de la séduction ! « Je suis la preuve vivante que l'on peut plaire en faisant plus de 50 kilos ! », dit-elle.
★ Pour bien commencer la journée, Monica prend une douche fraîche et s'hydrate tout le corps.
★ Pour entretenir sa silhouette voluptueuse, elle pratique le yoga plusieurs fois par semaine depuis des années.
★ Pour garder la ligne, la Bellissima s'adonne aussi à la gymnastique et à la natation.
★ Pour perdre quelques kilos avant un tournage, Monica remplace les pâtes, le fromage, le vin et les gâteaux par du poisson, de la viande grillée et des légumes verts. Bien qu'elle adore bien manger, la belle sait être raisonnable pour soigner son image !

★ La star consomme essentiellement des produits bio.
Pour se relaxer, Monica opte pour les massages.

Ses astuces beauté

★ Pour laisser sa peau respirer, la belle évite de se maquiller quand elle le peut.
★ Pour rester toujours fraîche, Monica ne sort jamais sans un petit brumisateur d'eau.

Ses produits chouchous

★ Pour hydrater sa peau en profondeur, la star a adopté la Crème Riche et le Gel Sorbet Ultra Hydratant de la gamme Hydraction de Dior. Elle applique aussi les soins du Dr Hauschka, particulièrement en hiver. Mais le reste de l'année, elle opte pour la Crème Caviar Luxe de La Prairie.
★ Côté maquillage, elle mise pour réhausser son regard sur le mascara Ionic de Dior. Un peu de gloss suffit pour sublimer sa bouche (Dior Addict Ultra Gloss Reflect) au quotidien, mais quand elle sort, Monica n'hésite pas à sortir le grand jeu avec le Rouge Première de Dior. Pour un teint parfait, Monica applique un peu de fond de teint Nude.

Son parfum préféré

La belle porte Hypnotic Poison de Dior.

Son spa préféré

Pour se détendre, Monica aime se prélasser longuement au Spa Nuxe, 32, rue Montorgueil, 75001 Paris
Tel : 01 55 80 71 40.

Idée reçue sur l'équitation

On pense à tort que faire du cheval serait mauvais pour le dos.
Pourtant, ce sport renforcerait la statique de la colonne vertébrale et serait conseillé en cas d'attitude scoliotique (à ne pas confondre avec scoliose).
Le pas serait d'ailleurs l'allure idéale pour renforcer les muscles paravertébraux.
En plus, l'équitation donne un port de roi (reine)...

SUDOKU

Niveau facile

1				6				8
				3				4
5		7	8	2		3	6	
7	8	5		1	9			6
	3	9	4					
			5			7	9	2
			6	4			5	1
	9	4		5	7	6		
								7

Solution p. 676

Harry Potter existe pour de vrai !

Un Anglais d'une vingtaine d'années résidant à Portsmouth vit un véritable cauchemar depuis la sortie du premier tome d'*Harry Potter*. Le jeune homme porte les mêmes nom et prénom que le célèbre sorcier.

Longtemps raillé à l'école et victime d'appels anonymes incessants, il doit constamment justifier son identité. Un abonnement de bus lui a même été refusé par un employé qui croyait à une plaisanterie. Le jeune homme a également dû prouver à sa petite amie sa bonne foi en lui présentant son permis et son passeport.

Mais ce n'est pas tout. Harry de Portsmouth a lui aussi une cicatrice sur le front...

MONSIEUR ET MADAME...

Monsieur et Madame **PALATUJAINE**
ont un fils, comment s'appelle-t-il ?
EDGAR

Monsieur et Madame **AMATIK**
ont une fille,
comment s'appelle-t-elle ?
PHÈDRE

Monsieur et Madame **ZINMOI** ont
un fils, comment s'appelle-t-il ?
ADAM

Petit répertoire des erreurs de tournage

Vous avez certainement déjà repéré des erreurs ou des incohérences dans certains films : le tatouage de l'acteur qui disparaît et réapparaît dans le film, la perche son dans le reflet de la vitre, les anachronismes, etc.
Le site Erreursdefilms.com en a relevé un très grand nombre. Il y en a sûrement que vous n'aviez jamais repérées. Les films sont classés par genre et vous pouvez consulter chacune des erreurs relevées. Vous pouvez même voter pour les pires erreurs de films.

http://www.erreursdefilms.com/index.php

Au secours !
J'ai des crevasses !

Utilisez des ciseaux ou un coupe-ongles pour enlever le plus possible de peau cornée de chaque côté de la crevasse. C'est cette fameuse corne qui ouvre la crevasse à chaque mouvement. Ensuite, pour traiter les crevasses elles-mêmes, vous pouvez appliquer différentes substances, comme du jus d'oignon ou de la propolis. Vous pouvez également vous concocter une crème pour les mains à base d'huile d'olive. Mélangez de l'eau, de l'huile d'olive et deux cuillères à soupe de poudre d'argile. Laissez l'application agir pendant une demi-heure, puis nettoyez la zone traitée avec du lait démaquillant.

Énigme

Papi Michel peut se vanter d'avoir beaucoup de cochons dans sa porcherie. Il y a en tout 116 oreilles, 232 pieds et 58 têtes.
Combien possède-t-il de cochons ?

Solution

Ne vous amusez pas à faire le calcul des oreilles et des pieds. Il suffit de prendre le nombre de têtes. A priori, un cochon n'a qu'une tête.

ÉQUIPE DE FRANCE, SPÉCIAL RÈGLEMENTS DE COMPTES !

Pendant le mondial, Raymond Domenech en a vraiment marre des mauvais résultats de l'équipe de France de football. Il décide d'appeler Aimé Jacquet, pour lui demander quelques conseils.

- Allô, Aimé ? Ici Raymond. Dis-moi, comment ferais-tu pour avoir une bonne équipe ?

Aimé Jacquet accepte de lui donner un petit coup de pouce :

- Écoute, c'est simple ! Tous les jours à l'entraînement, tu disposes onze mannequins en plastique sur le terrain, tu fais jouer les gars contre ces mannequins, et comme ils vont gagner à chaque fois au moins **80 À 0**, ils vont avoir un moral d'acier !

Raymond Domenech est hyper emballé :

- Ah d'accord ! Je vais essayer...!!

Deux jours plus tard, Domenech rappelle Aimé Jacquet :

- Dis donc Aimé, j'ai fait ce que tu m'as dit, mais que fais-tu quand les gars perdent **2-0** contre les mannequins à l'entraînement ?

Perles de l’Église

Mesdames, n'oubliez pas la vente d'objets divers. C'est le bon temps de vous débarrasser de choses qui ne valent pas la peine d'être gardées. Amenez vos maris.

Cet après-midi, il y aura des réunions au bout nord et au bout sud de l'église. Les bébés seront baptisés aux deux bouts.

Mercredi, les dames de la société littéraire se rencontrent. Madame Johnson chantera : *Mets-moi dans mon petit lit*. Le pasteur l'accompagnera.

Jeudi, à 5 heures, il y aura une réunion du club des petites mères. Toutes celles qui sont intéressées à devenir des petites mères sont priées de rencontrer le pasteur dans son bureau.

Les dames de la paroisse ont toutes rejeté leur linge et habillement. On peut les voir dans le soubassement de l'église vendredi après-midi.

Ceci étant dimanche de Pâques, nous allons demander à Madame Brown de s'avancer afin de déposer un œuf sur l'autel.

Le service se terminera avec *Petites gouttes d'eau*. L'un des hommes commencera lentement et ensuite toute la congrégation continuera.

Dimanche, une collection spéciale sera faite afin de payer pour le nouveau tapis. Tous ceux et celles qui désirent faire quelque chose sur le tapis sont priés de bien vouloir venir chercher un bout de papier.

Je serai absent pendant quelques dimanches. Les prédicateurs seront collés sur le babillard de l'église et toutes les naissances, mariages et décès seront remis jusqu'à mon retour.

Le pasteur

Jeu

Texte à trous

Placez ces mots au bon endroit dans le texte suivant :

rivalité - réflexions - vite - mains - endors - église - souffler - lire - couché - sommeil - pensée - éteinte - particulier

Longtemps, je me suis .... de bonne heure. Parfois, à peine ma bougie ...., mes yeux se fermaient si .... que je n'avais pas le temps de me dire : « Je m' .... » Et, une demi-heure après, la .... qu'il était temps de chercher le .... m'éveillait ; je voulais poser le volume que je croyais avoir dans les .... et .... ma lumière; je n'avais pas cessé en dormant de faire des .... sur ce que je venais de ...., mais ces réflexions avaient pris un tour .... ; il me semblait que j'étais moi-même ce dont parlait l'ouvrage : une ...., un quatuor, la .... de François Ier et de Charles-Quint.

Marcel Proust, *Du côté de chez Swann*

Solution p. 680

WC EN AMERIQUE

Un ivrogne entre dans un bus et commence à crier :

- Tous les types **DERRIÈRE MOI** sont **DES PÉDÉS** ! Les malheureux qui sont à **CÔTÉ DE MOI DES COCUS** ! Et ceux qui sont **DEVANT** sont tous des **MANGE-MERDE** !

Le chauffeur, indigné en entendant ça, freine brusquement. Du coup, tous les passagers sont déséquilibrés.

Le chauffeur arrête le bus, chope l'ivrogne par le cou de sa chemise et lui demande d'un ton menaçant :

- Alors, répète un peu : **QUI SONT LES PÉDÉS, LES COCUS ET LES MANGE-MERDE** ?!!

Et l'ivrogne qui répond tranquillement :

- Mais putain, qu'est-ce que j'en sais maintenant ! Avec ton freinage à la con, tu les as **TOUS MÉLANGÉS** !

La gueule de l'emploi

Et pourquoi pas un CV en vidéo ?
Idéal pour booster votre recherche d'emploi, surtout si vous travaillez dans la communication, le marketing, la pub ou le web.
Le CV vidéo, s'il est bien pensé et efficace, constitue une réelle valeur ajoutée par rapport aux candidatures traditionnelles. Même s'il ne dispense pas du CV et de la lettre de motivation, un CV vidéo en dit plus sur vous que n'importe quelle lettre et fait gagner du temps aux recruteurs ! En plus, vous pouvez le diffuser sur Internet (Youtube, Dailymotion, les réseaux sociaux) et plus précisément sur des hébergeurs spécialisés tels que Youjob.com.
L'inscription est gratuite mais il faut compter entre 29 et 50 euros de frais d'hébergement de vidéo pour une période de six mois.
Attention ! Il ne faut pas négliger sa réalisation. Un bon CV vidéo ne doit pas dépasser deux minutes. Il faut axer son contenu sur des points clés en lien avec le poste concerné ou sur des choses que vous ne pouvez démontrer par un CV ou une lettre (compétences linguistiques, aisance à l'oral).
Vous pouvez déjà vous promener sur ces sites spécialisés et vous faire une idée en regardant quelques CV vidéo en ligne. N'hésitez pas à faire évaluer votre chef d'œuvre cinématographique par votre entourage, de préférence à des professionnels du recrutement.
Une petite mise en garde pour finir : n'envoyez surtout pas votre vidéo en pièce jointe à votre recruteur. C'est l'URL vers votre vidéo qu'il faut envoyer.
Bonne chance !

Gagnez de l'argent avec Internet

Internet, malgré ses côtés obscurs, peut faire des miracles. Si vous vous débrouillez bien, vous pouvez même y gagner de l'argent. Voilà une bonne idée pour rentabiliser vos heures passées devant votre écran.

Investir en bourse sur le web

Pour vous, la bourse, ça rime peut-être avec la cour des grands, mais ce n'est pas si sorcier. D'ailleurs, demandez autour de vous si des amis ou des proches ont investi en bourse. Vous seriez peut-être surpris du résultat. En revanche, qu'il s'agisse du web ou de la vie réelle, l'investissement en bourse connaît les mêmes règles du jeu. À vous de les prendre en compte. Avant toute chose, ne jouez pas avec le feu ! Investissez seulement des sommes dont vous n'avez pas besoin. Vous pouvez même choisir d'investir un moindre montant. Mais ne risquez pas votre budget de survie. Ensuite, réfléchissez bien avant d'investir. Prenez connaissance des conseils les plus avisés (il existe des sites gratuits de conseil boursier) et investissez dans des valeurs de secteurs différents, si possible.

Gagner des sous grâce à son blog ou son site

La bourse, c'est bien gentil, mais ça ne fait pas rêver tout le monde. Alors que dans la blogosphère, il y en a pour tous les goûts. Vous pensiez que la création et la gestion d'un blog était une activité seulement récréative ? Point du tout ! Il existe certes toutes sortes de blogs, non seulement des journaux intimes en ligne, mais aussi des blogs de spécialistes où des experts donnent des conseils et écrivent des « billets » (le billet est un texte publié sur un blog) à qui aime les lire. Les blogs peuvent être suivis par des milliers de personnes et les entreprises l'ont bien compris. C'est pourquoi, elles proposent parfois de rémunérer les blogueurs pour faire leur publicité. Soit les blogueurs diffusent leur bannière publicité, soit ils publient un billet sur le site concernant l'entreprise, un de ses produits, etc. Vous pouvez négocier des prix. Sachez que les blogs les plus influents sur le web peuvent négocier un billet à plusieurs centaines d'euros. Mais avant de vous faire connaître sur la blogosphère et de pouvoir négocier le prix de vos billets, il faut un certain temps. En attendant, vous pouvez faire appel, si vous préférez, à des sites tels que Blogger, une filiale de Google, ou Lucrablog. Ces plateformes de blogs permettent de diffuser aisément de la publicité sur votre blog et de vous faire quelques sous. Pratique !

En conclusion, une petite mise en garde : avant de vous lancer dans une stratégie lucrative sur Internet, prenez le temps d'analyser la pertinence des sites et des plateformes que vous consultez. Comme vous l'imaginez, il y a beaucoup de sites qui promettent la lune et qui profitent des internautes peu aguerris.

LES MONTRES

Le plus petit mouvement mécanique du monde a un volume de **0,2 cm³**. Il s'agit du calibre de la montre Jaeger-LeCoultre 101. Il mesure **3,4 mm** de hauteur et pèse mois de **1 g**.

1,5 milliard de montres, toutes catégories confondues, sont vendues par an.

La montre bracelet la plus chère du monde est une Patek Philippe à heure universelle en platine. Ce modèle unique de 1929 a récemment été vendu aux enchères au prix de **4 252 665 euros**.

Suite logique

N

X

S

E

Q

X

T

....

Solution

T. Chaque lettre correspond à la dernière lettre d'un chiffre : un, deux, trois quatre, cinq, six, sept, etc.

D'où vient l'expression « regagner ses pénates » ?

Regagner ses pénates, c'est rentrer chez soi, retrouver son foyer.
Le mot pénates vient du latin « **penus** », qui signifie l'intérieur de la maison. Les « **penates** » désignaient alors les dieux, les bons esprits du foyer.
Le mot a évolué pour signifier le domicile en lui-même.

Dimanche, 6 heures du matin. Gérard se lève sans faire de bruit pour ne pas réveiller son épouse.
Il charge son VTT dans la voiture, et s'en va.
Arrivé sur le parcours, il se met à tomber des trombes d'eau. Sa matinée est foutue et il décide de rentrer chez lui.
Il se déshabille sans faire de bruit... et se recouche doucement tout près de son épouse. Il lui chuchote à l'oreille :
– **IL PLEUT COMME VACHE QUI PISSE.**
Elle répond :
– **QUAND JE PENSE QUE L'AUTRE CON EST EN TRAIN DE PÉDALER....**

Cuisine : le Feng Shui à l'honneur

Si le Feng Shui est très utile pour harmoniser les énergies dans nos maisons, il nous incite également à prendre conscience du rôle que jouent les aliments dans l'équilibre de notre organisme et notre bien-être.

J'équilibre !

Si je possède une personnalité « yin », j'équilibre par des plats « yang » !
Je suis d'un tempérament plutôt calme, patient, discret, doux... : je dois alors consommer de la viande rouge, des plats en sauce ou poissons gras, du fromage, des fruits secs, des œufs, des pommes, des radis, du thé et du café...
Je tiens compte des saisons et du pays dans lequel je vis : par exemple, en France, on privilégiera des aliments « yang » en hiver et de la nourriture plus « yin » en été, surtout si celui-ci est particulièrement chaud et sec.
Si je possède une personnalité « yang », j'équilibre par des plats « yin » !
J'ai un caractère dynamique, sportif, volontaire... : je mise sur les produits laitiers, les fruits frais, les viandes blanches, le sucre, le pain blanc, les pommes de terre...

Peut-on Parler de Feng Shui alimentaire ?

Si l'organisme se nourrit de l'énergie du Qi céleste, nous devons également apprendre à contrôler notre nourriture en sélectionnant nos aliments en fonction de notre personnalité, et ce de manière à apporter un meilleur équilibre et un mieux-être. C'est tout aussi important que l'harmonie que nous cherchons à créer dans notre environnement au quotidien.

En fonction du type de repas (déjeuner d'affaires ou dîner en amoureux), y a-t-il des principes à respecter ?

Il est certain que la forme des objets (tables, nappes, assiettes…), les matériaux utilisés et leurs couleurs ont une influence sur les énergies, donc sur le comportement des convives pendant un repas.

Une table ronde, d'influence « yin » apportera détente, apaisement, convivialité et sera plus propice à l'amour.

Pour un déjeuner professionnel, il serait préférable d'utiliser le dynamisme du rouge et la communication du jaune…

Les assiettes rondes adoucissent les énergies, tandis que les assiettes carrées les animent.

Si le Feng Shui est un art ancestral sérieux, il est important d'en noter aussi ses aspects ludiques, et de s'amuser avec les formes et les couleurs.

Une voiture qui sent bon

La lavande

Plutôt qu'utiliser un désodorisant chimique, placez un sachet de lavande séchée à côté de votre boîte de vitesse. Le moteur situé non loin chauffera légèrement le sachet, ce qui permettra au parfum de se diffuser.

Désodorisez vos sièges

Les mauvaises odeurs se dégagent parfois directement des sièges. Pour cela, créez votre propre désodorisant en mélangeant 2 bols d'eau chaude, un bouchon d'assouplissant pour le linge, 1 cuillerée à soupe de bicarbonate de soude et quelques gouttes d'huile essentielle de votre choix. Versez le mélange dans un vaporisateur, secouez énergiquement et aspergez vos sièges.

Parfumez-la avec ce que vous aimez

Versez quelques gouttes de l'huile essentielle que vous aimez sur un chiffon et placez-le sous votre siège. Votre voiture sentira bon pendant plusieurs semaines.
De même, placez un autre chiffon parfumé dans le coffre.

Un cendrier qui ne sent rien

Pour désodoriser un cendrier, rien de tel qu'une cuillerée à café de bicarbonate de soude. En quelques jours, les odeurs de tabac seront absorbées.

Jeu d'articulation

Répétez dix fois très vite :

Pie a haut nid, caille a bas nid, chat n'en a pas, coq aussi.

As-tu vu le tutu de tulle de Lili d'Honolulu ?

Tour d'horizon de lois loufoques à travers le monde...

- Il est interdit de démarrer une voiture si quelqu'un se trouve en dessous. **Danemark**
- Il est interdit d'appeler un cochon Napoléon. **France**
- Un lit ne peut être suspendu par la fenêtre. **Royaume-Uni**
- À Milan, une loi impose de montrer un visage souriant en toutes circonstances, excepté pour les obsèques et les visites à l'hôpital. **Italie**
- Tout jeu électronique doit être banni. **Grèce**
- Il est illégal de porter un masque. **Allemagne**
- Il est interdit de tirer la chasse d'eau après 22 heures. **Suisse**
- Il est interdit de mourir au Parlement, sous peine d'être arrêté. **Royaume-Uni**
- Il est interdit de s'embrasser sur des rails. **France**
- En Écosse, si quelqu'un frappe à votre porte et qu'il a besoin d'utiliser vos toilettes, vous devez le laisser entrer. **Royaume-Uni**
- Vous ne pouvez pas stériliser votre chien ou votre chat femelle. **Norvège**
- Les chauffeurs de taxi doivent payer des redevances s'ils écoutent de la musique dans leurs voitures. **Finlande**
- À Paris, une poubelle est considérée comme une arme mortelle. **France**

- Un homme peut être arrêté pour avoir porté une jupe. **Italie**
- À Liverpool, il est illégal pour une femme de travailler seins nus sauf si elle est employée dans un magasin de poissons tropicaux. **Royaume-Uni**
- Un oreiller peut être considéré comme une arme de type passif. **Allemagne**
- Un conducteur qui a besoin de tourner dans le sens inverse de la circulation a le droit de passage à moins qu'il ne ralentisse ou ne s'arrête. **Belgique**
- Il est illégal de boire si vous possédez une vache. **Royaume-Uni**
- Une femme n'a pas le droit de manger du chocolat dans les transports publics. **Royaume-Uni**
- La profession de « charlatan » est totalement interdite. **Italie**
- Les vêtements ne doivent pas être mis à sécher le dimanche. **Suisse**
- À l'exception des carottes, la plupart des marchandises ne peuvent être vendues le dimanche. **Royaume-Uni**
- Il est illégal de produire, stocker, vendre et échanger de l'absinthe, mais il est légal d'en consommer. **Suisse**
- On ne doit pas porter de chapeau dans le stade olympique, car cela peut gêner la vue d'un de vos voisins de derrière. **Grèce**
- Il est légal pour une femme enceinte d'uriner dans le casque d'un agent. **Royaume-Uni**
- En Avignon, un arrêté municipal des années 1950 interdit aux soucoupes volantes de se poser en ville. **France**
- Il est légal de tuer un Écossais dans les murs de l'ancienne ville d'York (au nord de l'Angleterre) seulement s'il porte un arc et des flèches. **Royaume-Uni**

SUDOKU

Niveau moyen

5							6	
9			6	3		4		7
4		6				9		
		9			1			
6		7	8	9				1
								8
		5		8	3			9
8					2			3
	4		5			7		6

Solution p. 676

Eva Longoria dans le rôle de l'accusée

Son époux Tony Parker avait déjà eu des ennuis avec la justice. Au tour de Madame, à présent !
Juin 2010 : la belle est convoquée devant les tribunaux après l'accusation de ses deux managers. Eva Longoria a en effet ouvert deux restaurants mexicains, un à Hollywood et un à Las Vegas, et pour gérer ses restaurants en son absence, elle avait engagé Roman et Mali Nachum. Pourtant, suite à un différend sur des sommes d'argent disparues, Eva Longoria aurait fait pression avec son équipe sur ses managers pour qu'ils démissionnent. Ainsi, Roman et Mali Nachum ont décidé d'attaquer la bomba latina pour rupture abusive de contrat et ils réclament 10 000 dollars. Chaud devant !

HUMOUR

Le petit Lulu demande à sa maîtresse s'il est possible de lui parler après le cours. Elle accepte.

LA MAÎTRESSE : Alors, que veux-tu me dire, Lulu ?

LULU : Je pense être trop intelligent pour rester dans cette classe, je m'ennuie ! Je voudrais passer directement au lycée.

Sur ce, le directeur informé, demande à Lulu s'il veut bien passer des tests. Lulu accepte sans hésiter et le directeur commence le test.

Le directeur : Voyons voir Lulu, 3 x 4 ?

LULU : 12 !

LE DIRECTEUR : Et 6 x 6 ?

LULU : 36, monsieur le directeur.

LE DIRECTEUR : Capitale de la Bulgarie ?

LULU : Sofia !

Le test continue pendant une demi-heure et Lulu ne fait aucune erreur !

À la fin du test, le directeur est satisfait mais, la maîtresse demande si elle peut à son tour lui poser des questions. Tous deux acceptent, et le deuxième série de tests débute.

LA MAÎTRESSE : Bon Lulu ! La vache, elle en a 4 et moi j'en ai 2, qu'est-ce que c'est ?

LULU : Les jambes, madame.

LA MAÎTRESSE : Correct. Qu'est-ce qu'on trouve dans tes pantalons et pas dans les miens ?

Le directeur s'étonne de la question...

LULU : Des poches, madame.

LA MAÎTRESSE : Bien, Lulu. Qu'est-ce que les hommes et les femmes ont en plein milieu et qui est en double ?

Le directeur se prépare à intervenir lorsque Lulu répond :

LULU : Les deux « M », madame.

LA MAÎTRESSE : Où est-ce que les femmes ont les poils les plus frisés ?

LULU : En Afrique madame, répond le gamin sans hésiter.

LA MAÎTRESSE : Qu'est-ce qui est mou mais qui, aux mains d'une femme, devient dur ?

Le directeur ouvre grands les yeux mais Lulu répond :

LULU : Le vernis à ongles, madame.

LA MAÎTRESSE : Qu'est-ce que les hommes et nous les femmes, avons au milieu des jambes ?

LULU : Les genoux !

LA MAÎTRESSE : Bien. Et qu'est-ce qu'une femme mariée a de plus large qu'une femme célibataire ?

Le directeur n'en croit pas ses oreilles !

LULU : Le lit, madame.

LA MAÎTRESSE : Quelle est la partie de mon corps qui est souvent la plus humide ?

LULU : Votre langue, madame.

LA MAÎTRESSE : Quel mot commençant par la lettre « c » désigne quelque chose qui peut être humide ou sec et que les hommes aiment regarder ?

LULU : Le ciel ! Affirme Lulu.

LE DIRECTEUR soufflant, transpirant comme un sauvage, décide d'arrêter le test et s'exclame : Ce n'est pas au lycée que je vais t'envoyer mais directement à l'université ! Même moi, je l'aurais complètement raté ce test...

MORALE DE L'HISTOIRE :

C'EST AVEC L'ÂGE QUE L'ON DEVIENT PERVERS !

La guerre des égouts

Vos problèmes avec vos voisins s'éternisent ? Vous ne parvenez pas à vous faire entendre ?

Dans le quartier de Ghulail, au sud de Djeddah en Arabie Saoudite, les habitants ont trouvé une arme imparable : la guerre des égouts. En cas de conflit avec les voisins, une seule solution : verser ses déjections et ses eaux usées devant chez eux ou bien sur leurs voitures, s'ils vous volent votre place de parking. C'est terriblement efficace, comme on peut l'imaginer.

Les vieux habitants de ce quartier se souviennent que des travailleurs célibataires résidant dans la même rue avaient déménagé parce que cinq familles s'étaient liguées contre eux et avaient déversé leurs déjections devant chez eux. Les travailleurs sont partis au bout de cinq semaines.

Mais chacun sait que des conflits peuvent émerger au sein d'un même immeuble. Que faire dans ce cas précis ? Et bien il suffit de boucher les canalisations de votre victime pour que le logement de ce dernier soit inondé de l'intérieur. Les habitants de Ghulail ne peuvent décidément plus se sentir...

Petit guide virtuel des pratiques culturelles en Europe

Voilà un site intelligent et ludique sur l'Europe ou plutôt les Européens. L'UE a mis en ligne un site répertoriant des informations sur certaines pratiques culturelles de ses habitants. Par exemple, vous apprendrez qu'en Grèce, on ne place pas la paume de la main face à quelqu'un ou bien qu'en Hollande, lorsqu'on tape du doigt sur la tempe, c'est pour dire que la personne dont on parle est intelligente (C'est bon à savoir, ça, pour les Français, non ?) Le site est très riche en informations, même s'il ne dispense pas d'une réelle immersion pour connaître une culture. Mais, il serait bon de le consulter, au moins en amont, si vous avez prévu un petit week-end au Danemark ou au Portugal le mois prochain. Qu'en dites-vous ?

http://www.fastenseatbelts.eu/home.php

Préparez-vous aux éruptions solaires !

D'après les scientifiques, le soleil entrerait dans quelque temps dans une période de forte activité. Cette période est notamment caractérisée par l'apparition d'éruptions solaires qui peuvent être très dangereuses pour l'activité humaine, car elles troubleraient entre autres le fonctionnement des appareils aériens, des radiocommunications et des GPS. D'après l'Académie américaine des sciences, une éruption solaire pourrait causer une perte économique jusqu'à vingt fois supérieure à celle engendrée par l'ouragan Katrina (non merci, sans façon...). C'est pourquoi les scientifiques de la Nasa et de la NOAA (National oceanic and atmospheric administration) étudient de près le calendrier des phases d'activités du Soleil et travaillent sur des prévisions d'éruptions solaires. L'engin spatial Stereo (Solar terrestrial relations observatory) a été conçu pour observer 90 % de la surface du soleil. Retenez que le soleil, qui compte parmi les étoiles de la Voie Lactée, alterne en moyenne tous les onze ans des phases de repos et de forte activité.

Jeu

Énigme

671 fauteuils + 71 meubles = ...

742 ?

Et non ! La réponse est 1.

Pourquoi ?

Solution

Parce que 6/7/1 fauteuil 7/1 meuble (si c'est un fauteuil, c'est un meuble).

LE FOREVER 27 CLUB

LES ARTISTES MORTS À 27 ANS

Robert Leroy Johnson
(1911-1938)

Brian Jones
(1942-1969)

Jimi Hendrix
(1942-1970)

Janis Joplin
(1943-1970)

Jim Morrison
(1943-1971)

Kurt Cobain
(1967-1994)

CONTREPÈTERIES

Il faut faire attention
à l'âge du vaccin.

J'ai le nom de la Russe
sur le bout de la langue.

SOLUTIONS

Il faut faire attention à l'axe du vagin.
J'ai le rond de la nurse sur le bout de la langue.

Tapez sans regarder votre écran

Les logiciels d'entraînement à la saisie de données sur clavier ne datent pas d'aujourd'hui, mais vous avez la possibilité de vous entrainer sur des sites gratuitement, comme par exemple sur keybr.com. Un peu d'exercice, pour passer le temps, ça ne fait pas de mal. Et puis, comme ça, vous arrêterez de jalouser le voisin de bureau qui tape plus vite que son ombre !

http://keybr.com/

Prada : « Casse-toi, t'es moche et marche à l'ombre ! »

Attention, Mesdames. Si vous souhaitez intégrer la filiale japonaise de Prada, vous avez sérieusement intérêt à être belles et à le rester ! Rina Bovrisse a en effet récemment entamé une action en justice pour licenciement abusif contre la filiale japonaise de Prada. Elle aurait été licenciée à cause de sa laideur. Le directeur des ressources humaines lui aurait fait comprendre qu'elle devait entre autres perdre du poids et changer de coiffure pour coller au style Prada. Rina Bovrisse a d'ailleurs porté l'affaire en justice avec deux ex-employées de la même filiale. Est-ce que les employées de Prada doivent aussi devenir anorexiques comme certaines créatures de podium pour « rentrer dans le moule » ?

Habillez vos enfants sans dépenser

Pour faire de votre petit un vrai roi de la mode, pas besoin de dépenser des mille et des cent dans les vêtements de marques. Profitez des bons tuyaux pour habiller votre ange.

Achetez malin
L'habillement représente une source de dépenses importante. Et les enfants grandissent tellement vite que leurs vêtements encore tout neufs sont déjà trop petits. Il est donc essentiel de faire des achats intelligents.

Prenez la taille au-dessus
N'achetez jamais des vêtements qui lui vont à merveille, dans un mois, il ne pourra plus le mettre et ce sera de l'argent jeté par les fenêtres.

Soyez prévoyant
Lorsque vous tombez sur une bonne affaire ou pendant les soldes, pensez aussi aux mois à venir.

Mais attention, prenez un vêtement approprié à la saison. Regardez l'étiquette qui indique l'âge du bébé, puis demandez-vous quelle saison et quel temps fera-t-il lorsque votre bout'chou aura X mois.

N'achetez que des vêtements faciles à mettre

Les jolis vêtements avec des rangées de boutons de tous les côtés vont vite vous exaspérer. Même si vous en avez envie, ne les prenez pas, ce sera du gaspillage. Vous verrez que vous retournerez vite à un vêtement en une seule pièce, ouvert sur le devant et avec des boutons-pression.

Faites des économies en choisissant vos magasins

Pour les achats en magasin, préférez des enseignes comme Kiabi ou Monoprix qui ont de très beaux rayons bébé-enfants et pratiquent des prix raisonnables.

Acceptez les dons de vêtements

Votre famille et vos amis gardent sûrement des vêtements de leurs enfants. Profitez-en, vous pouvez même parier que certains d'entre eux n'auront été portés qu'une ou deux fois.

Jeu d'articulation

Répétez dix fois très vite :

Un voleur voulant voler une vache dans une vaste véranda.

Un généreux déjeuner régénérerait des généraux dégénérés.

LES WC EN CORSE

Un client entre dans un bar et dit au patron :

- Eh, Momo, **TON CHAT EST DEVENU FOU !** Je viens de le voir et il traverse la rue, monte sur les toits, redescend, regrimpe sur les toits, retraverse la rue et recommence sans arrêt.

- Normal, ne t'inquiète pas ! Ma femme l'a fait castrer hier et **IL DÉCOMMANDE TOUS SES RENDEZ-VOUS**.

Un **CLOWN** se rend chez son médecin :

- Docteur, je me sens tout **DRÔLE**...

Les suppos effervescents, ça existe !

Effervescents ? Comme sur les tubes de vitamine C ? Ne riez pas : le brevet a été déposé.
Le site de l'OMPI (l'Organisation Mondiale de la Propriété Intellectuelle) explique ce nouveau procédé de fabrication de suppositoires : « la présente invention se rapporte au domaine de la pharmacotechnie. [...] Elle a spécifiquement pour objet un procédé de préparation de suppositoires à action laxative, susceptibles de provoquer un dégagement de gaz carbonique par réaction chimique de principes actifs au contact de l'humidité présente dans l'ampoule rectale » (oui...vous possédez bien une « ampoule rectale ». C'est toujours bon à savoir...) Le suppositoire effervescent serait préconisé pour la reprise du transit post-opératoire, après une césarienne par exemple.

Les cistes : le plus grand réseau mondial de jeux de pistes

Voilà de quoi pimenter votre quotidien ! Entrez dans la communauté des cistes et participez aux jeux de pistes de votre région. Devenez « cacheur », emprisonnez des trésors dans une boîte en plastique et publiez sur le site un petit texte énigmatique truffé d'indices à destination des membres. Devenez « chercheur » – et « trouveur » avec un peu de chance – et consultez les cartes de jeux de pistes en ligne. La tradition veut que lorsque vous trouvez un objet, il faut le garder comme souvenir, le remplacer par un autre objet et cacher la boîte aux trésors. Naturellement, plus on est de fous, plus on rit ! Pourquoi ne pas faire le jeu de pistes en famille ou entre amis ?

http://www.cistes.net/

Faire toutes les positions du kama-sutra ? Pas la peine !

Vous préférez certaines positions à d'autres, parce qu'elles vous permettent d'atteindre l'orgasme plus facilement ? D'autres positions vous mettent mal à l'aise ou vous sont inconfortables ? Vous n'êtes pas coincé(e) pour autant !
L'important est que les deux partenaires soient aussi satisfaits l'un que l'autre. Parfois, il faut trouver des compromis, se parler pour se comprendre. Mais attention à la routine ! Il ne faut pas se fermer à la nouveauté, surtout qu'avec le temps, le corps change et les zones érogènes aussi.

Un homme est capable d'apercevoir la flamme d'une bougie en pleine nuit à **48 kilomètres** de distance, si elle se trouve en hauteur.

En Chine, seuls **12 films** étrangers sont autorisés à passer sur les grands écrans.

Vous avez **1 chance sur 20 000** de donner naissance à un enfant albinos.

La vente de vodka représente **10 % des revenus** du gouvernement russe.

Aux États-Unis, il existe **15 villes** appelées Paris.

13 % des Français croient aux fantômes, revenants et esprits.

Jeu

Énigme

Blaireau commence par un « B » et finit par un « F ». Pourquoi ?

Solution

Parce que Blaireau commence par un « B » et Finit commence par un « F ».

Une femme portugaise, Maria, va consulter un médecin car elle n'arrive pas à avoir d'enfant.
Le médecin l'examine et lui dit :
- CE N'EST RIEN, C'EST TOUT À FAIT BÉNIN... VOUS ALLEZ ACHETER DE QUOI RASER VOTRE TOISON PUBIENNE SANS IRRITATION À LA PHARMACIE ET ENLEVER TOUT ÇA, VOUS VERREZ, ÇA IRA MIEUX...
Maria prend l'ordonnance, paye le docteur, va à la pharmacie et rentre chez elle pour effectuer cette délicate opération...
Le soir venu, son mari Manuel, rentrant du travail, lui demande :
- ALORS, QU'A DIT LE TOUBIB ?
- IL A DIT QUE C'ÉTAIT UNE MALADIE COURANTE MAIS FACILE À SOIGNER. ET C'EST FAIT MON AMOUR ! REGARDE !
Maria soulève sa jupe...
- BON SANG ! TU AS UN TROU DEVANT AUSSI ?

Elles auraient mieux fait de se taire

Je ne coucherai pas avec un homme marié, je n'en ai pas besoin, j'ai assez d'amants comme ça.

Angelina JOLIE, avant Brad PITT

Au Conservatoire, j'étais la tragédienne attitrée. Mais les réalisateurs ne savent pas bien où me mettre.

Alexandra LAMY

Au Mexique, y a pas le tour de France.

Arielle DOMBASLE

Il y a trop de chanteurs issus de la télé-réalité.

JENIFER

Je ne me suis jamais servie de mon look ou de mon physique pour réussir.

Beyoncé KNOWLES

J'écoute toujours la chanson Tearin' Up My Heart des N'Sync. Ça me rappelle de mettre un soutien gorge.

Britney SPEARS

J'aurais bien aimé être blonde.

Élodie FRÉGÉ

D'où vient l'expression « faire chou blanc » ?

Cette locution qui signifie échouer, ne rien gagner, prend son origine dans le Berry. Au XVIe siècle, le jeu de quille est très populaire. Faire coup blanc voulait dire ne faire tomber aucune quille. Or, en dialecte berrichon, le mot « **coup** » se prononçait « **choup** ».

Jeu

SUDOKU

Niveau difficile

3								8
5						9	7	
		2					3	4
					9		8	7
4	3				7			
7		6	3				4	
	8						9	
6			8		1		2	
		1	2					

Solution p. 676

Paris Hilton : secrets de beauté d'une provocatrice

avec www.maviedefemme.com

Rien n'est trop beau pour la riche héritière ! Clubbeuse invétérée, Paris passe son temps à faire la fête... Découvrez ses secrets forme et beauté !

Ses astuces pour garder la forme

★ Paris est une adepte de junk food. Hamburgers, pizzas et sodas ont les faveurs de Miss Hilton. Pourtant, elle arbore une taille mannequin.
★ Pour garder la ligne, elle prend deux fois par semaine des cours de Pilates.
★ Paris ne fait pas une minute de sport. Le secret de sa silhouette parfaite ? Danser toute la nuit en boîte, sur des hauts talons, plusieurs fois par semaine. L'assurance d'avoir la jambe fine... et musclée !

Son astuce beauté

Pour des cheveux tout doux, miss Hilton rince son shampooing à l'eau d'Evian.

Ses Produits chouchous

★ Etre une party-girl et courir les soirées jet set à travers le monde, c'est fatigant.

★ Pour se détendre, Paris s'autorise les bains moussants. L'occasion d'utiliser les produits gourmands de la marque "The Body Shop", qui sont parmi ses favoris.

★ Pour prendre soin de sa peau et parce que rien n'est trop beau, Paris utilise les produits Crème de la Mer. Elle nettoie son visage avec The Cleansing Foam, puis applique pour rafraîchir et dynamiser sa peau The Mist. Elle utilise ensuite le contour des yeux Eye Balm et le Serum Face Lifting.

★ Côté maquillage, pour briller sous les sunlights, Paris aime souligner son regard avec le Mineralize Eyeshadow Noble de Mac et le mascara noir Hypnôse de Lancôme (quand ce n'est pas un mascara bleu vif). Elle applique sur son visage un fond de teint clair et un blush Mac (Powder Blush Duo Primpin' Golden Kitty).

★ Pour soigner ses lèvres qu'elle aime glossy de jour comme de nuit, Paris utilise un exfoliant et un sérum de la marque The Hollywood Prescription. Son secret pour des lèvres toujours pulpeuses.

★ Côté teint, Paris doit sa mine bronzée au Spray Autobronzant Liquid Sun et à une fréquentation assidue du très sélect salon de beauté Uvasun Tanning Center, à Hollywood.

Ses parfums préférés

La jeune héritière a lancé sa propre ligne de parfums.

WIMBLEDON 2010 : RECORD DU PLUS LONG MATCH DE TENNIS

Le match qui a opposé le 24 juin 2010 le Français Nicolas Mahut **148e** joueur mondial à l'Américain John Isner, **19e**, est le plus long de l'histoire.
Au total, la rencontre a duré **11 h 05**. Elle s'est déroulée sur **3 jours**.
Le score est de :

6-3
3-6
6-7
7-6
70-68 !

Autre record : le nombre d'aces en un match : **112** pour l'Américain et **103** pour le Français, soit au total **215** dans une seule partie de tennis.

Louer sa maison le temps d'un tournage

Savez-vous que vous pouvez rentabiliser votre habitation en la transformant en décor de cinéma ou en la prêtant pour le tournage d'un clip, une pub ou tout simplement une séance de photos ?
Cette expérience séduisante peut rapporter gros. Pour un tournage de courte durée, vous pouvez toucher jusqu'à 3 000 € par jour. Pour les plus longs, la journée reviendra moins cher mais c'est toujours une excellente occasion d'arrondir ses fins de mois.
Non, non, ne vous emportez pas, cela devient rarement un revenu régulier. De plus, les plus recherchés sont toujours les grands appartements haussmanniens à Paris ou les superbes villas situées sur les bords de la Méditerranée.
Mais si vous ne faites pas partie de ces quelques privilégiés, ne désespérez pas. De petites maisons atypiques, de simples appartements en banlieue et même des HLM sont demandés, tous les héros de téléfilm ne sont pas millionnaires ! Les producteurs s'intéressent aussi aux logements de « Monsieur Toutlemonde ».
Sachez cependant qu'un tournage nécessite de l'espace, votre salon doit faire au moins 40 m^2. Vous devez aussi vous faire à l'idée que votre décor changera pendant la durée du tournage. Si ce dernier vous plaît, vous pouvez demander de le conserver, sinon, la production remettra votre logement comme avant.
Et si vous êtes prêt à vous lancer, pensez à demander l'autorisation du syndic de copropriété. Les parties communes risquent d'être surchargées.

www.20000lieux.com
www.lieuxdetournage.fr
www.agence-repertoire.com
www.cast-things.com

Sachez choisir vos poivrons

Pour bien choisir vos poivrons, comptez le nombre de protubérances qui se trouvent au fond du légume : s'il en possède trois, il sera assez sucré pour être mangé cru. S'il en possède quatre, il sera assez ferme pour être cuisiné.

Roquette fanée ?

Les feuilles de roquette se défraichissent rapidement. Pour leur redonner tout leur croquant, plongez-les 10 minutes dans un saladier rempli d'eau tiède.

Des bananes sans filament

Pour éviter d'avoir à retirer les filaments sur une banane, il suffit de la peler à l'envers, c'est-à-dire par le bout qui ne contient pas l'accroche.

Robert, 70 ans, rencontre son vieil ami Maurice, 72 ans.
Robert :
- **JE VAIS ÉPOUSER UNE JEUNE FILLE DE 20 ANS !**
Maurice, choqué :
- **MAIS ÇA NE VA PAS LA TÊTE ??? TU AS 70 ANS ! QUAND TU AURAS 90 ANS, ELLE EN AURA 40 !**
- **JE SAIS... JE SAIS... MAIS QU'EST-CE QUI M'EMPÊCHE À CE MOMENT-LÀ D'EN ÉPOUSER UNE AUTRE DE 20 ANS ?**

Un **COUPLE** arrive dans un hôtel.
Le groom monte les valises et demande au monsieur :
- Avez-vous besoin de **QUELQUE CHOSE** ?
- Non, je vous remercie, dit l'homme en tendant un pourboire.
- Et pour votre **FEMME** ?
- Ah, oui !!! Vous faites bien de m'y faire penser ! Montez-moi une **CARTE POSTALE** et **UN TIMBRE** !

Suite logique

26

VX

51

CN

18

DT

70

......

Solution

SX. Chaque nombre est suivi de sa première et de sa dernière lettre. 26 : Vingt-siX, 18 : Dix-huiT, 51 : Cinquante et uN, donc 70 : Soixante-diX.

À quoi sert une main courante ?

Pour quoi faire ?

Vous venez d'être témoin ou victime d'un incident grave ? La main courante permet de garder une trace écrite de l'événement, sans pour autant porter plainte. Ainsi, la police est prévenue et crée un dossier sur l'auteur de l'incident. Elle est utile notamment dans les affaires de divorce ou de séparations difficiles, pour les problèmes entre voisins ou dans le cas de harcèlement sans gravité.
La personne sur laquelle porte la main courante n'est pas prévenue par la police. De votre côté, le lui dire peut avoir un effet dissuasif sur ses agissements.

Comment faire ?

Il suffit de se rendre à la gendarmerie ou au commissariat pour raconter les faits. Ils seront consignés. Veillez à noter le numéro de votre déclaration ainsi que la date et l'heure, ils vous seront utiles si vous voulez porter plainte ultérieurement.

Plainte et main courante, quelle différence ?

La main courante, au contraire d'une plainte, n'entraîne pas la poursuite en justice de l'auteur de l'infraction. La plainte s'enregistre aussi dans un commissariat ou une gendarmerie, mais elle est envoyée d'office au procureur de la République. Vous pouvez aussi porter plainte par courrier, en expliquant les faits et le motif de la plainte et en l'adressant directement au procureur.

Test

Quel conducteur êtes-vous ?

Pour doubler :

■ Vous avez tendance à coller la voiture de devant pour qu'elle comprenne que vous voulez passer.
◆ Vous laissez une distance de sécurité et actionnez votre clignotant, parfois même plusieurs minutes avant de doubler.
● Cela vous arrive rarement.

Utilisez-vous beaucoup votre klaxon ?

● Jamais. C'est une pollution sonore qui gêne tout le monde.
◆ Pendant les mariages uniquement ou alors pour réveiller le conducteur de devant.
■ Si le klaxon existe, c'est bien pour qu'on s'en serve, non ?

Comment considérez-vous les piétons ?

■ Comme des obstacles dans lesquels vous fonceriez si vous vous étiez dans un jeu vidéo.
● Comme des personnes un peu distraites auxquelles il faut faire particulièrement attention.
◆ Comme une source d'agacement.

Vous arrive-t-il de ne pas respecter les passages piétons ?

■ Souvent.
◆ Parfois.
● Jamais.

Vous arrive-t-il d'injurier les piétons ou les autres conducteurs ?
◆ Seulement tout bas ou dans votre tête.
● Jamais et vous trouvez pathétiques ceux qui s'emportent.
■ Si on vous cherche, vous n'allez tout de même pas vous écraser !

Un véhicule lent roule sur la file du milieu sur l'autoroute :
■ Vous accélérez pour le doubler par la droite.
● S'il est plus facile de doubler par la gauche, vous n'hésitez pas à le faire.
◆ Vous vous plantez à quelques mètres derrière lui en lui lançant des appels de phares.

Vous êtes coincé dans les embouteillages et voyez un conducteur slalomer entre les voitures :
◆ Vous klaxonnez pour marquer votre désapprobation.
● Vous faites preuve d'indulgence, en vous disant qu'il n'a pas les nerfs très solides.
■ Vous profitez qu'il vous ouvre le chemin et le suivez.

Votre téléphone sonne alors que vous êtes au volant :
■ Vous décrochez.
◆ Vous vous garez en urgence et décrochez.
● Vous rappellerez.

Un camion décharge une livraison en pleine voie :
■ Cela vous est insupportable.
◆ Vous en profitez pour régler votre radio.
● Vous patientez gentiment.

Vous arrive-t-il de faire des queues de poisson ?
◆ Seulement quand vous êtes pressé.
● Seulement lorsque vous êtes à pied.
■ Une queue de poisson n'a rien d'illégal, c'est juste une façon de doubler un peu sportive.

Résultats

Vous avez une majorité de ■

Vous êtes un conducteur warrior

Au volant, vous êtes roi. Vous appartenez à la race supérieure des automobilistes. Vous conduisez comme un vrai pilote et n'hésitez à appuyer sur le champignon pour faire rugir votre moteur et votre ego. En revanche, vous ne respectez pas grand-chose et pas grand monde, dès que vous êtes dans votre voiture. Vous êtes impatient, doublez de manière un peu trop sportive et klaxonnez les piétons qui vous gênent. Vous avez (un peu trop) conscience de vos droits, mais vous ne devez pas perdre de vue vos devoirs d'automobiliste...

Vous avez une majorité de ◆

Vous êtes un conducteur lunatique

Votre humeur varie un en fonction des saisons. Lorsque votre moral est au beau fixe, vos passagers, les véhicules et les piétons qui vous entourent peuvent compter sur votre courtoisie et votre conduite de confiance. Mais quand quelque chose ne tourne pas rond, vous penchez de façon surprenante vers un comportement moins respectueux du code de la route. Attention, vous n'êtes pas tout seul ! Reprenez votre calme avant de prendre le volant !

Vous avez une majorité de ●

Vous êtes un conducteur exemplaire

Nous n'avons rien à redire. Si vous avez répondu en toute honnêteté, vous possédez toutes les qualités attendues d'un conducteur. Vous êtes conscient des dangers de la route et conduisez en toute maturité. Vous pourriez presque devenir moniteur d'auto-école, qu'en pensez-vous ?

DEVINETTES

Quelle est la différence entre une femme de 140 kilos et un sanglier de 140 kilos ?

LE SANGLIER, QUAND TU L'AS TIRÉ, TU T'EN VANTES.

Pourquoi le saut à l'élastique est-il formellement interdit aux non-voyants ?

ÇA FAISAIT TROP PEUR AUX CHIENS !

Comment appelle-t-on un nain qui poste des lettres ?

UN NAIN POSTEUR.

Énigme

15 personnes, dont James Bond, sont coincées dans un immeuble en feu. Une bombe va exploser d'ici 20 minutes. Leur seule solution de sortie, c'est de monter à bord de l'hélicoptère de poche de Mister Bond qui ne peut secourir que 5 personnes à la fois sur un aller-retour de 9 minutes. Combien notre agent secret pourra-t-il sauver d'âmes en peine ?

Solution

Malheureusement, James Bond ne pourra sauver que 13 vies. Il en sauve 5 au premier aller. - 1 au retour, puisqu'il doit reprendre l'hélicoptère. Il en sauve 5 au deuxième aller. - 1 de nouveau au retour. Au troisième aller, il ne reste plus que 2 minutes. Donc, il y a encore 5 personnes de sauvées.
Ainsi : 5 - 1 + 5 - 1 + 5 = 13.

Le sexe contre le stress

Faire l'amour est la meilleure façon de lutter contre le stress. En effet, pendant l'orgasme, le cerveau diffuse dans notre corps une dose d'endorphine, cette hormone du bonheur et du bien-être.
Mais ce que l'on sait moins, c'est que le sperme contient lui aussi de l'endorphine et agit donc comme un véritable antidépresseur.

LE COCA-COLA, QUELQUES CHIFFRES

Le Coca-Cola est né en **1886**.

Avec **90 milliards de litres** vendus par an, c'est la boisson la plus consommée dans le monde, après l'eau.

30 % des ventes de Coca-Cola se font sur le territoire des États-Unis.

La firme créée il y a **120 ans** par Asa Candler emploie environ **1 million de personnes**.

Seules **3 personnes au monde** ont accès à la liste secrète des ingrédients du Coca-Cola.

Un planificateur de repas en ligne

Entre le boulot, les courses et les enfants, c'est dur d'être inventif lors de la préparation des repas et de concilier tous les jours équilibre et originalité. Le site Koocook se propose de vous aider. Inscrivez-vous et vous pourrez concocter des menus adaptés à votre bourse et votre palais. Vous avez des aliments dans le frigo qui se battent en duel et vous êtes à court d'idées ? Tapez-les dans le moteur de recherche sur la page d'accueil et vous obtiendrez des idées de recettes.

http://www.koocook.com/

Bastien, 8 ans, se précipite dans le commissariat et crie :

– VENEZ VITE ! MON PAPA SE FAIT CASSER LA GUEULE DANS LA RUE !

Un policier sort en courant avec Bastien à ses basques.

Effectivement, deux hommes sont en train de se battre...

Avant d'intervenir, le policier demande au garçon :

– ALORS, C'EST LEQUEL TON PAPA ?

– BEN, JUSTEMENT ! J'EN SAIS RIEN... C'EST POUR ÇA QU'ILS SE BATTENT !

Comment rester zen avant un examen ?

Voici les conseils dont il faut tenir compte à tout âge pour préparer un examen dans les règles de l'art et multiplier ses chances de réussite.

Organisation, organisation

La réussite appartient à ceux qui se préparent tôt. Planifiez en avance votre calendrier de révisions en classant les matières par ordre de priorité et respectez votre planning le mieux possible. Plus vous serez en accord avec vos objectifs (réalisables, bien entendu), plus vous aborderez de manière sereine la période des examens. Lorsque vous révisez, faites des pauses régulières pour garder le cap.

Mangez équilibré

Ce conseil vaut pour tous les jours mais respectez-le surtout en période d'examen. Le cerveau a besoin de carburant pour fonctionner. Donc, soignez votre alimentation : faites le plein de vitamines, de fruits secs, de magnésium. Ne sautez pas de repas et surtout reportez ou avancez votre régime amaigrissant, mais ne le respectez pas durant les examens. Sinon, gare aux coups de pompe récidivistes !

Dormez

Les pros du bachotage sont les premiers visés par ce conseil. Certes, vous devez ingurgiter une masse de savoir ahurissante en un temps record, mais ménagez votre sommeil. Respectez un minimum de 7 heures et couchez-vous si possible avant minuit. Sinon, vous ne tiendrez pas le choc sur toute la période.

Préparez vos affaires la veille

Avez-vous votre convocation ? Votre carte d'identité ? Votre réveil a ses piles ? Reste-t-il de l'encre dans vos stylos ? Avant de partir en voyage, on vérifie bien l'état de la voiture, non ? Et bien, là, c'est pareil. Préparez votre tenue également la veille. Mettez votre réveil suffisamment en avance pour avoir le temps de prendre un bon petit déjeuner et pour pourvoir faire face aux imprévus sur le trajet. Enfin, pensez à emporter de l'eau et un en-cas pour l'examen.

Gérez votre temps efficacement durant l'examen

Naturellement, le temps est compté mais ne vous ruez pas sur votre feuille. Prenez le temps de lire l'énoncé dans ses moindres détails, utilisez un brouillon s'il le faut. Il vaut mieux ne pas avoir complètement terminé mais être sûr de ne pas avoir fait d'erreurs. Enfin, surveillez votre montre pour vous laisser le temps de relire. Parfois, sous le coup du stress, on laisse des aberrations dans la copie ou des fautes d'orthographe insoutenables pour l'examinateur.
Vous êtes fin prêt ! Courage !

Des subventions pour le commerce du sexe ?

La crise touche aussi l'industrie du X. Uwe Kaltenberg, de la fédération allemande du commerce érotique, qui compte plus de 300 membres, estime que l'État devrait soutenir économiquement le secteur, même s'il reconnaît qu'une politique économique en faveur du X n'a pas la même signification électorale que celle en faveur du marché automobile.

Pourtant, les arguments de Joe Francis, qui a sollicité en janvier 2009 le Congrès américain, méritent réflexion. Joe Francis déclarait lors d'un communiqué que les Américains étaient « trop déprimés pour être sexuellement actifs » à cause de la crise. Ils peuvent « se passer de produits comme les voitures, mais non de sexe ». Joe Francis et Larry Flint demandaient au Congrès de débloquer 5 milliards de dollars pour secourir le secteur.

Soigner la grippe pour de bon !

À chaque printemps et chaque automne, la grippe fait des victimes. Voici des indications à suivre sérieusement pour passer les changements de saison en toute tranquillité :

- Lavez-vous les mains le plus souvent possible, toussez dans le creux de votre coude (non dans votre main) et exigez de votre entourage qu'il fasse de même (on ne le répètera jamais assez...).
- Assurez-vous que chaque membre de la famille utilise sa propre serviette de table, de bains, son propre gant de toilette et son propre oreiller.
- Videz votre poubelle pleine de mouchoirs utilisés et désinfectez les poignées de porte, les interrupteurs et les robinets.
- Évitez autant que possible en temps d'épidémie de vous exposer à l'air frais du matin ou du soir. Ne sortez pas à jeun et habillez-vous chaudement, si vous êtes grippés.
- Évitez le plus possible les lieux publics comme les hôpitaux, les musées, etc.
- Évitez les files d'attente et les lieux équipés d'un système de recyclage de l'air.
- Buvez des infusions de mauve, fleur d'oranger, tilleul, coquelicot et de lierre terrestre. Faites des inhalations de sureau. Vous pouvez cueillir les fleurs de sureau en période de floraison et les laisser sécher sur un fil.

Naturellement, il faut songer sérieusement à consulter votre médecin si les symptômes de l'état grippal persistent, comme les frissons, la fièvre, les courbatures, les maux de tête. On ne plaisante pas avec la grippe !

L'EAU DE LA PLANÈTE

10 millions d'espèces animales vivent dans les grands fonds océaniques.

L'eau des océans se renouvellerait tous les **5 000 ans**.

On compte **13 000 millions de tonnes d'eau en suspension** dans l'atmosphère.
Chaque jour, un hectare de forêt transpire **50 000 kg d'eau**.

Le poids total de l'eau des océans s'élève à **1 400 000 000 000 000 000 de tonnes**.

Le coût de la montée des eaux est estimé à **18 700 000 000 000 d'euros**.

D'où vient l'expression « mettre sur la sellette » ?

Un individu mis sur la sellette est généralement soumis à un interrogatoire ou à un jugement.
La sellette en question est un tabouret bas sur lequel on faisait asseoir un prévenu pour l'interroger à la Révolution.
Lorsque l'accusé était une personne de haute lignée, on recouvrait le banc d'un tapis pour atténuer cette position humiliante.

SUDOKU

Niveau moyen

9	5		6		1	7	4	
					2	6	5	
		1			4			
	7	4			6	5		9
1	6			7		8	2	4
				4				
		8	2					3
			8		5		1	
2	1					9		

Solution p. 677

ÉQUIPE DE FRANCE, SPÉCIAL RÈGLEMENTS DE COMPTES !

C'est un homme qui regarde un match de foot de l'équipe de France à la télé dans un bar. Son chien Médor est assis à ses côtés. Lorsque la France marque un but, il se met soudain à japper et à courir dans tout le bar en sautant sur les tables !
Le voisin demande à l'homme :
- Qu'est-ce qui lui arrive à votre chien ?
- Il est **SUPPORTER DE L'ÉQUIPE DE FRANCE**, tout simplement.
- Ben dites donc, **JUSTE POUR UN BUT** ! Et qu'est ce qu'il fait quand la France gagne **UN MATCH** ?
- Je ne sais pas, je ne l'ai **QUE DEPUIS 6 ANS**...

JH, 23 ans, cherche mamie pour tricoter

Jérémy Emsellem a créé le site Goldenhook en visitant sa grand-tante tricoteuse dans sa maison de retraite. Pourquoi ne pas créer un réseau de mamies qui tricotent pour les internautes ? Il a posté une annonce et les candidates n'ont pas manqué à l'appel ! Le principe de Goldenhook est simple : on choisit son modèle, sa laine, sa couleur et sa mamie ! Le fondateur du site invite d'ailleurs le client à écrire quelques mots de remerciement à sa tricoteuse. Car le projet Goldenhook, c'est de permettre aux mamies d'arrondir leurs fins de mois mais aussi de leur apporter un peu de chaleur en échange de leurs jolis bonnets et écharpes ! Et n'ayez surtout pas d'a priori : vous serez surpris de voir à quel point l'offre de modèles et de couleurs est tendance ! Bonnets aux coloris pop, nœud papillon fashion, etc. Qu'attendez-vous pour passer commande ?

http://www.goldenhook.fr/

LES CHIFFRES ET LEUR SYMBOLIQUE

Les lecteurs fâchés avec les maths ont tout intérêt à s'intéresser de près à la symbolique des chiffres. Il ne s'agit pas ici de parler de numérologie qui est, pour résumer, une forme d'astrologie par les nombres, mais d'introduire quelques connaissances sur la symbolique des chiffres principaux :

Le zéro

Cet ovale redouté des écoliers symbolise le néant, le rien, l'absence de chiffre ou de nombre en quelque sorte. Sa forme représente un lieu déterminé, limité, clos. D'ailleurs son tracé ne commence ni ne s'achève à un point précis. Il symbolise le véritable commencement des suites croissantes de chiffres et lorsqu'il est associé à un autre chiffre, il marque le début d'une autre échelle de valeur : les dizaines, les centaines, les milliers, et ainsi de suite.

Le 1

La forme de ce symbole d'unité par excellence évoque l'esprit agissant, avec sa droite verticale et sa diagonale. Le 1, c'est également l'étalon mesure et l'élément de référence sorti du zéro. Ce dernier point d'ailleurs fait l'objet d'interprétations religieuses. Le 1 serait issu du zéro, comme le fils issu de Dieu. Le zéro peut évoquer le divin créateur car tout chiffre peut être issu du zéro.

Le 2

Le chiffre 2 est naturellement le symbole du couple, du 1 + 1 et de la dualité des pôles.
Il symbolise toutes sortes de dualités mais il est la parfaite représentation du couple féminin/masculin avec le demi-cercle qui symbolise la femme et la droite horizontale qui symbolise l'homme. Le 2 est d'ailleurs un chiffre assez féminin dans sa symbolique car le demi-cercle domine la droite masculine. Certains disent que le demi-cercle du 2 abrite, protège et couve l'œuf de vie. Le chiffre 2 rappelle le corps avec les deux yeux, les deux oreilles, les deux membres, etc. Enfin, les chiffres 2 et 1 ont un rapport intéressant. En effet, ils peuvent donner le nombre 12 qui rappellent les douze mois de l'année, le cycle de l'année, et il donne le nombre 21 qui serait le véritable âge de la maturité de l'esprit.

Le 3

Le chiffre 3 est comme chacun sait, le symbole de la trinité. Omniprésent dans le domaine religieux, le 3 est repris dans le triskel breton et le triangle franc-maçonnique. Sa forme est composée de deux demi-cercles qui relient trois points, comme s'il s'agissait d'un cercle découpé, séparé. Enfin, il est associé à la forme triangulaire.

Le 4

La forme du 4 est semblable à un chiffre 1 croisé. Il symbolise comme le carré les quatre points cardinaux et les quatre éléments. Le 4 évoque aussi une idée de stabilité, de rationalité. Enfin, certains religieux y voient clairement une croix cachée.

Le 5

Le 5 rappelle le corps humain comme le chiffre 2, reprenant quant à lui d'autres éléments du corps: les 5 sens, les 5 doigts de la main, etc. Le chiffre 5 est composé d'un demi-carré et d'un demi-cercle, le masculin et le féminin, qui ne semblent pas se compléter mais plutôt se chercher. Ainsi, le 5 symbolise la perpétuelle quête de la communion entre êtres humains et notamment entre les sexes opposés.

Le 6

Ce chiffre est symbole de mouvement, notamment de mouvement de la lumière. Cette spirale reprend en effet la direction de parcours du soleil, mais aussi celles des aiguilles d'une montre et du mouvement de clef dans une serrure. Le noyau circulaire correspond au zéro initial qui monte vers l'infini.

Le 7

Le 7 est un chiffre plutôt masculin avec sa diagonale et sa barre horizontale qui ressemble à un demi-carré. C'est l'association de la diagonale de l'action d'une part et du masculin d'autre part. Ainsi, le 7 symbolise en quelque sorte la virilité. Certains voient dans le chiffre 7 la représentation de la faux portée par la Mort.

Le 8

Le chiffre 8 fait l'objet d'interprétations multiples. Les deux sphères font référence à l'alliance de deux mondes, de deux états, de deux unités. Lorsque le 8 est couché, il est symbole d'infini en mathématiques. D'ailleurs, qu'il soit debout ou couché, le chiffre 8 évoque un mouvement perpétuel, infini. Le cercle du haut peut également faire penser à un soleil et celui du bas à son reflet.

Le 9

La forme du 9 rappelle celle d'un fœtus ou d'une graine qui germe, avec sa boucle qui s'enfonce dans le sol. De même, il reprend le mouvement vers la droite comme le chiffre 6. L'originalité du 9, c'est qu'il termine la suite des chiffres, de 0 à 9, alors qu'il évoque l'idée d'une germination, d'une future naissance. D'ailleurs, l'homonyme de « neuf » fait bien partie du champ lexical de la nouveauté. Ainsi, le 9 achève un cycle pour en commencer un autre. L'éternel cycle de vie...

Suite logique

324

108

36

12

....

Solution

4. Il suffit de diviser le nombre par 3 pour obtenir le nombre suivant.

N'kisi, perroquet télépathe

Aimée Morgana, artiste peintre à New York, possède un perroquet qui vaut de l'or. En plus d'être intelligent (N'kisi maitrise plus de 950 mots), il est télépathe. À l'âge de 4 ans, N'kisi maîtrisait l'usage de 700 mots, mais Aimée ne s'attendait pas à découvrir que son perroquet chéri était capable de lire dans les pensées. Elle avait découvert que N'kisi devinait quand elle souhaitait manger ou faire sa toilette.

Un jour, Aimée Morgana décida d'appeler un ami prénommé Rob. Avant même qu'elle ne compose son numéro, N'kisi s'écria « Salut Rob ».

Aimée Morgana attendit de répertorier plus de 600 faits de ce type, pendant deux ans, avant de contacter Rupert Sheldrake, biologiste et spécialiste de la télépathie. Celui-ci étudia de près le cas N'kisi. Il isola dans des pièces séparées le perroquet et sa maîtresse. Cette dernière disposait d'images représentant des mots et des concepts connus du perroquet. Durant l'expérience, Aimée Morgana devait se concentrer sur une image pendant deux minutes.

Le perroquet a démontré un pouvoir de télépathie exceptionnel : « N'kisi » disait : « C'est une image de fleurs », lorsque sa maîtresse se concentrait effectivement sur une image représentant des fleurs. Il disait « Que fais-tu au téléphone ? », lorsque Aimée regardait une photo d'un homme avec un combiné.

Pour en savoir plus, vous pouvez visiter le site anglais du biologiste consacré à ce perroquet extraordinaire (http://www.sheldrake.org/nkisi/).

WC AU TIBET

"Comme le papillon, le sage est celui qui parvient à se dépouiller du lien qui le rend captif "!
Salim NOUVRIT

Laetitia demande à Johnny:

- J'aimerais faire un cadeau à mes neveux, mais je ne sais pas quoi !

Johnny réfléchit et lui dit :

- **TU DONNES 4 000 EUROS AU GRAND.**

Laetitia :

- Et au petit ?

Johnny, en gueulant :

- **AU P'TIT QU' 2 000 !!!**

Ayez la plus longue adresse e-mail

Sur ce site, vous pouvez télécharger un logiciel qui vous permet d'avoir la plus longue adresse email au monde !

Pour quoi faire ? Tout simplement :

- pour faire planter certains sites, juste pour le plaisir,
- pour ennuyer tout le monde, et spécialement votre patron, qui réfléchit à deux fois avant de vous envoyer un courriel
- pour éviter à certaines sociétés de vous envoyer des spams.

Ainsi, vous savez que chaque e-mail que vous recevez a pris du temps à l'expéditeur, et qu'il mérite donc d'être ouvert.

http://www.abcdefghijklmnopqrstuvwxyzabcdef
ghijklmnopqrstuvwxyzabcdefghijk.com/

Cacher une éraflure

Vous venez d'érafler l'un de vos meubles en bois ?
La solution idéale est de retirer le vernis ou la cire à l'aide d'un coton imbibé de dissolvant, de poncer légèrement avec du papier de verre et de cirer à nouveau.
Mais il existe une solution bien plus rapide : parmi les crayons de couleur de vos enfants, choisissez celui dont la teinte brune se rapproche le plus de celle de votre meuble. Passez la mine sur l'éraflure en appuyant fortement et faites pénétrer la couleur du bout du doigt. Essuyez ensuite avec un chiffon doux.

D'où vient l'expression « revenir bredouille » ?

Cette expression est tirée d'un jeu très populaire aux XIIe et XIXe siècles, le tric-trac.
On disait d'un joueur qu'il « **jouait bredouille** » lorsqu'il gagnait tous ses coups et que l'adversaire ne marquait aucun point. Peu à peu, le terme s'est déplacé pour désigner non le gagnant, mais le perdant, qui ne ramène rien, ne gagne rien ou échoue sur toute la ligne.

Jeu d'articulation

Répétez dix fois très vite :

Ah ! Pourquoi Pépita dans le bois te tapis-tu ?
Tu m'épies sans pitié :
c'est piteux de m'épier.
De m'épier Pépita pourrais-tu te passer ?

Tu t'entêtes à tout tenter,
tu t'uses et tu te tues
à tant t'entêter.

Les moines recrutent

Pour assurer la survie de leurs effectifs, les monastères et couvents britanniques organisent des week-ends de découverte. Au programme, jardinage et prière dans un havre de paix... Les convaincus pourront choisir de rester !

Les ordres anglicans auraient perdu un tiers de leurs effectifs en huit ans et la promotion catholique de 2007 dénombrait seulement 29 sortants. C'est pourquoi la presse chrétienne, par exemple, organise des campagnes marketing de séduction massive pour recruter les moines et les nonnes de demain.

La Downside Abbey a pu recruter quatre néophytes en l'espace de 18 mois. Des couvents irlandais auraient également accueilli des religieuses polonaises grâce à ces programmes.

Perles de médecine

Les malades

J'ai lu en détail votre ordonnance illisible...

Ma femme souffre d'une procession nerveuse; elle a sans arrêt les nerfs en pots de fleurs et je crois que c'est historique.

J'ai réussi à me sevrer toute seule en remplaçant l'alcool par du vin.

J'ai été endormie par euthanasie locale.

Docteur, je désire que vous m'examiniez à la radio car j'ai très mal au prépuce solaire.

Docteur, auriez-vous l'amabilité de me délivrer un certificat attestant que je suis devenue aveugle grâce à vos bons soins.

J'ai dû m'arrêter de boire du café rapport à ma tentation qui était trop haute.

Je me fais de la bile à cause de ces vomissements.

Je ne veux absolument pas que ma femme retourne dans cet hôpital où on se servira encore d'elle comme cow-boy.

Mon cœur s'emballe sans rythme ni raison.

Mes yeux sont moins visibles de jour en jour et je vais rendre visite à mon ocultiste.

Mon docteur est un généraliste en spécialités...

Vous ne voulez pas me dire de quelle maladie je suis atteinte, mais je le devine : mon mari avait la prostate et il me l'a certainement refilée.

Le pauvre homme ne va pas bien du tout. Le médecin lui a dit qu'il avait la diablette et le ver salutaire.

J'ai perdu mes os deux jours avant d'accoucher.

Mon mari a une maladie d'estomac. Le médecin lui interdit les sauces. Il ne peut manger que des grillages.

Hier, on m'a enlevé de l'oreille un bouchon de chair humaine. Ce n'est pas la première fois car je suis costumière du fait.

J'ai voulu faire du ski. Résultat : je me suis cassé trois tendons d'Achille.

Mon médecin traitant, c'est mon frère. Il est masseur.

Sex toy ou pas sex toy ?

Les jouets sexuels ont envahi le marché. C'est une véritable mode, qui a désacralisé l'aspect tabou de l'objet. IL en existe de toutes les couleurs, de toutes les formes, et même en platine incrusté de diamants. Les vibrations de l'appareil stimulent le clitoris et permet d'atteindre l'orgasme. Si tout le monde semble en avoir un, pourquoi ne pas essayer. Mais posséder un sex toy et s'en servir n'est pas du tout gage d'une sexualité épanouie.

Le petit **BASTIEN** est assis sur un banc dans le parc Monceau.
Il vient d'ouvrir un sac Mac Do avec de très nombreux nugget's et frites à l'intérieur.
BASTIEN commence à les avaler avec délectation.
MAURICE, 77 ans, s'assoit près de lui et est impressionné par le nombre de morceaux de poulet et de frites qu'ingère le gamin :
- **MON PETIT**, sais-tu que c'est très mauvais pour la santé ce que tu manges là ? Tu auras des carences en vitamines si tu ne te nourris que de Mac Do. Ton cœur va s'enrober de gras et on va te trouver du cholestérol dans quelques années, sois en sûr !
- Je fais comme mon grand-père qui a vécu jusqu'à 108 ans et **VOUS** devriez faire comme lui.
- Ton grand-père allait au Mac Do ?
- Non, ce n'est pas ça, lui, il s'occupait de ses affaires !

Les opposés s'attirent

En amour, on dit que les contraires s'attirent. Une étude vient de le prouver.
Mais ce que nous recherchons chez l'autre est d'ordre… chimique !
En effet, nous sommes à la recherche du système immunitaire le plus opposé au nôtre, et ce tout simplement pour perpétuer l'espèce.
Ainsi, nous nous assurons que nos enfants réunissent un maximum de gènes différents, pour être les plus résistants possible.
Pour repérer les signaux chimiques émis par le sexe opposé, nous utilisons tout simplement notre nez. Il distingue les phéromones dégagées et nous pousse à tomber dans les bras de celui ou celle dont le système immunitaire est différent du nôtre.

CALORIES DÉPENSÉES

- Lorsqu'on fait l'amour : **125 à 300 calories**.
- Lorsqu'on fait les courses pendant une heure : **175 calories**.
- Lorsqu'on balaie pendant une heure : **98 calories**.
- Lorsqu'on passe l'aspirateur pendant une heure : **190 calories**.
- Lorsqu'on travaille à son bureau pendant une heure : **70 calories**.
- Lors d'un baiser : **6 à 12 calories**.
- Lorsqu'on conduit une voiture pendant une heure : **90 calories**.
- Lorsqu'on coupe du bois pendant une heure : **310 calories**.

Les stars qui n'ont pas le bac...

Jamel Debbouze

L'un des comiques préférés des Français s'était inscrit en BEP force de vente avant de percer dans le monde du show-biz. Depuis le « Cinéma de Jamel » sur Canal + en 1998, le talent du comédien et humoriste n'a cessé de prospérer. En plus de ses one-man shows, Jamel s'est fait une place en tant qu'acteur de cinéma et a créé en 2006 le fameux Jamel Comedy Club. Jamel n'est pas prêt de s'arrêter...

Zinedine Zidane

Ce n'est pas avec son bac que Zizou a remporté le mondial de 98 (de quoi éveiller des vocations chez ceux qui sont fâchés avec le système scolaire). C'est l'AS Cannes qui a repéré Zidane à l'âge de 15 ans. Un an plus tard, il rejoint l'équipe professionnelle et nous savons depuis quelle légende il est devenu. On attend encore un peu de savoir ce qu'il nous réserve depuis son départ à la retraite.

Gérard Depardieu

Le grand comédien n'a pas fait long feu sur les bancs de l'école. Gérard Depardieu a quitté le système scolaire à l'âge de 13 ans. Il devient alors le caïd de sa ville. Puis, à l'âge de 16 ans, il monte à Paris pour prendre des cours de comédie. À l'époque, il dévore les plus grands textes de la littérature française pour se forger une solide culture littéraire. Aujourd'hui, il est à la fois comédien, réalisateur, producteur et homme d'affaires. Gégé n'a certainement pas fini de nous surprendre.

Christophe Maé

Le beau Christophe n'a pas son bac mais il a un CAP pâtisserie. En effet, ses parents tiennent une boulangerie-pâtisserie à Carpentras, sa ville natale. Depuis qu'il a joué dans la comédie musicale *Le Roi Soleil*, Christophe Maé enchaîne les succès et les récompenses. Il a même été sacré plusieurs fois « artiste de l'année » aux NRJ Music Awards et aux World Music Awards. Si en plus il fait les croissants le matin, Mesdames, vous allez complètement craquer.

Britney Spears

Britney Spears mène une vie de star depuis le berceau. Pas étonnant que la chanteuse n'ait pas trouvé le temps de passer son bac ! La belle avait d'autres plans. Bien lui en a pris puisqu'elle est devenue en 1999 avec *Baby one more time* une star mondiale. On connaît ses déboires dans la presse people, mais rien n'arrête Britney qui enchaîne les albums, les concerts, tourne dans des films et des séries et lance son propre parfum.

Johnny Depp

Le petit Johnny n'a jamais pu supporter l'école. Un vrai rebelle des bacs à sable. C'est pourquoi il quitta l'école à l'âge de 15 ans pour se lancer dans la musique avec son groupe The Kids, qui ne remporta pas de franc succès. Il se tourna alors vers une carrière de comédien, débuta dans la série « 21 Jump Street », puis décrocha un des plus grands rôles de sa carrière, *Edward aux mains d'argent*, grâce à Tim Burton. Vous connaissez le reste du parcours...

Lily Allen

Cette talentueuse petite anglaise était ce qu'on appelle un « élément perturbateur » en classe. Avant de définitivement quitter l'école à 16 ans, Lily Allen aurait changé 13 fois d'établissement. Belle performance ! Mais, elle a su devenir une véritable icône pop, un peu touche-à-tout. Lily Allen est chanteuse, compositrice, animatrice TV depuis 2008. Elle a même trouvé le temps d'être durant quelques années une égérie de Chanel... Pas le temps de dire ouf !

Rester éternel sur le web

Comment faire pour que son site Internet soit conservé après sa mort ? AfterLife, une société à but non lucratif, peut veiller au grain lorsque vous ne serez plus de ce monde. Le fondateur David Blatner a imaginé ce concept grâce à un ami, qui lui a confié la gestion de son site après sa disparition. Le site AfterLife.org ne mentionne pas le prix de la transaction mais il est possible d'envoyer ses coordonnées ainsi que l'adresse de son site pour obtenir des informations plus précises. Ainsi, vos arrière-arrière-arrière-petits-enfants pourront surfer sur votre site vintage !

http://www.afterlife.org/

SUDOKU

Niveau moyen

	6	8	9	5		3	1	
3								
		5	3		6		7	
	1	3	7				4	2
					4			
7		4	1					
4		2			3	8		
				4			3	
		7			8			5

Solution p. 677

CHARADES

MON PREMIER est un féculent.
MON SECOND est un féculent.
MON TROISIÈME se trouve dans la salle de bain.
MON TOUT est la base mathématique portugaise...

MON PREMIER est une étendue d'eau.
MON SECOND est ce que l'on dit quand on laisse tomber une pièce de 10 francs du haut d'un pont.
MON TROISIÈME est très étroit.
MON TOUT est une célèbre troupe de théâtre nationale.

SOLUTION

2 pois chiches douche !
La Comédie Française : Lac - Oh mes dix francs - Seize (treize et trois font seize).

Célébrités décédées en avion ou en hélicoptère

- Daniel Balavoine, chanteur français (1986)
- Kathleen Kennedy Cavendish, sœur de John Fitzgerald Kennedy (1948)
- Marcel Cerdan, boxeur français (1949)
- Eddie Cochran, musicien américain (1960)
- Youri Gagarine, cosmonaute russe (1968)
- Roland Garros, aviateur français (1918)
- Juvénal Habyarimana, président du Rwanda (1994)
- Buddy Holly, musicien américain (1959)
- Lech Kaczynski, président de la Pologne (2010)
- John Fitzgerald Kennedy Jr., fils du président John Kennedy, et son épouse Carolyn Bessette (1999)
- Lin Biao, dirigeant de la République populaire de Chine (1971)
- Carole Lombard, actrice américaine (1942)
- Rocky Marciano, boxeur américain (1969)
- Jean Mermoz, aviateur français (1936)
- Glenn Miller, musicien américain (1944)
- Ginette Neveu, violoniste française (1949)
- Cyprien Ntaryamira, président du Burundi (1994)
- Lionel Poilâne, boulanger français (2002)
- Otis Redding, chanteur américain (1967)
- Antoine de Saint-Exupéry, écrivain français (1944)
- Boris Trajkovski, président de la Macédoine (2004)
- Ritchie Valens, chanteur américain (1959)
- Muhammad Zia-ul-Haq, président du Pakistan (1988)

Le hallal-test

Au Kazakhstan, un test disponible depuis mai 2010 a été mis au point pour vérifier son plat de viande. Ce test permettrait de détecter la moindre petite particule de porc dans son assiette.

La tricherie à la viande de porc serait une pratique courante au Kazakhstan. « Ce n'est un secret pour personne : certains cuisiniers trichent et ajoutent du porc à la viande de bœuf pour que cela revienne moins cher », lit-on dans le journal *Megapolis*.

Voici comment utiliser le test : il faut couper un ou deux morceaux de viande, les placer dans un verre d'eau. Puis, il faut remuer, secouer la mixture et plonger le test. On peut voir le résultat apparaître au bout de quelques minutes comme pour un test de grossesse.

LA TERRE, UN PETIT VILLAGE

Si la population de la Terre était réduite à un village de **100 habitants**, on compterait :

- **57** Asiatiques
- **21** Européens.
- **14** Américains, nord et sud.
- **8** Africains.
- **52** femmes.
- **48** hommes.
- **70** non-blancs.
- **30** blancs.
- **70** non-chrétiens.
- **30** chrétiens.
- **89** hétérosexuels.
- **11** homosexuels.
- **6** personnes posséderaient 59 % de la richesse mondiale, tous les 6 viendraient des États-Unis.
- **80** vivraient dans des conditions de logements précaires.
- **70** seraient analphabètes.
- **50** souffriraient de malnutrition.
- **1** serait proche de la mort.
- **1** serait prêt à naître.
- **1** aurait un niveau scolaire de lycée.
- **1** posséderait un ordinateur.

Casse-tête

Complétez ce triangle de manière à ce que le nombre inscrit dans chaque case soit égal à la somme des deux nombres inscrits dans les deux cases juste en dessous celle-ci.

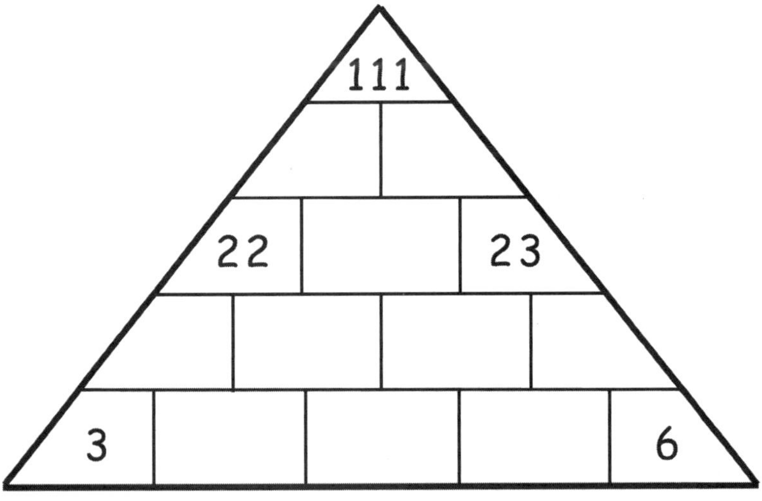

Solution p. 683

Des mains toutes douces

Les flocons d'avoine sont bons pour la santé, mais aussi pour la peau. Mélangez 5 cuillerées de flocons d'avoine à un verre d'eau chaude. Quand le mélange a refroidi, plongez-y vos mains pendant 10 minutes. Elles en ressortiront toutes douces.

Dévisser un flacon de vernis collé

Votre flacon de vernis à ongles ne veut pas s'ouvrir ? Plongez-le quelques minutes dans un bol d'eau chaude. Le vernis, en ramollissant, permettra au flacon de s'ouvrir tout seul.

Devises nationales

Algérie : **La Révolution par le peuple et pour le peuple**
Allemagne : **Unité et Droit et Liberté**
Angleterre : **Dieu sauve la reine**
Botswana : **Que tombent les pluies**
Canada : **D'un océan à l'autre**
Chine : **Compter sur ses propres forces**
Colombie : **Liberté et ordre**
Corée du Nord : **Un pays puissant et prospère**
Corée du Sud : **Corée dynamique**
Espagne : **Encore et au-delà**
États-Unis : **En Dieu nous avons confiance**
France : **Liberté, Égalité, Fraternité**
Grèce : **La liberté ou la mort**
Japon : **Paix et Progrès**
Liban : **Ma patrie a toujours raison**
Luxembourg : **Nous voulons rester ce que nous sommes**
Maroc : **Dieu, la patrie, le roi**
Népal : **La vérité prévaudra toujours. Il est doux et honorable de mourir pour la patrie.**
Porto Rico : **Jean est son nom**
Turquie : **Paix dans la maison, paix dans le monde**
Union européenne : **Unie dans la diversité**

- Maman, maman, je peux avoir les **BONBONS** qui sont dans l'armoire ?
- Mais bien sûr ma chérie. Tu n'as qu'à les prendre.
- Mais maman, je n'ai pas de **BRAS**.
- Pas de **BRAS**, pas de **BONBONS**.

C'est un gars énorme qui frappe à la porte du chef du personnel d'une entreprise de bûcherons au Canada. Il cherche du travail.
- Vous avez l'air costaud. Vous avez des références ?
- Ouais ! J'ai travaillé au Sahara !
- Vous vous foutez de ma gueule ? Il n'y a pas d'arbres au Sahara !
- Il n'y a **PLUS** d'arbres !!!

LES CHIFFRES DE LA VIE QUOTIDIENNE

- Nous passons chaque année **96 heures** dans les files d'attente.
- Nous passons en moyenne **32 jours** dans notre existence à nous brosser les dents.
- Dans toute une vie, un être humain verse environ **65 litres** de larmes.
- Pour obtenir satisfaction, un abonné qui souhaite résilier son abonnement de téléphonie mobile doit répéter en moyenne **13 fois** « Je souhaite résilier mon abonnement » au cours des **5 premières minutes** de conversation avec la hotline de son opérateur.
- En se rasant, un homme élimine chaque année **14 kilos** de poils.
- En France, nous nous déplaçons en moyenne de **45 kilomètres** par jour.
- Lorsque l'on a un mot « sur le bout de la langue », **dans 57 % des cas** la première lettre qui nous vient à l'esprit est la bonne.
- Les Parisiens marchent chaque année **46 fois** dans des déjections canines.

Énigme

Margaret prépare le thé pour ses amies Sylvia et Pétunia. Lorsque Pétunia annonce qu'elle a enfin reçu le nain de jardin qu'elle attendait depuis si longtemps, Margaret explose de joie et percute la boîte de sucres qui se trouvait sur son étagère, à côté des pots de corned beef.

Bonté divine ! Le contenu entier de la boîte tombe directement dans le thé, sur la table. Mais, grâce à son adresse légendaire et avec l'aide de ses amies, elle récupère la totalité des morceaux de sucre.

Comment est-ce possible ?

Solution

Les morceaux de sucre sont tombés dans le thé en vrac et non dans le thé liquide. Voilà pourquoi ils sont intacts.

Un braquage qui rend chèvre !

Au Nigeria, une chèvre a été arrêtée pour vol à main armée ! Les policiers ont déclaré que l'animal était en réalité un malfaiteur qui s'était métamorphosé pour échapper aux forces de l'ordre, alors qu'il tentait de voler une Mazda 323.

Marre du service public ?

Voici un site où vous pourrez déclarer le temps que vous avez perdu à cause du service public. « Bibi a perdu 2 heures grâce à sa sous-préfecture », « roro75 a perdu 1 heure et quart grâce à la RATP ». Les utilisateurs expliquent également la petite anecdote liée au temps perdu et chaque poste est ensuite inclus au compteur. Vous trouverez aussi le « top des galériens » et quelques statistiques par type de service public. Qu'est-ce qu'on dit ? Merci service public !

http://www.merciservicepublic.com/

Robert, 88 ans, épouse Lina, 26 ans.

Les jeunes mariés n'ont pas encore consommé leur amour et le soir de la nuit de noces, Lina demande à son vieux mari :

– **TU VAS POUVOIR ME FAIRE L'AMOUR, MON CHÉRI À MOI ?**

Robert lève la main droite, écarte et tend ses doigts.

– **QUOI ? CINQ FOIS ?** dit la jeune beauté émerveillée.

– **NON ! CHOISIS UN DOIGT !**

L'arbre généalogique de Toutankhamon bouleversé

Le docteur Zahi Hawass a découvert des cas d'inceste et de consanguinité dans l'arbre généalogique de Toutankhamon. Ainsi, cet arbre se présente comme suit : les ancêtres, tout en haut de l'arbre, sont Iouya et Touyou. Ce couple a donné naissance à Amenhotep III et Tiyi. Amenhotep III et Tiyi, frère et sœur donc, ont mis au monde Akhenaton et la princesse KV 35, également appelée « jeune dame ». Et ce n'est pas tout. Les frère et sœur Akhenaton et princesse KV 35 ont mis au monde le célèbre Toutankhamon. Akhenaton a aussi donné une fille, Ankhsenamon, à la célèbre Néfertiti. Les deux enfants, Ankhsenamon et Toutankhamon, n'ont pas dérogé à la règle. Ils ont eux aussi donné naissance à leur progéniture dans la plus grande consanguinité. Les scientifiques s'interrogent sur le lien possible entre les relations consanguines et la mortalité précoce de Toutankhamon et de ces enfants. Rappelons que Toutankhamon est décédé des suites de la malaria et d'une dégénérescence osseuse du pied gauche.

MOTS CROISÉS

HORIZONTALEMENT

A : Ostréicole.
B : Embrassade.
C : Pouffé - courriel.
D : Terre entourée d'eau - Beige.
E : Ne lâcha pas - Démonstratif.
F : Évaluer.
G : Discours moralisateur.
H : Dégoûtes.
I : Ornement.
J : Matonne.
K : Entre l'ailier et l'avant-centre - En matière de.

VERTICALEMENT

1 : Reçus - Entrepris.
2 : Employer - De là.
3 : Deuxième groupe - Hangar.
4 : Petit socle - gobelet d'argent.
5 : Vers - Passer l'arme à gauche.
6 : Atone.
7 : Étendre - Vagabonde.
8 : Vérifiés - consommées.

	1	2	3	4	5	6	7	8
A								
B								
C			■					
D				■				
E					■			
F								■
G							■	
H	■							
I		■						
J								
K						■		

Solution p. 681

LES INÉGALITÉS EN QUELQUES CHIFFRES

2,4 milliards de personnes sont privées d'installations sanitaires convenables.

À chaque fois qu'un produit de première nécessité hausse son prix de **1 %**, **16 millions de personnes** supplémentaires sont victimes de famine.

2,8 milliards de personnes, soit près de la moitié de la population mondiale, vivent avec **moins de 2 dollars** par jour.

Une personne sur 7 dans le monde habite dans un bidonville.

876 millions d'adultes sont analphabètes, dont **deux tiers** sont des femmes.

DEVINETTES

À quelle question ne peut-on jamais répondre oui ?

« TU DORS ? »

À quoi reconnaît-on qu'une voiture n'est plus cotée à l'argus ?

IL Y A UN AUTOCOLLANT « PSG CHAMPION DE FRANCE » SUR LA VITRE ARRIÈRE.

Apprenez à reconnaître votre fragilité

Dans un monde où il faut paraître de plus en plus jeune, en pleine forme physique et mentale, on observe que tout signe de vulnérabilité et de fragilité est banni. Or ces deux états caractérisent notre condition humaine. Nous sommes les animaux les plus vulnérables, comme le précise la psychanalyste Marie Balmary. Et nous le demeurons toute notre vie.

Nous naissons fragiles

Tout être humain à sa naissance nécessite les plus grands soins. C'est cette attention qui garantit notre bon développement et surtout notre survie. Naturellement, devenir adulte, c'est entre autres devenir autonome, mais cet âge ne fait pas de nous pour autant des personnes invulnérables.

La fragilité et notre rapport à autrui

La psychanalyste Marie Balmary nous apprend que c'est de notre fragilité que découle notre « aptitude à la relation ». Parce que nous sommes fragiles et dépendants des autres, nous apprenons à vivre ensemble. Il ne s'agit pas de construire son rapport à la vie et aux autres sur sa fragilité et de s'y complaire, mais il faut savoir reconnaître ses faiblesses et ne pas se croire auto-suffisant pour nourrir des relations saines avec son entourage.

Savoir écouter ses faiblesses pour prévenir toute dépression

Ce ne sont pas nécessairement les personnes considérées comme « fragiles » qui tombent dans la dépression. Les personnes à risque seraient plutôt celles qui nient leurs propres faiblesses ou refoulent tout signe de mal-être. Or, dans des périodes de crise, comme une rupture amoureuse ou un décès, il faut s'autoriser à être faible et à partager sa douleur pour empêcher que ces événements nous conduisent vers une dépression.

Ainsi, cessons de croire que les faiblesses sont un handicap. Elles peuvent être un atout si elles sont prises en compte. Une prise de conscience de notre vulnérabilité nous permet de connaître nos limites mais aussi nos ressources. Et il n'y a aucun être humain qui échappe à sa condition d'individu fondamentalement fragile par naissance.

Tomber amoureux pour ne pas avoir la grippe

Selon des scientifiques américains, les personnes heureuses en amour résistent mieux à la maladie, et notamment à la grippe. À l'inverse, ceux qui connaissent un chagrin d'amour sont plus exposés et auront plus de difficultés à combattre le virus.

DEVINETTES

Quelle est la différence entre un rouquin et un requin ?

LE PREMIER A LES CHEVEUX DU PÈRE ET L'AUTRE LES DENTS DE LA MER.

Pourquoi le Schtroumpf à lunettes a-t-il été emprisonné pendant 6 mois ?

PARCE QU'IL A SCHTROUMPFÉ !

C'est quoi un canif ?

UN PETIT FIEN.

Et une nife ?

C'EST LA MAISON DU PETIT FIEN.

Brocantes et vide-greniers : comment faire de bonnes affaires ?

Cela peut être une véritable passion comme un simple loisir de temps à autre : faire des brocantes. Agréable, convivial, c'est aussi un bon moyen pour acheter de belles choses pas chères.

Les vide-greniers et les brocantes

Chaque mois, des centaines de manifestations sont organisées partout en France. Et il n'est pas toujours facile de savoir où se rendre pour chercher les bonnes affaires. Informez-vous en surfant sur Internet.

Les sites www.lechineur.fr, http://vide-greniers.org, www.la-brocante.com vous donneront les dates et les lieux des brocantes et des vides-greniers.

Sur www.aladin.com, vous trouverez en plus du calendrier des événements, des tas de conseils de professionnels. Pour y avoir accès, un abonnement annuel de 59 € vous sera demandé.

Les astuces

- Levez-vous tôt : le plus intéressant est d'être là quand on est encore en train de déballer les produits. Comme le choix est grand à cette heure-là, vous aurez plus de chances de bien négocier.
- Équipez-vous : lampe de poche, mètre, mais aussi un petit cabas (les sacs plastiques ne sont pas fournis).
- Soyez souriant et respectez les vendeurs et les articles vendus. Ne faites pas de commentaires désobligeants et manipulez les objets avec soin.
- Oubliez la timidité. Demandez les prix quand ils ne sont pas affichés et n'hésitez pas à négocier si vous les trouvez un peu élevés.
- Évitez de montrer votre enthousiasme au sujet de l'objet qui vous intéresse. Vous pourrez mieux négocier par la suite.
- Vérifiez bien l'état de l'article que vous voulez acheter. Testez-le, même s'il s'agit d'un appareil électrique ou hi-fi. Et si vous ne pouvez pas le faire au moment de la vente, notez le numéro du stand (il est noté à la craie par terre). S'il y a un souci avec ce que vous venez d'acheter, demandez aux organisateurs le nom du vendeur malhonnête.
- Partez toujours avec suffisamment d'argent liquide. Les chèques ne sont pas toujours acceptés.

SUDOKU

Niveau difficile

						9	5	
		1	2		9		7	
6	9					2		4
	1						8	
	2	7	4	3				
				7				
		8			4			9
						6	1	
		3	8					

Solution p. 677

WC DANS LE SUD OUEST

Punk is not dead !
Montez votre groupe !

Vous faites partie de ceux qui sautent tous seuls sur leurs lits avec leur gratte ou leur basse ? Vous avez envie d'exprimer votre haine de la société dans un groupe de musique ? Ce site est fait pour vous ! Vous orchestrez votre propre groupe de punk. Il y a tout : la batterie, les riffs, les solos, les harmoniques, les effets, la voix et même le son des bières qu'on dégoupille... Le mot de la fin sera le nom du site : the Dirty Punk Fuckin Anarchy Machine ! Oh yeah !

http://www.zanorg.com/prodperso/punk.htm

D' où vient l' expression « remettre aux calendes grecques » ?

En 45 avant J.C., Jules César fit modifier calendrier romain afin qu'il puisse s'accorder avec le mouvement des planètes et des étoiles. L'année compte désormais 365 jours et les années bissextiles sont inventées. Le premier jour de chaque mois était appelé calende. C'était le jour où l'on devait payer ses impôts.
César voulut imposer son calendrier aux Grecs qui résistèrent. Dans le leur, les calendes n'existaient pas.
C'est l'empereur romain Auguste qui a inventé cette expression de calendes grecques pour parler d'impôts qui n'étaient pas payés et ne le seraient sans doute jamais.
Depuis, l'expression est restée et désigne une date qui n'existe pas, tout comme la Saint-Glinglin.

À L'ÉCOLE

Un maître d'école :
- Si je dis : le voleur a volé des pommes, où est le sujet ?
- **EN PRISON**, m'sieur !

Une maîtresse d'école s'inquiète :
- Mario, que se passe-t-il ? Les devoirs que tu me rends sont catastrophiques !
- C'est **MON PÈRE**... Cette année, il est complètement largué !

Un papa lit les appréciations des profs sur le carnet de notes du trimestre :

- Je suis en colère contre toi ! Tous tes profs soulignent que tu comprends **LENTEMENT**, que tu travailles **LENTEMENT**, qu'en sport tu cours **LENTEMENT**... Il y a quelque chose que tu fasses **VITE** ?!

- Oui papa ! Je fatigue **SUPER VITE** !

La prof de français demande à Basile :

- Si je te dis : « **JE SUIS BELLE** », quel temps est-ce ?

- C'est **LE PASSÉ**, madame !

Avec un crayon standard, on peut écrire environ **45 000 mots**.

Un conducteur de **20 ans** téléphonant au volant a la même conduite qu'un automobiliste âgé de **70 ans**.

Il faudrait **34 heures** en moyenne à un lecteur pour lire *Le Monde* dans sa totalité.

S'il devenait indépendant, l'État du Texas deviendrait la **10e** plus grande puissance économique du monde. Son PNB, de l'ordre d'**1 billion de dollars**, est égal à celui du Canada.

Oussama Ben Laden a **54 demi-frères et demi-sœurs**.

Au cours des **3 500 dernières années**, on compte environ **230 ans de paix** sur Terre.

Jeu d'articulation

Répétez dix fois très vite :

Trois tortues trottaient sur
trois toits très étroits.

Donnez-lui à minuit huit
fruits cuits et si ces huit
fruits cuits lui nuisent,
donnez-lui huit fruits crus.

Insultes en politique

J'ai un peu l'impression, quand Nicolas Sarkozy nous donne des leçons de maîtrise budgétaire, c'est un peu Monsieur Madoff qui administre quelques cours de comptabilité.

Martine AUBRY, 29 mai 2010

C'est assez surprenant la liste socialiste du département. Elle est conduite par Monsieur Soumaré. Dans un premier temps, j'ai cru que c'était un joueur de l'équipe réserve du PSG. Mais non, il est secrétaire de la section de Villiers-le-Bel, ça change tout.

Francis DELATTRE à propos d'Ali SOUMARÉ, 27 janvier 2010

Voter pour ce mec en Haute-Normandie me poserait un problème, il a une tronche pas catholique.

Georges FRÊCHE à propos de Laurent FABIUS, d'origine juive, 28 janvier 2010

Jamais tu seras président de la République, parce que t'es trop minable !

Daniel COHN-BENDIT à François BAYROU, 4 juin 2009

Je trouve ignoble, moi, d'avoir poussé et justifié des actes à l'égard des enfants que je ne peux pas accepter.

François BAYROU à Daniel COHN-BENDIT, 4 juin 2009

Vous êtes un pauvre type, Mélenchon, On serait au XIXe siècle, je vous provoquerais en duel et je vous flinguerais !

Pierre LELLOUCHE à Jean-Luc MÉLENCHON, 5 avril 2009

Ségolène Royal, qui a vécu, comme des centaines de milliers de Français, un cambriolage (...) devrait avoir droit à une aide psychologique.

Frédéric LEFEBVRE, 10 juillet 2008

Cette salope !

Patrick DEVEDJIAN à propos de Anne-Marie COMPARINI, 28 juin 2007.

Je dénonce, Monsieur Hollande, la facilité, et je dirais même, en vous regardant, la lâcheté...

Dominique de VILLEPIN à François HOLLANDE, 20 juin 2006.

Vous avez le droit d'être libéral, vous n'avez pas le droit d'être menteur.

Eric BESSON à Dominique de VILLEPIN, 7 février 2006.

Après cinq années du gouvernement de M. Jospin, on était arrivé à faire croire aux États-Unis d'Amérique que la France était un pays antisémite.

Nicolas SARKOZY, 28 avril 2004

Henri EMMANUELLI : Guignol !
Nicolas SARKOZY : Fais gaffe à toi, fais gaffe, fais bien attention à toi.
Henri EMMANUELLI : Retire ça !

27 avril 2004

Facebook augmente les cas de syphilis

Rassurons les plus anxieux et les plus crédules : évidemment, ce n'est pas cliquant sur votre souris et en surfant sur Facebook que vous contracterez la syphilis. Seulement, des professionnels de la santé en Angleterre ont observé une recrudescence des cas de syphilis dans la région de Durham, Sunderland et Teesside. Les internautes de ces trois villes utiliseraient principalement Facebook pour trouver des partenaires sexuels. Le professeur Peter Kelly qui est responsable de la santé publique à Teesside affirme dans le quotidien *The Sun* qu'il y aurait un lien entre l'utilisation des réseaux sociaux et la hausse des MST, car ces mêmes réseaux facilitent les rencontres d'un soir et les utilisateurs ne se protègent pas. Facebook a décliné toute responsabilité dans cette recrudescence de la syphilis mais il invite toutefois ses fidèles internautes à « prendre des précautions ».

Un ingénieur se retrouve assis à côté d'une petite fille lors d'un vol intercontinental.
L'ingénieur dit à la petite fille :
- SI ON PARLAIT UN PEU ENSEMBLE ? IL PARAÎT QUE LES VOYAGES PASSENT BEAUCOUP PLUS VITE SI ON PARLE AVEC QUELQU'UN.
La petite fille le regarde et dit :
- OK, MAIS VOUS VOULEZ QU'ON PARLE DE QUOI ?
- SI ON PARLAIT DE PHYSIQUE NUCLÉAIRE.
La petite fille lui répond :
- VOYEZ-VOUS, UN CHEVREUIL, UNE VACHE, UN CHEVAL MANGENT TOUS LA MÊME CHOSE, DE L'HERBE... POURTANT LE CHEVREUIL FAIT DES PETITES CROTTES, LA VACHE FAIT DES BOUSES TOUTES PLATES ET LE CHEVAL DE GROS PAQUETS VERTS, COMMENT EXPLIQUEZ VOUS CELA ?
L'ingénieur réfléchit et répond :
- MA FOI, JE NE SAURAIS L'EXPLIQUER.
- COMMENT VOULEZ VOUS PARLER DE PHYSIQUE NUCLÉAIRE ALORS QUE VOUS NE MAÎTRISEZ MÊME PAS UN PROBLÈME DE MERDE ?

Petit exercice impossible

Vous qui êtes sur votre trône, lorsque vous aurez terminé votre tâche, essayez de vous lever genoux à l'équerre, sans ramener les pieds sous la cuvette, sans incliner votre buste et sans prendre appui avec vos bras.
C'est aussi simple qu'embrasser son coude.

Par ici la sortie !

Vous avez un collègue un peu lourd ? Vous n'osez pas lui dire que ses blagues ne vous font pas rire ? Vous préféreriez rester seul(e) bien tranquille ? Envoyez-lui le lien du site www.tusors.fr.

Le principe ? Une simple photo représentant un panneau de sortie d'autoroute… direction Boulay ! Et dessous, le message est clair « Allez hop, tu sors ! »

http://www.tusors.fr.st/

Énigme

Chouette ! Le père Noël vous a gâté(e). Il vous a amené une petite femelle hamster !

Sachant qu'un hamster peut mettre bas une portée de 10 petits à raison de 6 portées par an, combien de hamsters auriez-vous en 5 ans ?

Solution

Allons... Un hamster ne peut pas se reproduire seul !

Personnes âgées : une maison à leur portée

Les personnes âgées ont plus de mal à se déplacer, à rester debout et à atteindre les objets que les autres. Pour leur permettre de faciliter leur quotidien, voici quelques astuces.

• Dans la cuisine, rangez les ustensiles dont ils ont le plus besoin à portée de leur main. Vous éviterez ainsi les chutes inutiles pour atteindre un objet.

• Dans la salle de bains, libérez l'espace situé sous le lavabo, quitte à supprimer des placards, pour installer un tabouret. Ils pourront ainsi faire leur toilette sans avoir à fournir d'effort pour rester debout.

• Dans l'entrée, placez une chaise ou un tabouret près de la porte d'entrée, pour qu'il puissent déposer leurs affaires en arrivant et les récupérer sans avoir à se baisser.

• Dans toutes les pièces, libérez l'espace en jetant les objets et bibelots inutiles. Leur liberté de mouvement en sera amplifiée. Ils se déplaceront plus facilement et risqueront moins de chuter.

HUMOUR

Robert se perd dans la forêt.
Heureusement, il croise un paysan qui lui propose de l' héberger et lui offre le gîte et le couvert.
Le lendemain, Robert, qui voudrait remercier le paysan, constate qu'il n'a pas un rond en poche, mais étant ventriloque, il décide de lui faire un petit tour en guise de remerciements.
Robert s'approche d'une poule et lui dit :
- SALUT MADAME LA POULE ! COMMENT ÇA VA ?
La poule lui répond :
- BONJOUR MONSIEUR, ÇA VA BIEN, IL Y A JUSTE LE PAYSAN QUI ME PIQUE MES ŒUFS, MAIS AUTREMENT ÇA VA...
Le paysan, estomaqué :
- DEDIEU !!! VOUS FAITES PARLER LES POULES ?
Robert :
- OH, PAS RIEN QUE LES POULES, REGARDEZ !
Il va vers la vache.
- SALUT LA VACHE, COMMENT ÇA VA ?
La vache :
- BONJOUR MONSIEUR, ÇA VA, IL Y A JUSTE LE PAYSAN QUI ME TIRE MON LAIT TOUT LES MATINS, MAIS SINON ÇA VA...
Le paysan :
- CRÉVINDIOU !!! LES VACHES AUSSI ?
Robert :
- OH TOUS LES ANIMAUX, REGARDEZ CELLE-CI...
Il s'approche de la chèvre et fait :
- Bonjour madame la chèvre !
Alors le paysan tout affolé dit à Robert :
- L'ÉCOUTEZ PAS ! C'EST UNE MENTEUSE !

LES HOMMES PASSENT UN AN DE LEUR VIE À REGARDER LES FEMMES

Patrick Coutin chantait « j'aime regarder les filles ». On veut bien le croire ! Une étude britannique a révélé que les hommes passaient environ **1 an** de leur vie à reluquer le sexe opposé entre l'âge de 18 et 50 ans.

Les hommes passeraient **43 minutes par jour** en moyenne à regarder **10 femmes différentes**. **11 jours par an** au total et **11 mois et 11 jours** entre 18 et 50 ans.

Et les femmes ? Elles passeraient **20 minutes par jour**, soit **6 mois** entre 18 et 50 ans.

Rien ne sert de parler de sexe pour être heureux sexuellement

L'époque a libéré les mœurs et la parole. Il est désormais banal de parler de sexe. Ce qui ne veut pas dire qu'il faut absolument en parler. Certaines personnes sont mal à l'aide à l'idée d'évoquer leurs ébats. Qu'elles se rassurent, les mots ne sont pas toujours indispensables pour apprendre à se connaître. Les réactions de votre partenaire sous l'effet de vos caresses sont bien assez parlantes. Si vous ne vous trouvez pas entièrement satisfait, pas besoin de longs discours. Un « oui », un « encore » sont des mots très courts, mais très éloquents. Si toutefois certains maux ont besoin d'être dits et que vous avez du mal à les mettre en paroles, un sexologue pourra peut-être vous aider à communiquer votre malaise.

Désintox d'amour

Des cliniques américaines spécialisées dans les cures de désintoxication viennent d'ouvrir des unités dédiées à la dépendance amoureuse. Les méthodes utilisées pour sevrer les amoureux qui ont du mal à rompre et à ne pas appeler leurs ex sont identiques à celles prescrites pour les sevrages alcooliques. L'amour est décidément une drogue !

Adriana Karembeu : ses secrets de beauté

avec www.maviedefemme.com

Ses astuces pour garder la forme

★ Pour conserver ce corps de rêve, Adriana ne prend « qu'un » litre de tisane au petit-déjeuner !
★ Elle a également une hygiène de vie irréprochable : pas d'alcool, pas de cigarettes, mais 3 litres de liquide au quotidien (eau, soupes, infusions).
★ Adriana Karembeu déteste les régimes et le sport !
★ Pour garder un corps svelte, elle pratique du taî-chi, le Pilates, le yoga et la marche.
★ Elle préfère de loin les massages (surtout ceux de son mari !).

Ses astuces Beauté

★ Pour préserver l'ovale et la fermeté de son visage, Adriana s'asperge le visage d'eau glacée tous les matins. Ensuite elle s'applique des compresses imbibées d'eau froide sur les yeux.
★ Pour avoir des cheveux doux et brillants, Mme Karembeu se fait des bains de monoï et utilise un shampoing volumateur pour qu'ils ne soient pas tout plats.
★ Pour éviter d'avoir le visage gonflé au réveil, Adriana ne dort pas trop.

Ses produits chouchous

★ Pour retarder au maximum l'apparition des premières rides, la belle plante utilise le contour des yeux et des lèvres Sisleya, de Sisley.
★ Pour avoir une peau hydratée et éclatante, Adriana applique les crèmes Fraîcheur de Carole Franck, Sisleya Global Anti Age de Sisley et Nivea Q10.
★ Pour son teint, elle utilise Idealist, soin perfecteur lissant de Estée Lauder.
★ Depuis l'âge de 15 ans, Adriana se maquille : sa mère lui a appris à colorer ses lèvres avec l'extrémité rouge d'une allumette ! Elle ne sort jamais le visage nu et applique anticernes et terracotta tous les matins.
★ Pour nettoyer sa peau, la belle Slovaque utilise l'eau démaquillante d'Osmose.
★ Pour des lèvres pulpeuses, l'égérie de Wonderbra applique le baume Carmex et de la vaseline.
★ Pour avoir toujours les mains douces, elle utilise la crème douceur de Payot.

Son parfum fétiche

Même si elle change souvent de parfum, Adriana Karembeu a une tendresse particulière pour le parfum Tocade de Rochas : elle le portait lors de la 1re rencontre avec l'homme de sa vie ! Elle aime les odeurs de cannelle, de vanille, d'ambre et de musc.

Un aveugle ivre au volant

Deux journalistes ont comparu devant le tribunal correctionnel de Nancy. L'un pour « conduite en état d'ivresse, défaut de permis et mise en danger de la vie d'autrui » et le second pour « complicité de mise en danger de la vie d'autrui ».
Rien d'extraordinaire, à première vue, sauf que l'homme qui était au volant est aveugle !
Tout a commencé une nuit d'été où les deux collègues se retrouvent dans un bar des environs. Le premier avoue au deuxième sa tristesse de ne pouvoir conduire parce que « cela lui procure une sensation agréable ». Il aurait déjà pris le volant sur un circuit automobile, allez savoir comment. Son ami, ivre lui aussi, lui confie les clés de sa voiture et lui propose de le guider, en pleine nuit. C'est alors que des gendarmes en patrouille ont interpellé la voiture qui zigzaguait sur une route départementale. Le conducteur aurait avoué spontanément qu'il n'avait pas le permis, puisqu'il était non-voyant. Le procureur du tribunal a cru à une blague en prenant en charge le dossier. Malheureusement, ce n'en est pas une et l'homme au volant encourt 4 500 euros d'amende et deux ans de prison. D'un autre côté, son permis ne pourra pas lui être retiré !

La dame répond au téléphone :
- Oui, allo ?
- Mme Dupont ?
- C'est moi.
- Ici le Dr Lamarque, du laboratoire médical. **DEUX ÉCHANTILLONS AU NOM DE M. DUPONT NOUS SONT ARRIVÉS.** Mais nous ne savons pas **LEQUEL EST CELUI DE VOTRE MARI.** C'est franchement mauvais ou terrible.
- Que voulez-vous dire ?
- Eh bien, le premier Dupont a le **TEST POSITIF À L'ALZHEIMER** et l'autre **AU SIDA**. Et nous ne savons pas lequel est votre mari.
- C'est terrible ! Ne pouvons-nous pas refaire les tests ?
- Normalement oui, mais **L'ASSURANCE MALADIE NE PAIE PAS DEUX FOIS** pour les mêmes tests.
- Alors, je fais quoi maintenant ?
- Les experts de l'assurance maladie vous suggèrent de **DÉPOSER VOTRE MARI AU CENTRE-VILLE**. S'il retrouve **SON CHEMIN VERS LA MAISON, NE COUCHEZ PAS AVEC LUI !**

J'm'ennuie… J'sais pas quoi faire…

Surfez sur commentsoccuper.com ! Ce site vous donnera de l'inspiration pour passer le temps dans une file d'attente, dans le train, en famille ou à la retraite, par exemple : des jeux, des idées de sorties, d'activités, de sites Internet. Vous pouvez soumettre des idées d'occupation, si le cœur vous en dit. En tout cas, si après avoir sérieusement consulté le site vous ne savez toujours pas quoi faire, on ne peut plus rien pour vous…

http://www.commentsoccuper.com/

SUDOKU

Niveau facile

	5	3			4			
			7	9	5	4		
9						1		8
			5	1				4
4		2			8	9	1	
5	1			4				6
		9		2				3
	6	4		5				
1				6		7		

Solution p. 677

D'où vient l'expression « la fête à neuneu » ?

La fête à neuneu est une fête foraine. Le terme « **neuneu** » n'a pas ici la signification de niais, d'imbécile, qu'on lui connaît. Il s'agit simplement d'une abréviation de la ville de Neuilly, où avait lieu chaque année une grande fête foraine.

LA TÊTE DANS LES ÉTOILES...

L'être humain peut discerner jusqu'à **6 000 étoiles** à l'œil nu par ciel clair et sans pollution lumineuse.

En effet, l'œil humain peut voir sans instrument de la magnitude -27 à la magnitude 6, sachant que cette échelle sans unité s'étend de -27 à +30.

On dénombre environ **200 milliards d'étoiles** dans notre galaxie et **plusieurs centaines de milliards de galaxies** dans l'univers.

Un petit garçon demande à son père:

- Papa quand tu fais l'amour avec maman, elle est quoi pour toi ?

Le père surpris lui répond :

- Elle est **LA PORTE DU PARADIS** !

Son fils lui demande alors :

- Et toi, tu es quoi pour elle ?

- Eh bien, je suis **LA CLÉ DE SON PARADIS** !

Alors son fils lui chuchote à l'oreille :

- Méfie-toi du voisin, je crois qu'il a **UN DOUBLE** !!!...

Le capitaine Kirk a vendu son calcul rénal pour 25 000 dollars

Seules les célébrités comme l'acteur américain William Shatner, qui incarnait le capitaine Kirk dans la série *Star Trek*, trouvent preneurs dans ce type de transaction. Ce n'est pas la peine de mettre vos calculs rénaux en vente sur Ebay.

C'est en 2006 que l'acteur a récolté 25 000 dollars pour l'association Habitat for Humanity grâce à la mise en vente de son calcul rénal sur le site GoldenPalace.com.

Ce site est d'ailleurs truffé de ventes aux enchères complètement loufoques : en 2004, il avait réussi à vendre un sandwich de pain de mie toasté au fromage, vieux de 10 ans, 28 000 dollars. Le toaster avait laissé comme par miracle une image de la Vierge Marie.

Jeu

Suite logique

10

9

7

4

....

Solution

0. On soustrait 1, puis 2, puis 3, puis 4.

Pourquoi les capuchons de stylo Bic sont-ils troués ?

Le trou qui se trouve au bout du bouchon n'est pas conçu pour permettre au stylo bille de respirer. Contrairement au petit trou sur le côté qui laisse passer assez d'air pour permettre à l'encre de s'écouler, celui sur le capuchon est fait pour prévenir le risque d'étouffement.

En effet, les bouchons n'étaient pas troués à l'origine et de nombreux accidents se sont produits : des enfants l'ayant avalé se sont étouffé. Grâce à ce petit trou, l'air peut toujours passer dans la gorge d'un enfant s'il ingère le capuchon.

Faire disparaître les brûlures de fer à repasser ?

Appliquez sur la zone un chiffon imbibé de vinaigre blanc. Une fois que la zone est sèche, passez un coup de fer à température basse. Les marques auront complètement disparu.

Réduire sa corvée de repassage de moitié !

Il suffit de passer votre main rapidement sur le linge mouillé pour lisser les fibres, de le plier et le laisser sécher pendant une heure sur une table ou dans une manne à linge. Enfin, vous pouvez étendre le linge sur le séchoir. Lorsque c'est sec, on range sans repasser !

Un homme s'endort plusieurs heures sur la plage et se réveille avec un terrible coup de soleil sur tout le corps. Il part immédiatement à l'hôpital où il est promptement admis pour brûlures au second degré. Il commence déjà à avoir des cloques sur la peau et il est en quasi agonie. Le médecin lui prescrit immédiatement un traitement, biafine en couche épaisse, un puissant sédatif, et une pilule de Viagra à prendre toutes les quatre heures. L'infirmière, surprise demande au médecin :

– **QUEL BIENFAIT VA DONC LUI APPORTER LE VIAGRA DANS SON CAS ?**

Le médecin réplique :

– **ÇA VA LUI PERMETTRE DE GARDER LES DRAPS ÉLOIGNÉS DE SES JAMBES.**

LES CHIFFRES DE L'IPHONE EN 2010

- L'iPhone est vendu dans **80 pays**.
- En avril 2010, **13,7 millions d'iPhone** ont été vendus.
- SFR s'attend à vendre **800 000 iPhone** d'ici la fin de l'année 2010.
- L'Apple Store a recueilli **1 milliard de téléchargements**, dont **1 million pour l'application Skype**. Le site accueille **280 nouvelles applications** par jour.
- L'Apple Store a reçu **147 379 téléchargements** de la TV d'orange sur les 3 premiers jours de son lancement.
- L'Apple Store propose **76 % d'applications à moins de 1 euro** : le prix moyen d'une application s'élève à **1,35 euro**.
- L'Apple Store France compte **76 976 applications**, dont **40 % gratuites**. **35 % des applications** appartiennent à la catégorie jeux et divertissements. La catégorie « Actualités » compte **63 % d'applications gratuites**.

WC EN ANGLETERRE

Les méthodes d'entraînement de Maradona

Diego Maradona, l'entraîneur de l'équipe de football d'Argentine, a trouvé une méthode d'entraînement plutôt originale pour la coupe du monde 2010.

Un match de football à 11 contre 11 est organisé à chaque séance. À la fin de la rencontre, les perdants du match se placent en ligne devant un but vide... de dos, penchés en avant, le postérieur en l'air. Les joueurs de l'équipe gagnante se placent alors à l'entrée de la surface de réparation et ont droit à un shoot chacun. Bien entendu, le but n'est pas de faire rentrer le ballon dans les buts, mais bien de botter le derrière de leurs opposants. Un peu humiliant, mais efficace !

Jeu

Texte à trous

Placez ces mots au bon endroit dans le texte suivant :

regards - heure - joie - vont - jours - Seine - restons - toujours - amours - bras

Sous le pont Mirabeau coule la ....
Et nos ....
Faut-il qu'il m'en souvienne
La .... venait .... après la peine
Vienne la nuit sonne l'heure
Les jours s'en .... je demeure

Les mains dans les mains .... face à face
Tandis que sous
Le pont de nos .... passe
Des éternels .... l'onde si lasse
Vienne la nuit sonne l' ....
Les .... s'en vont je demeure

Guillaume Appollinaire, *Le Pont Mirabeau*

Solution p. 680

Médicaments et nourriture ne font pas toujours bon ménage

Gare aux mélanges ! Les médecins nous avertissent régulièrement des associations dangereuses de médicaments. Attention aux associations aspirine/ibuprofène, anti-inflammatoires non stéroïdiens/hypotenseurs. Mais connaissez-vous les méfaits de l'interaction de certains traitements avec la nourriture ?

La vitamine K : chou, brocolis, avocat

Les aliments riches en vitamine K limiteraient l'efficacité des traitements anticoagulants et augmenteraient le risque de thrombose.

Les agrumes

Associés à l'aspirine ou aux anti-inflammatoires, les agrumes pourraient causer des brûlures d'estomac et des reflux acides. Le pamplemousse, quant à lui, diminuerait l'efficacité des antibiotiques, des hypertenseurs et de la contraception orale. Il augmenterait également jusqu'à 30 % l'absorption de médicaments comme ceux destinés à réduire le cholestérol et pourrait causer des douleurs musculaires ou une insuffisance rénale.

Les plantes

L'aubépine serait déconseillée en cas de traitement cardiaque. Le millepertuis, plante antidépressive, diminuerait quant à elle l'effet de la contraception orale. Enfin, le gingko biloba, conseillé pour améliorer la circulation sanguine, modifierait l'effet de l'ibuprofène.

L'alcool et la caféine

La caféine serait déconseillée en cas de traitement antibiotique contre les infections urinaires. Enfin, attention à l'interaction alcool/médicaments, très souvent néfaste. L'alcool augmente la perte de vigilance provoquée par certains neuroleptiques et anti-allergiques, par les antidépresseurs et traitements anti-douleur. Il augmente également le risque de problèmes digestifs liés à la prise de traitements anti-inflammatoires.

CONTREPÈTERIES

Une forte odeur envahissait la rue du quai.

Les Suédois ont du fer à ne savoir qu'en foutre.

SOLUTIONS

Une forte odeur envahissait la raie du cul.

Les Suédois ont du foutre à ne savoir qu'en faire.

Petits budgets : les bons plans déco sur Internet

Il ne suffit pas de pas grand chose pour redonner un peu de vie à votre maison. De jolies photos encadrées, un tableau, des voilages peuvent largement suffir.

- Si vous êtes plutôt branché design, tournez-vous plutôt vers www.madeindesign.com, www.direct-d-sign.com ou www.atylia.fr, surtout pendant les soldes. Les bonnes affaires abondent.
- Les magasins de déstockage sont aussi une idée à explorer. Des marques que vous ne vous seriez pas permis d'acheter (à cause du prix, bien évidemment) deviennent accessibles. Jetez un coup d'œil à Marques Avenue Maison et Décoration à Troie (10) ou à l'entrepôt de déstockage de Roche Bobois à Bussy-Saint-Georges (77). Vous y trouverez sûrement votre bonheur.
- Vous voulez habiller vos murs ? Et pourquoi ne pas faire développer et encadrer une photo prise par vous-même ?
- Si vous manquez d'inspiration, vous trouverez de très jolies photos à partir d'1 € sur www.fotolia.fr. Et sur www.muzeo.fr, des reproductions sur toile tendue des œuvres des plus grands peintres. Faites un tour dans les petites galeries de votre ville, des peintres contemporains vendent leurs œuvres à des prix accessibles au grand public.
- Et que serait votre maison sans quelques plantes ou un joli bouquet de fleurs ? Achetez-les chez Happy (www.happy.fr) ou au Bouquet Nantais (www.bouquetnantais.com). De belles promos vous y attendent souvent.

Quelles huiles pour quels massages ?

Afin d'utiliser au mieux les huiles essentielles, il y a des précautions à prendre et des méthodes à suivre. En plus d'avoir un parfum profond, frais et envoûtant, elles sont idéales pour des massages relaxants.

L'huile essentielle : l'indispensable du massage

Idéale pour les massages, il est vivement conseillé, avant toute utilisation, de préparer sa peau avec un gant de crin avant la friction.
Sous forme d'onctions 1 à 3 fois par jour, seules quelques gouttes suffisent.
Il y en a pour tous les goûts : cannelle, citron, citronnelle, girofle, mandarine, menthe poivrée, orange, thym blanc, verveine, térébenthine...
Les huiles essentielles dites « révulsives » ou échauffantes doivent être diluées avec une autre huile végétale.

Vertus thérapeutiques

- L'huile d'amande douce : adoucit, hydrate, cicatrise et apaise les démangeaisons.
- L'huile d'avocat : efficace pour les peaux sèches et fragiles. Elle permet également de lutter contre le vieillissement cutané.
- L'huile de germe de blé : parfaite pour les peaux sensibles, elle protège des agressions extérieures comme le froid ou la pollution. C'est aussi un antioxydant très puissant.
- L'huile de pépin de raisin : convient aux peaux grasses. Elle est antibactérienne et antioxydante.

Bon à savoir : certaines huiles peuvent être utilisées comme huile de base : l'huile d'olive, d'onagre, de noisette, de macadamia, de rose musquée, de sésame, de tournesol, d'argan, de bourrache ou de jojoba.

Conseil des experts

Voici les indispensables à connaître :

- Effectuer des mouvements circulaires sur le plexus solaire pour vitaliser et régénérer les forces.
- Appuyer doucement sur le long de la colonne vertébrale, sur la plante des pieds et/ou sur les poignets pour la relaxation et la détente.
- Masser l'estomac et le ventre pour soulager les problèmes de ballonnements.
- Caresser le bas du dos lors d'un massage aphrodisiaque !

Jeu d'articulation

Répétez dix fois très vite :

Un jour un canard dit à sa cane : « ris cane » et la cane a ri.

La pipe au papa du Pape Pie pue.

Reclassements d'ouvriers : mieux vaut rire que pleurer ?

Avril 2005

Dans le Bas-Rhin, à Schirmeck, une usine de bobines électriques du groupe Sem-Suhner a proposé à 6 ouvrières un reclassement en Roumanie pour un salaire de 110 euros par mois.

Juin 2007

Toujours dans le Bas-Rhin, l'usine Knorr de Duppigheim proposait à 30 de ses cadres de choisir entre un licenciement ou une mutation à Poznan en Pologne dans une unité du groupe Unilever avec un salaire maintenu pendant trois ans puis réévalué entre 1700 et 2500 euros par mois.

Avril 2008

Dans le Pas-de-Calais, à Hénin-Beaumont, la filiale Staf du groupe italien Sinterama a proposé à 7 salariés un reclassement au Brésil pour 315 euros par mois ou en Turquie pour 230 euros par mois.

Mai 2009

Dans le Tarn, l'entreprise de textile Carreman a proposé un reclassement en Inde pour 69 euros par mois à 9 salariés.

LA TERRE MENACÉE

- **2 espèces naturelles** disparaissent toutes les 2 **heures**.
- **16 000 espèces** de plantes et d'animaux sont menacées d'extinction à court terme parmi les **41 000 espèces** connues dans le monde.
- Parmi les espèces menacées, on compte : **70 % des plantes, 1/3 des amphibiens, 1/4 des mammifères et 1/8 des oiseaux**.
- On estime cependant à **15 millions** le nombre d'espèces non répertoriées sur Terre.
- Un Américain émet en moyenne **11 fois plus de CO_2** que le seuil défini pour éviter le réchauffement climatique, un Allemand, **6 fois plus** et un Français, **4 fois**. A l'opposé, un Indien n'émet que **60 %** de ce seuil et un Népalais **7 %**.
- Chaque année, **1 % de terres arables** disparaissent.

28% des sols américains sont devenus stériles à cause de l'agriculture industrielle.

Le pharmacien entre dans son commerce et voit un individu lourdement appuyé sur le mur. Il demande alors à son employé :

- C'est quoi le gars là-bas ?

- Ah, lui ? Il est entré ce matin pour acheter **UN SIROP CONTRE LA TOUX**, mais on n'en a plus en stock. Alors, je lui ai vendu **UNE BOUTEILLE DE LAXATIF**.

Le pharmacien est effaré. Il s'énerve :

- Mais tu es complètement idiot ! Tu ne peux pas traiter une toux avec du laxatif !!!

- Ben si, tu peux ! Regardez comme il a peur de tousser !

Perles des allocations familiales

Je suis dans les mains du docteur depuis que mon défunt mari est mort.

Mes enfants souffrent de chaussures.

Je ne suis qu'un chômeur en arrêt de travail.

Pouvez-vous faire quelque chose pour ma fille ? Elle est fille-mère et nourrit son enfant au sein sans pouvoir joindre les deux bouts.

Nous avons un petit garçon de deux mois daté le 28 novembre.

J'accuse réception de ne pas avoir reçu mon chèque.

Je vis maternellement avec ma concubine.

Dites-moi à quel âge les enfants changent de prix.

Je vous avise qu'étant travailleur de nuit, je vis au jour le jour.

J'ai été malade d'une maladie de naissance.

J'ai perdu mon épouse le 17. J'ai également perdu mon numéro de dossier.

J'ai dépensé beaucoup pour elle : des lunettes qu'elle sera obligée de porter toute sa vie parce qu'elle a un défaut d'image.

Mon mari est pour le moment décédé.

Arrêtez mon mari de sur vos dossiers, il est R.I.P.

Si vous n'augmentez pas mon allocation, je vais être obligé de recommencer à travailler.

Quand mon petit a eu 5 ans, la caisse m'en a coupé la moitié.

Nous avons eu un décès qui recevait le chèque d'allocation.

Envoyez-moi mon chèque le plus tôt possible, car je suis pour tomber malade d'une journée à l'autre.

Je ne suis pas bien forte mais j'ai une santé de fer.

Ma mère est bien malade. Elle a mal aux jambes et ne peut descendre l'escalier pour les changer.

Vous avez coupé ma petite Thérèse en mai. Tâchez de lui arranger cela pour l'autre mois.

Ma femme a été opérée pour les os verts.

Je croyais que j'avais le droit de toucher pour mon cubain sans emploi.

SUDOKU

Niveau moyen

					7			8
4				5			2	
1	9		2		3			5
8				6				
5		2	3				1	
							6	3
3	8	7	9		4			
				7				4
6						9		7

Solution p. 678

Canular pornographique à Moscou

C'est l'histoire vraie de deux petits hackers qui ont piraté deux panneaux publicitaires sur le périphérique Sadovoïé Koltso à Moscou.

En infiltrant l'ordinateur central de l'afficheur Panno.ru, ils sont parvenus à diffuser trois minutes de film X. Aucun accident de voiture lié à cette plaisanterie n'a été signalé. Juste des embouteillages.

Une bouillotte maison

Voici la technique pour confectionner vous-même une bouillote afin de réchauffer vos nuits. Fabriquez un petit sac en flanelle de 30/40 cm de long et de 10/15 cm de large. Remplissez le sac de son ou de sable fin propre et sec. Cousez-le sac une fois rempli avec le plus grand soin. Enfin, recouvrez-le de laine ou de coton. Pour chauffer votre bouillote, utilisez le four à basse température ou le four à micro-ondes.

D'où vient l'expression « raconter des salades » ?

Pourquoi utilise-t-on le mot « **salade** » pour dire « **mensonge** » ?
Au XIXe siècle, la salade n'est pas simplement une laitue ou une batavia arrosée d'un peu d'huile et de vinaigre. C'est un plat subtil où se mélangent divers ingrédients, dont les saveurs se marient les unes aux autres et qu'on assaisonne de façon à les mettre en valeur.
De même, raconter une salade, c'est mêler vérité et mensonge, accommoder la réalité à sa sauce.

ÉQUIPE DE FRANCE, SPÉCIAL RÈGLEMENTS DE COMPTES !

Dans une école à la frontière franco-allemande, l'institutrice ayant des origines françaises dit qu'elle est fan de l'équipe de France et demande aux enfants fans de l'équipe de France de lever la main.

Pour faire comme la jolie institutrice, tous les élèves lèvent la main, sauf une.

- **ALORS, PETITE LILI, TU N'ES PAS FAN DE L'ÉQUIPE DE FRANCE ?** demande l'institutrice.

- **NON,** répond Lili, **JE SUIS FAN DE L'ÉQUIPE ALLEMANDE.**

- **AH BON ? ET POURQUOI ?**

- **PARCE QUE MES PARENTS SONT FANS DE L'ÉQUIPE ALLEMANDE, DONC JE SUIS FAN DE L'ÉQUIPE ALLEMANDE.**

L'institutrice veut donner une leçon à la fille et dit :

- **ET SI TES PARENTS ÉTAIENT DES IMBÉCILES FINIS, TU SERAIS QUOI ?**

- **LÀ D'ACCORD,** répond Lili, **JE SERAIS FAN DE L'ÉQUIPE DE FRANCE !**

LE PLUS GROS HAMBURGER DU MONDE

90 kilos ! C'est un couple de restaurateurs australiens qui ont confectionné le monstre en juin 2010 et battu de 6 kg le précédent record détenu par un bar du Michigan.

Mais passons en revue la composition de ce hamburger de compétition : **120 œufs, 150 tranches de fromage, 1,5 kg de betteraves, 2,5 kg de tomates, presque 2 kg de laitue, deux pains géants au sésame et un steak de 81 kg qu'il a fallu cuire pendant 12 heures avec l'aide de 4 personnes pour le retourner.**

Iman El Adjouz a déclaré à la presse : « retourner le steak était la principale difficulté, mais tout s'est bien passé. Mon mari a conçu un support spécial pour la viande, deux plaques de métal verrouillées ensemble, une de chaque côté, et ils l'ont retourné comme ça. » Cet hamburger géant a dû être inclus au menu du restaurant pour l'année 2011, afin que le record soit homologué. Il coûterait **1 500 dollars australiens** (soit **1 025 euros** environ). Le problème, c'est qu'il refroidit vite...

Le site qui fait "Meuh"

Une petite envie de régression ? De campagne ?

Retournez la boîte à « meuh ».

Comme tant d'autres, ce site ne sert à rien du tout, seulement à faire passer le temps et augmenter le compteur de la boîte à meuh. Jusqu'ici, elle a été retournée 11 millions de fois.

http://boitam.eu/

Énigme

Lily la tortue se trouve sur un parcours de 12 m. Elle y parcourt 3 m le jour et recule de 2 m la nuit. Le 1er janvier, à 8 heures pétantes, notre sympathique tortue commence son parcours. À quelle date Lily arrivera à la ligne d'arrivée ?

Solution

Notre tortue gagne 1 mètre par tranche de 24 heures. Le 2 janvier à 8 heures. Lily aura parcouru 1 m en tout. Le 3 janvier à 8 heures, Lily aura parcouru 2 m, etc.

Ainsi, Lily pourra franchir la ligne d'arrivée le 10 janvier, en fin de journée (sauf si elle décide de reculer de deux mètres la nuit tombée).

Test

Devez-vous changer de travail ?

Votre ami Hervé vous demande comment ça va au travail. Vous répondez :

■ « Tout va bien. Il faut juste que je relance Sandrine qui doit m'envoyer son devis. »

◆ « J'ai connu mieux. Mon boss me met une pression en ce moment... »

● « J'en ai vraiment plein le dos. D'ailleurs, j'ai rendez-vous chez l'ostéo à midi ! »

Qu'en est-il du boulot le week-end ?

● Il ne vous quitte jamais. Vous faites de mauvais rêves à cause de tous vos soucis.

◆ Il disparaît progressivement de votre esprit, mais vous avez souvent le blues du dimanche soir.

■ Il n'existe plus ! Vous profitez au maximum de chaque seconde.

Il règne une mauvaise ambiance au bureau :

● Vous êtes de mauvais poil aussi et vous attendez la fin de la journée avec impatience.

◆ Vous vous enfermez dans votre bureau jusqu'à la pause déjeuner.

■ Vous citez les bonnes blagues du WC BOOK aux collègues pour détendre l'atmosphère.

Marion critique votre travail de manière injustifiée :

● Vous êtes à deux doigts de fondre en larmes.

◆ Vous lui hurlez dessus, non sans lui dire ses quatre vérités.

■ Vous lui expliquez calmement mais fermement en quoi elle a tort.

Vous devez absolument boucler un dossier avant de partir ce soir :

■ Vous respirez un bon coup et travaillez d'une traite jusqu'au soir.

◆ Vous agressez la stagiaire qui monopolise la photocopieuse.

● Vous avez l'impression que vous allez vous évanouir.

Votre dernier fou rire :

● Vous ne savez plus.

◆ Le week-end dernier.

■ Il y a une heure.

En regardant vos 150 e-mails non lus, vous pensez :

■ Waouh ! À l'attaque !

● Comment je vais faire pour traiter tout ça avant la réunion ?

◆ J'ai juste envie de vomir.

Votre boss vient de vous annoncer que vous n'aurez pas la promotion tant espérée :

● Vous partez une heure plus tôt sans dire au revoir.

◆ Vous vous sentez bête d'avoir pu espérer que cela se réalise.

■ Vous envoyez un mail à la DRH pour prendre rendez-vous.

Avant de vous endormir :

◆ Vous soupirez et cherchez le sommeil pendant un petit moment.

● Vous vous dites que vous allez encore faire des cauchemars du boulot.

■ Vous éteignez les lumières de votre cerveau et vous dormez comme un bébé.

Surprise en sortant du boulot : votre chéri(e) est là vous serre très fort dans ses bras :

◆ Vous le (la) serrez de plus belle contre vous, comme pour vous consoler.

■ Vous souriez et profitez de cet instant privilégié.

● Vous restez presque interdit(e), gêné(e), encore chamboulé(e) par votre travail.

Résultats

Vous avez une majorité de ■
Le travail ? Globalement, ça va.

Il y a des coups durs parfois, comme dans tout domaine, mais au fond, votre êtes plutôt satisfait de votre situation professionnelle. Si vous avez fait ce test, c'est peut-être parce que vous avez des doutes en ce moment ou que vous êtes trop perfectionniste. Mais vous le savez, il est très rare d'être satisfait en tous points. Peut-être êtes-vous parfois un peu trop exigeant avec vous-mêmes ou avec les autres. Si vous avez identifié des points d'amélioration concrets, étudiez bien ce qui dépend de vous, des autres et ce qui vous trotte dans la tête injustement à cause de votre insatisfaction permanente. Mais vous n'êtes pas clairement obligés de remettre en question votre profession. Vous êtes plutôt bien là où vous êtes.

Vous avez une majorité de ◆
Le travail ? Peut mieux faire.

Cela fait un moment que vous vivez sous pression au travail et vous n'en voyez pas la fin. Il est temps de souffler et de faire le point sur votre situation : faites la liste de vos contrariétés. Ne seriez-vous pas plutôt envahi par des soucis personnels ? Si au travail, vous vous trouvez tout simplement dans une période où les projets s'accumulent de manière provisoire, essayez de prendre votre mal en patience et de vous aménager des moments de détente pour décompresser. Peut-être nourrissez-vous des pensées trop négatives lorsqu'il faut retrousser ses manches. Pourtant, vous pourriez vivre ce cycle de manière plus positive, en le considérant comme une période de défis. Enfin, si des problèmes réels sont en jeu, quels sont les moyens à votre portée pour y remédier ? Attention au défaitisme, car lorsque les choses vont mal, on se pose facilement en victime ou alors on croit qu'il n'y a aucune porte de sortie. À vous de garder la tête froide. C'est à ce moment là que vous saurez si vous devez changer de travail ou modifier seulement certains paramètres.

Vous avez une majorité de ●

Le travail ? C'est la cata !

Actuellement, le boulot est pour vous synonyme de bagne. Vous êtes en souffrance, que vous le reconnaissiez ou non. La pression de votre hiérarchie, les dossiers qui s'accumulent, les conflits internes... tout vous pèse. Vous êtes épuisé, votre sommeil et votre appétit sont perturbés, vous n'arrivez plus à vous déconnecter du travail lorsque vous avez du temps libre. Vous perdez confiance en vous de plus en plus. Si vous êtes émotif, il vous arrive de pleurer régulièrement ou alors de vous terrer dans le mutisme. Vous devez vous reprendre en main pour ne pas tomber dans une grave dépression. Si vous êtes sûr d'avoir épuisé tous les moyens possibles pour changer la situation au travail, alors vous devez partir au plus vite ! Sinon, vous allez y laisser des plumes. Si vous êtes dans une grande structure, peut-être qu'un simple changement de service serait bénéfique. Autrement, il faut vous redynamiser et ouvrir grand les yeux pour trouver des opportunités. Naturellement, un changement professionnel ne se fait pas du jour au lendemain. C'est pourquoi, en attendant une évolution de votre situation, vous devez avoir un regard lucide sur votre état et ne pas hésiter à vous livrer à des proches de confiance, voire à faire appel à des professionnels. Mettez vos préjugés et votre fierté de côté, si vous allez vraiment mal, donnez-vous les moyens d'en sortir. Courage !

Sourire plus pour vivre plus

Les chercheurs de la Wayne State University de Détroit ont étudié les photos de 230 joueurs professionnels de baseball extraites d'un annuaire des années 1940.

Les sourires ont été classés en trois catégories : large sourire, léger sourire, absence de sourire. Puis, les chercheurs ont pris en considération les décès survenus entre 2006 et 2009.

Les 63 joueurs qui ne souriaient pas sont décédés en moyenne à l'âge de 72 ans (72,9 pour être précis) alors que ceux qui souriaient légèrement sont décédés vers 75 ans.

Le record est détenu par les plus larges sourires (23 joueurs) pour lesquels le décès est survenu à l'âge de 79,9 ans. Alors, dites « ouistiti » !

DEVINETTES

Quelle différence y a-t-il entre un ramoneur et un pingouin ?

LE PINGOUIN A LE VENTRE BLANC ET LA QUEUE NOIRE. LE RAMONEUR A LE VENTRE NOIR ET PORTE UNE ÉCHELLE.

Pourquoi vaut-il mieux avoir une bonne gueule de bois qu'une femme ?

PARCE QUE LA GUEULE DE BOIS FINIT TOUJOURS PAR DISPARAÎTRE !

Jeu

Cherchez l'intrus

tirer

embrouiller

crocheter

arnaquer

écluser

étouffer

Solution

Écluser. Dans le vocabulaire argotique, ne correspond pas à un délit.

Faire l'amour de temps en temps n'est pas signe que tout va mal

En moyenne, les Français font l'amour deux à trois fois par semaine.
La plupart des gens se réfèrent et se comparent à ces chiffres qui ne sont qu'une moyenne ! Si certains, au début de leur histoire, peuvent avoir des relations sexuelles une à deux fois par jour, d'autres couples sont beaucoup moins performants ! Le désir varie selon les moments et il ne faut pas le provoquer pour atteindre cette norme, ni s'imposer des jours fixes. Tant que les deux partenaires ne se sentent pas frustrés, faire l'amour une fois par mois peut être tout à fait considéré comme une vie sexuelle épanouie.
Si l'un des deux partenaires ressent une frustration, le mieux est d'en parler. Peut-être que les désirs de l'un et de l'autre ne sont pas en phase. Parfois, il s'agit simplement de changer de moment pour solliciter l'autre. L'important est de ne pas considérer les invitations de l'autre comme une agression. Se laisser aller et accepter les caresses peut permettre de donner l'envie.
Même si l'on ne fait pas l'amour tous les jours, il faut maintenir un contact tendre et intime, par des baisers, des gestes et des mots doux.

Les meilleurs sites pour vos petites canailles

C'est mercredi et il pleut. Flûte de zut ! En plus, vous êtes à court d'idées. Pas de panique ! Voici une petite sélection de sites qui valent clairement le détour.

Radio Junior

Radio Junior est une radio pour enfants à écouter en direct ou en différé. Les juniors et leurs parents pourront y trouver aussi des jeux en ligne, des activités et des fiches sur leurs stars préférées ! Allez, bataille de polochons sur les lits avec la musique de Radio Junior !
http://www.radiojunior.com/

Aux Petites Mains

Visitez le site « Aux Petites Mains » et vous y trouverez des idées d'activités pour chaque classe d'âge, des devinettes, des comptines et un forum pour y échanger des idées. Pratique quand on sèche sur la recette de la pâte à sel...
http://auxpetitesmains.free.fr

Musenvol

Voilà un site bien pratique pour animer des activités musicales avec des enfants de tout âge. Musenvol propose des exercices

en ligne et des outils pédagogiques pour vos mélomanes en culotte courte. Viva la musica !
http://www.musenvol.com

Le coin des petits

Ce site propose de nombreuses rubriques dont une banque de dessins à colorier sur des thèmes comme la Saint-Valentin, le poisson d'avril, Halloween et Noël.
http://www.coindespetits.com/accueil/coinpage1.html

Réviser les maths en s'amusant

Sur ce site, vous pouvez montrer à vos petits que les maths peuvent aussi être un jeu. Vous trouverez des exercices en ligne du CP au CM2, avec différents niveaux.
http://championmath.free.fr

Un monde de poésie

Un peu de délicatesse dans un monde de brutes. C'est le message implicite que communique ce site. Les enfants y trouveront des poésies animées et les plus audacieux pourront envoyer leurs compositions et les accrocher sur l'arbre à poèmes.
http://www.poesie.net/enfants/index.html

Jeux autour des lutins et des sorcières

Voici un site bien original, peuplé de géants, de lutins et de sorcières. Les enfants peuvent même envoyer leurs dessins et les histoires qu'ils ont inventées pour qu'elles soient publiées sur le site.
http://perso.wanadoo.fr/armange/

Arrêter de fumer grâce aux plantes

Le désir intense de courir après une cigarette n'est autre que le manque de nicotine ! Il existe évidemment cent façons de résister à cette envie irrésistible de « plonger » vers dame cigarette qui vous tend les bras à chaque coin de rue ! Une volonté de fer, l'acupuncture, divers chewing gums à base de nicotine... Les plantes aussi peuvent vous aider à résister malgré une passion incontrôlable pour ce petit moment de plaisir vite parti en fumée...

<u>La valériane</u>
La valériane donne un goût désagréable au tabac. Idéale au début du sevrage, elle soignera aussi la nervosité, les angoisses, le stress et les troubles d'humeur dus au manque.

<u>Le plantain</u>
Le plantain a pour effet, lui aussi, de dégoûter du tabac. Nécessaire au sevrage, il aidera également à dégager les voies respiratoires encombrées, les poumons et traitera les inflammations chroniques...

<u>Le ginseng</u>
Le ginseng, par son action « tonique » aide à lutter contre l'épuisement moral et exerce une action tonique sur l'organisme en général. En cas de sevrage, il améliore le comportement « stressé » des anciens fumeurs, et lutte contre leurs envies de « replonger ».

Jeu de logique

COR

est à BNQ,

ce que DIS

est à ....

Solution

CHR. Il s'agit des lettres précédentes dans l'alphabet.

Un Catalan arrive dans une ferme de Corrèze et demande l'hospitalité.
Le fermier lui demande ce qu'il fait dans la vie.
L'autre répond :
- Je suis poète, poète catalan de Collioure. Un troubadour en quelque sorte...
Le fermier accepte de l'héberger dans la grange et dit à sa fille :
- Y a un type bizarre dans la grange. Y dit qu'il est poète !
- Je vais voir ça.
Elle se pointe dans la grange :
- Alors comme ça, vous êtes poète ?
- Eh ouais, je fais des vers, des rimes, tout ça... Quel est ton nom ?
- Moi c'est **GERVAISE**.
- Et ben **GERVAISE**, vient ici que je te baise....
Il la prend, la couche sur le foin et lui fait son affaire.

Peu après, la fille revient voir ses parents :
- Il est super ce gars ! Y fait des poèmes !
La mère se décide à aller voir :
- Alors comme ça, vous faites de la poésie ?
- Ouais, ouais ! Je suis un ménestrel moderne, un troubadour.... Quel est ton nom ?
- Moi c'est **ANNICK**...
- Eh ben **ANNICK**, viens par-là que je te nique !
Il se rue sur elle et lui fait son affaire dans le foin.
La mère retourne à la ferme :
- Y m'a fait un grand poème, Boudiou que c'était beau !
Le père dit alors :
- Vin diou, y faut que j'aille voir ça moi aussi !
La mère et la fille lui barrent la route en criant :
- Non **HERCULE**, n'y va pas !!

Pourquoi Apple s'appelle Apple ?

L'histoire de la marque Apple, même si elle est assez floue, mérite que l'on s'y intéresse pour tous les procès qu'elle a engendrés avec la maison de production des Beatles, Apple Corps.
Pour ceux qui l'ignorent, Apple signifie « pomme » en anglais. Apple a été créé par Steve Jobs en 1976 dans le garage de ses parents adoptifs. Le fondateur refuse d'expliquer le choix du nom Apple, sous prétexte qu'il ne souhaite pas s'intéresser au passé. Qu'à cela ne tienne, voici les différentes explications à ce jour.
Le site Internet Apple Museum raconte que Steve jobs travaillait durant sa période hippie dans une ferme de cultivateurs de pommes. L'ancien patron de la fabrication d'assistants personnels Palm, Eric Benahmou, apporte un autre témoignage intéressant : « Jétais dans la Silicon Valley à l'époque de la création d'Apple. À la sortie de l'autoroute 280, à

Cupertino [siège social d'Apple], dans les années 1970, il y avait un grand verger avec des abricotiers et des pommiers. Job a choisi le fruit du pommier, la pomme. »

Enfin, d'autres expliquent que Job a tout simplement choisi ce nom pour figurer en tête de l'annuaire et parce que la pomme était son fruit préféré.

En tout cas, depuis que le nom d'Apple est né, le groupe enchaîne les démêlés avec la justice contre Apple Corps, la maison des Beatles. Mais le fondateur n'a jamais voulu changer de nom. En 1981, Apple Computer verse 80 000 dollars à Apple Corps pour conserver le nom. En 1989, Apple Computer verse de nouveau 25 millions de dollars à Apple Corps qui l'accuse de fabriquer des machines qui vont à l'encontre du secteur de la musique, car elles sont capables de synthétiser des mélodies. Mais en 2006, c'est Apple Corps qui doit finalement payer tous les frais d'un nouveau procès dans lequel Apple Computer était poursuivi depuis 2000 par la maison de production pour le lancement d'iTunes.

Depuis 2007 et le lancement de l'iPhone, le groupe Apple Computer s'appelle Apple tout court, étant donné que la gamme de produits du groupe n'est plus limitée aux ordinateurs.

PARIS

- On compte dans la capitale **707 voies**, **479 places** et **10 750 carrefours**.

- Paris intra-muros compte **1 459 km de chaussée**, soit une superficie de **13 460 000 m^2**.

- Il y a dans Paris **2 918 km de trottoirs**, soit une superficie de **10 700 000 m^2**.

- La plus petite rue de la capitale mesure **6 m de long**. Il s'agit de la rue des Degrés, dans le IIe arrondissement.

- **2 stations de métro** n'ont jamais été ouvertes au public : Haxo et Porte Molitor/Murat.

- Le boulevard périphérique parisien, commencé en 1958 et inauguré en 1973, mesure **35 km**. C'est la voie la plus fréquentée de France, avec **1 million de véhicules par jour**.

- On compte **154 100 places de stationnement** (sans compter les parkings souterrains) dans Paris. Seulement **3 780** sont réservées aux handicapés.

SUDOKU

Niveau difficile

		5	1		6		2	
		6	7					8
	1							
	9			8			6	
	5	2		3		9	4	
4			2				5	
	6				7			1
9				1				

Solution p.678

Miley Cyrus, harcelée par Justin Bieber

Miley Cyrus et Justin Bieber sont les chouchous des ados. Ils ont 17 et 16 ans et sont déjà des stars mondiales ! Miley Cyrus en poupée « made by Mickey » et Justin Bieber en baby star, « made by Usher », le chanteur de R'nB. Le destin devait absolument les rapprocher. Ils sont donc fatalement devenus amis et n'ont rien caché de leur amitié à la presse. Seulement, Miley Cyrus était à des kilomètres de savoir que Justin Bieber était adepte des mauvaises blagues. En déplacement en Angleterre, la chanteuse reçoit plusieurs appels d'un numéro inconnu à 3 heures du matin. Excédée, elle décide enfin de répondre, pensant qu'elle aurait affaire à un de ces fans. Elle hurle : « Il est trois heures du matin ! ». L'interlocuteur éclate de rire et répond : « C'est Bieber ! Rappelle-moi ». Miley a tout cafté sur le plateau de Graham Norton et ajouté : « Oh mon dieu, je vais frapper ce gosse. Ma sœur l'adore, mais je vais le tuer ! »
Ah, là, là... Le lycée...

Deux vieux constatent qu'il ne leur reste pas beaucoup de jours à vivre. Ils décident donc de prendre quelques verres et de finir au bordel local.
L'hôtesse, en voyant arriver ces deux petits vieux, dit immédiatement à son gérant :
- VA DANS LES DEUX PREMIÈRES CHAMBRES ET METS UNE POUPÉE GONFLABLE DANS CHAQUE LIT. CES DEUX-LÀ SONT SI VIEUX ET SI BOURRÉS QUE JE NE VAIS PAS PERDRE MON TEMPS AVEC DEUX DE MES FILLES. ILS NE VERRONT JAMAIS LA DIFFÉRENCE.
Le gérant fit ce qu'il devait faire et les deux vieux montent dans leur chambre.
Sur le chemin du retour, le premier vieux dit :
- JE PENSE QUE LA FILLE ÉTAIT MORTE.
- MORTE, DIT L'AUTRE. POURQUOI DIS-TU ÇA ?
- BIEN, ELLE NE RÉAGISSAIT PAS ET ELLE N'A FAIT AUCUNE REMARQUE TOUT LE TEMPS QUE JE LUI AI FAIT L'AMOUR.
Son ami dit alors :
- MOI, C'EST PIRE ! JE PENSE QUE LA MIENNE ÉTAIT UNE SORCIÈRE !!!
- UNE SORCIÈRE, COMMENT PEUX-TU BIEN DIRE ÇA ?
- BIEN, JE LUI FAISAIS L'AMOUR, JE L'EMBRASSAIS PARTOUT ET JE LUI AI MÊME FAIT UNE PETITE MORSURE SUR LE TÉTON. ALORS, ELLE A PÉTÉ ET A DISPARU PAR LA FENÊTRE EN EMPORTANT MON DENTIER !!!

Une culotte surprise par la poste

Avis à toutes les filles ! Pantybypost (en français, « une culotte par la poste ») vous promet de faire rougir votre facteur...
Le principe est le suivant : soit vous vous abonnez pour quelques mois ou une année et recevez une culotte surprise par mois à votre taille, soit vous décidez d'en faire la surprise à une copine. Pantybypost peut aussi être une chouette idée cadeau à vos valentines, messieurs les valentins... Si vous préférez choisir les modèles que vous recevrez, jettez un œil à la galerie photos : il y en a pour tous les goûts. Et depuis peu, les garçons peuvent aussi recevoir leurs dessous...

http://www.pantybypost.com/

PRIÈRE
DE BIEN
VISER LA
LUNETTE

D'où vient le poisson d'avril ?

Alors là, vous n'êtes pas au bout de vos peines, car les réponses sont multiples ! À vous de choisir votre préférée.
Voici l'hypothèse la plus répandue. Le 9 août 1564, Charles IX modifia la date du premier de l'an par l'édit de Roussillon. Il décida que le nouvel an devait être désormais célébré le 1er janvier et non le 1er avril, comme précédemment. Mais ce changement ne fut pas accepté par tous et les réactionnaires continuèrent de s'offrir des cadeaux le 1er avril, comme la tradition le voulait. Or certains, pour se moquer des réactionnaires offrirent des cadeaux farceurs et cette pratique devint avec le temps le festival de plaisanteries et de canulars que nous connaissons bien.
Autre hypothèse étymologique : à partir du XVe siècle, le mot « **poisson** » désignait avec moquerie un proxénète ou un maquereau. Selon Alain Rey, rédacteur en chef du Robert, l'expression « **poisson d'avril** » daterait de la fin du XVIIe siècle et ferait référence à un « **jeune entremetteur** », personnalité très active durant le mois d'avril, saison des amours et des batifolages.
Certains soutiennent que l'expression « **poisson d'avril** » nous vient de la Grèce antique qui célébrait le dieu du rire au jour qui, à l'époque, correspondait au 1er avril de notre calendrier actuel.
Chez les chrétiens, le 1er avril correspondait aussi autrefois à la fin du Carême. Or la religion chrétienne interdit entre autres la consommation de viande durant cette période. C'est pourquoi certains offraient à l'issue du Carême de faux poissons pour titiller les estomacs des chrétiens avides de viande.
D'autres pensent que l'expression serait liée au fait que la lune quitte le signe zodiacal du poisson durant le mois d'avril.
Enfin, certains rappellent que la pêche était autrefois interdite durant cette période de l'année pour favoriser la reproduction des poissons. Or, des farceurs jetaient parfois des poissons dans l'eau pour se moquer des pêcheurs.

Grand-maman saute en parachute

Alice Defline n'a peur de rien ! C'est en juillet 2008 que cette arrière grand-mère de 94 ans a sauté en parachute pour la première fois à Antibes, à l'aérodrome de Gap-Tallard : une chute de 4 000 m d'altitude !

Pour mener à bien ce voyage de l'extrême, Alice était accompagnée d'un moniteur qui a ouvert la voilure après 2 500 mètres de chute libre.

Son atterrissage a été évidemment applaudi par toute sa petite famille et par la presse locale. « J'attends une grande sensation, j'aime avoir peur » a-t-elle dit aux journalistes avant de décoller. On veut bien la croire !

Notre mamie casse-cou avait déjà pratiqué le parachute ascensionnel, la montgolfière et le planeur avant ce saut mémorable.

Jeu de logique

Quel est le point commun de ces mots ?

étuve

abcès

synopsis

indéformable

postulant

Solution

Ces mots possèdent 3 lettres de l'alphabet qui se suivent. ex: ABC dans ABCès éTUVe, etc.

L'EAU DANS L'ORGANISME

Vous saviez qu'il était recommandé de boire **1,5 litre d'eau** par jour, en plus de l'eau contenue dans les aliments que nous consommons.
En effet, l'être humain adulte perd en moyenne **2,5 litres** d'eau par jour et il ne peut survivre plus de **4 jours** sans eau. Il faut bien renouveler l'eau de notre organisme.
Notre cerveau est constitué à **90 %** d'eau contre **79 %** pour notre cœur. Les muscles sont constitués à **76 %** d'eau, le foie à **70 %**, les os à **22 %** et les dents à **10 %**. Le corps d'un nourrisson comporte **78 %** d'eau et celui d'un adulte **60 %**.
Mais ce n'est pas tout ! Saviez-vous que si l'on additionnait l'eau des cellules de l'ensemble des êtres vivants, on obtiendrait un poids de **600 000 millions de tonnes** ?

MONSIEUR ET MADAME...

Monsieur et Madame MOINLEQUART
ont une fille,
comment s'appelle-t-elle ?
ÉLEONORE

Monsieur et Madame ODLAVIEILLE
ont un fils, comment s'appelle-t-il ?
PACÔME

Monsieur et Madame LONGDUMUR
ont un fils, comment s'appelle-t-il ?
ACHILLE

Décoller une enveloppe

Tout le monde connaît le truc de la vapeur pour décoller sans traces une enveloppe collée. Mais le froid est tout aussi efficace : placez l'enveloppe fermée au congélateur pendant deux heures, elle en ressortira ouverte.

Le naufrage du Titanic raconté 14 ans avant

Morgan Robertson écrit en 1898, soit 14 ans avant le naufrage du Titanic, une nouvelle intitulée *Futility*.

Il y raconte le naufrage d'un paquebot géant appelé le Titan, dont la description est quasiment identique à celle du Titanic : même longueur, même tonnage, même nombre de passagers et pas assez de canots de sauvetage. Tout comme le Titanic, le Titan coule en heurtant un iceberg par tribord. Mais le bateau de Morgan Robertson avait eu le temps d'effectuer trois voyages, avant de sombrer.

D'où vient l'expression « de but en blanc » ?

Cette locution qui signifie « **brusquement** », tire ses origines dans le vocabulaire militaire du XVIIe siècle.

À cette époque, on utilise davantage l'expression « **de pointe en blanc** ». La pointe indique la position à partir de laquelle on tire. Le blanc désigne la cible à atteindre.

Cependant, dans l'expression « **de but en blanc** », le but n'a pas pour signification « **cible** ». il est une déformation du mot « **butte** », c'est-à-dire la butte à partir de laquelle on tire. Ce tir posté d'une butte est un tir à courte portée. Le promontoire sur lequel le tireur est posté lui permet de faire feu rapidement, sans avoir à viser avec exactitude.

C'est cette notion de soudaineté qui est restée dans l'expression que l'on utilise aujourd'hui.

- Bonjour, je voudrais un sandwich **AU CROCODILE**, s'il vous plait...
- Désolé, je n'ai plus **DE PAIN**.

Deux mères juives :
- Ma fille, elle est tellement en avance sur son âge qu'elle sait déjà écrire son **PRÉNOM** !
- Eh ben, la mienne aussi... et en plus, **DANS LES DEUX SENS** !
- Ah bon ? Et elle s'appelle comment ?
- **ANNA**.

Suite logique

A

C

F

J

O

.....

Solution

U. Le nombre de lettres consécutives entre deux lettres augmente.

Les bons mots de Stéphane Guillon

Qui ne connaît pas Stéphane Guillon, le trublion du paf ? Célèbre pour ses portraits au vitriol sur Canal +, Guillon est devenu en quelques années un pamphlétaire de référence, un récidiviste des polémiques politiques et un véritable acharné du travail avec ses chroniques sur France Inter, Canal +, ses livres et ses spectacles. Voici un petit florilège de citations de ce roi de l'humour noir :

« Mon grand-père était un pourri, mon père est un pourri et moi-même aussi. C'est une vraie dynastie de pourris. Et mon fils est une belle petite ordure. »

« Le président ne m'aime pas, pourtant on se ressemble vachement : on est tous les deux égocentriques, autoritaires, capricieux... »

« Sarkozy qui fait un discours, c'est Jean Claude Van Damme qui fait de la politique. »

« J'énerve un président en place... C'est un message d'espoir pour tous les humoristes qui galèrent. »

« Les hommes politiques, ce sont nos enfants avec leurs qualités et leurs défauts. »

« Borloo boit, DSK baise, Chirac sort son bichon. »

« Si l'humour s'arrête là où la méchanceté commence, il ne me reste plus rien. »

« France Inter, une radio de gauche qui licencie comme la pire entreprise de droite. »

« Je suis la voix de ceux qui n'ont pas de voix. »

Rester zen jusqu'à son mariage

L'organisation d'un mariage est souvent associée dans les esprits à une période de stress. Ce stress pourrait même parfois décourager certains à passer la bague au doigt. Vous avez choisi la date, vous avez envoyé les faire-part, mais là une bouffée d'angoisse vous monte à la gorge. Respirez ! Tout est sous contrôle. Il suffit de s'y prendre avec méthode.

Faites une liste

Mettre noir sur blanc les choses à organiser vous permettra d'y voir plus clair et d'être plus serein. D'ailleurs, il serait plus judicieux de faire ce petit relevé à plusieurs le temps d'une soirée. Ainsi, vous risquerez moins d'oublier des éléments incontournables pour un mariage. Lorsque vous avez constitué la liste, classez chaque point par ordre de priorité. Les tâches obligatoires (les démarches administratives) et les tâches plaisir (choix du gâteau, de la décoration, etc.) Enfin, avez-vous visualisé la cérémonie de A à Z ? Vous n'avez rien oublié ?

Déléguez

Il y a tellement de préparatifs qu'il faut vous rendre à l'évidence. Vous ne pouvez pas tout porter à bouts de bras. Faites un tour d'horizon de vos proches et amis disponibles et volontaires pour déléguer certaines tâches. C'est comme si vous étiez réalisateur de cinéma. Vous cherchez quelqu'un pour le rôle du sommelier, de l'assistant décorateur, assistant styliste. Vous avez votre casting ? Alors, notez bien qui s'est engagé pour quelle tâche, avec ses coordonnées. Prévoyez des personnes de renfort en cas de pépin le jour J. Et puis, pensez à tous ces petits détails qui rentrent par une oreille et sort par l'autre. Qui s'occupera des clés de la salle ? Des alliances ? Qui véhicule qui ? Enfin, n'oubliez pas qu'il faudra s'armer de courage et de diplomatie pour relancer les plus étourdis ou les plus occupés de votre casting. Moteur, ça tourne... Action !

Rayez les tâches effectuées

« Ça, c'est fait... ça aussi... ça, c'est fait... » Quel bonheur de rayer sa liste une fois que les choses sont faites. Vous vous sentez déjà beaucoup plus léger. Évidemment, pour vous assurer un mental zen, occupez-vous en priorité des tâches obligatoires. Si quelques mois avant le mariage, il ne vous reste presque plus que des tâches plaisir, vous allez prendre un vrai rythme de croisière.

Soufflez

Normalement, si vous avez suivi tous ces conseils, vous devriez être plutôt serein. Vous avez peut-être seulement le trac de faire le grand saut du mariage, mais là, on ne peut rien faire pour vous.

Énigme

Je mets mes dents entre tes dents.

Qui suis-je ?

Solution

La fourchette.

Un paysan demande à son voisin :

- Mon cheval n'est pas en forme. Qu'est-ce que tu as donné au tien lorsqu'il était malade ?

- **DU WHITE-SPIRIT !**

- Du white-spirit ?

- Oui...

Quelques jours plus tard :

- Dis-moi... j'ai donné du white-spirit à mon cheval et il est tombé **RAIDE MORT !**

Le voisin lui répond :

- Ben **LE MIEN AUSSI !**

Communes vides

En France, il existe des communes dans lesquelles n'habite plus aucun habitant. Il s'agit de :

Aumont-près-Samogneux
Beaumont-en-Verdunois
Bezonvaux
Cumières-le-Mort-Homme
Fleury-Devant-Douaumont
Louvemont-Côte-du-Poivre

TOP 10 DES ANIMAUX TUEURS D'HOMMES

1. Le moustique tue **2 à 3 millions** d'humains par an.

2. Les serpents font de **50 000 à 125 000** victimes chaque année.

3. Le scorpion tue **800 à 2 000** personnes par an.

4. Les gros félins (puma, lion, tigre etc.) font **800** victimes par an.

5. Le crocodile tue de **600 à 800** hommes chaque année.

6. L'éléphant tue **300 à 500** humains par an en les piétinant.

7. L'hippopotame tue **100 à 150** hommes par an.

8. Le requin fait **100** victimes chaque année.

9. La méduse tue aussi **une centaine** de personnes par an.

10. L'ours tue **5 à 10** humains par an.

SUDOKU

Niveau facile

7			3		8	2		
	9	5	6		2	3		
6		2				8	5	
	7	8	9			1		3
	6	3	8			7		
	2			3	6		4	
					9	4		2
	1		2	7				
		6			4	9		

Solution p. 678

SVP, venez me cambrioler !

Le titre peut faire sourire mais c'est le message que certains internautes lancent malgré eux aux cambrioleurs en divulguant des informations concernant leur vie privée, le lieu où ils se trouvent et où ils habitent. Le site Please Rob Me (en français, « SVP, venez me cambrioler ») s'est donné pour mission de sensibiliser les esprits inconscients de ces internautes. Il démontre à quel point il est facile de connaître toutes les informations nécessaires pour cambrioler les gens, sans être un pro de l'informatique.

Le problème vient de l'utilisation de Twitter via le site Foursquare, un site Internet qui fonctionne entre autres avec le GPS du téléphone portable. Foursquare permet de localiser les endroits préférés de ses amis lorsqu'on déclare le lieu où l'on se trouve et ceux qui déclarent le plus possible leur présence dans tel ou tel lieu peuvent obtenir des récompenses et devenir « maires » d'un endroit. Les informations communiquées sur Foursquare sont accessibles aux contacts privés de l'internaute. Mais si ce dernier communique des informations sur Twitter via Foursquare, n'importe qui peut y avoir accès.

Pourtant, des milliers d'internautes n'hésitent pas à donner leur adresse sur Twitter ou celles de leurs proches et grâce à Foursquare, on peut savoir également si ces mêmes personnes sont à leur domicile ou en vadrouille. C'est comme si on déroulait le tapis rouge pour les cambrioleurs jusqu'à notre domicile. C'est pourquoi le site Please Rob Me répertorie les résultats Twitter des messages d'utilisateurs qui communiquent l'endroit où ils se trouvent via Foursquare.

Ne pas se tuer à la tâche tue

Susana Florini, une infirmière italienne, a falsifié les résultats médicaux de centaines de dossiers pour alléger sa charge de travail. Elle envoyait des photocopies de résultats de patients sains à des patients malades. À cause de ce stratagème, 18 patients ont subi un retard de diagnostic de tumeurs du côlon.

Passez vos sites au Débilitron

Le Débilitron, c'est une page complètement débile, où vous pouvez inscrire l'adresse URL de vos sites Internet favoris. Essayez avec votre site d'actualités préféré, vous verrez ce que ça donne...

Certains mots sont remplacés par d'autres, ce qui rend les articles à la fois absurdes et hilarants. Voici par exemple un article sur le site du *Monde* passé au Débilitron : « Dans un cow-boy au *Monde*, le sandwich au poulet des nouilles périmées allemand répond aux couettes de Washington. »

Idéal pour faire des blagues à vos collègues de bureau : il suffit de remplacer discrètement ses fenêtres Internet ouvertes par les mêmes, débilitrées, lorsqu'il s'absente aux toilettes !

http://www.debilitron.com/

Un rabbin monte dans un taxi. Au moment où le chauffeur démarre, un Arabe ouvre la portière, arrache le sac du passager et s'enfuit en courant.
Le chauffeur sort de son taxi, rattrape le voyou et commence à lui casser la figure.
Le rabbin sort à son tour et hurle :
« **MAIS ARRÊTEZ ! MAIS ARRÊTEZ !** »
Le chauffeur dans le feu de l'action n'entend rien et continue de frapper le voleur.
Le rabbin :
« **MAIS ARRÊTEZ ! MAIS ARRÊTEZ ! MAIS ARRÊTEZ ! MAIS ARRÊTEZ !** »
Rien à faire, le chauffeur continue...
« **MAIS ARRÊTEZ ! MAIS ARRÊTEZ ! MAIS ARRÊTEZ ! MAIS ARRÊTEZ !** »
Une fois que le voleur gît à terre, le chauffeur reprend ses esprits.
Il entend enfin le rabbin qui continue à crier :
« **MAIS ARRÊTEZ ! MAIS ARRÊTEZ ! MAIS ARRÊTEZ ! MAIS ARRÊTEZ !** »
Il lui répond donc :
« Enfin, il l'avait cherché. En plus j'ai récupéré votre sac... »
Malgré cela, le rabbin :
« **MAIS ARRÊTEZ LE COMPTEUR ! ! !** »

Sexe et anticorps

Faire l'amour influe sur le taux d'immunoglobuline, les anticorps qui nous aident à lutter contre les agressions extérieures.
Et l'équilibre est difficile à trouver !
Une étude flamande a montré que la bonne fréquence pour faire l'amour est de deux fois par semaine. En abuser ou s'en priver, c'est faire chuter de 30 % le taux d'immunoglobuline !

Un truc dans l'œil ?

Soulevez la paupière supérieure avec votre pouce et votre index gauches et faites pénétrer avec la main droite la paupière inférieure sous la paupière supérieure. Maintenez cette position très légèrement et faites tourner votre œil à plusieurs reprises. Vos cils joueront le rôle d'un balai très efficace contre cette maudite poussière. Voilà, c'est fait !

Un cours d'Histoire explosif

En décembre 2008, à Etain, dans la Meuse, une élève de 12 ans a apporté un obus allemand de la Première Guerre mondiale en cours d'histoire. L'explosif de 7,7 centimètres rempli de billes de métal aurait pu provoquer des dégâts mortels sur un périmètre d'1 kilomètre.

Après avoir demandé aux élèves de quitter la salle de classe, l'enseignant a alerté les services de déminage qui ont exigé l'évacuation totale de l'établissement (330 élèves).

La jeune fille avait déniché l'obus près de la grange familiale, stocké par son père à côté d'autres explosifs trouvés pendant ses travaux agricoles.

D'après un officier de la gendarmerie de Verdun, les agriculteurs de la région stockent souvent dans leurs champs les explosifs qu'ils trouvent lorsqu'ils labourent. Cette histoire bien insolite s'est déroulée dans la zone dite « rouge », une zone interdite de fouille car elle cache un véritable cimetière d'explosifs.

TWILIGHT : QUELQUES CHIFFRES

• Le nombre d'exemplaires de la saga vendus à travers le monde est de **17 millions**.

• Les livres de Stephenie Meyer sont traduits en **37 langues**.

• Au total, les **4 tomes** ont été **n° 1** au classement des meilleures ventes de livres du *New York Times* pendant **47 semaines**.

• Le scénario du volet 1, *Fascination*, a été écrit en **6 semaines**. Le tournage a duré **48 jours**. Le film a coûté **37 millions de dollars**.

• Plus de **5 000 acteurs** ont passé des auditions pour le rôle d'Edward, interprété par Robert Pattinson.

• Depuis qu'elle a été postée sur MySpace, la première bande-annonce de *Twilight* a été visionnée plus de **4 millions de fois**. La deuxième bande-annonce a été vue **1,6 millions de fois** pendant les **3 premiers jours**. La troisième bande-annonce a dépassé les **3,5 millions de visionnages** en **48 heures** !

• Le site officiel du film a été visité plus de **8 millions de fois**, soit plus que n'importe quel autre site de film.

• Le budget du deuxième volet, *Tentation*, était de **50 millions de dollars**.

• *Twilight Hésitation,* le troisième volet, a été tourné en **11 semaines**.

• On a planté **75 000 fleurs** pour la séquence d'ouverture dans le champ. Leur installation a demandé **15 heures** de travail.

Énigme

Je fais le tour
du monde
sans bouger.
Qui suis-je ?

Solution

L'équateur.

Envie d'un petit concert ?

Votre dernière soirée en boîte de nuit remonte à la nuit des temps ? Vous avez une petite envie de concert ?
Voici un site simplissime, où il suffit de pousser le volume de votre ordinateur au maximum et d'appuyer sur le bouton. Votre écran se transforme alors en baffle vibrant au rythme des basses et vous garderez pendant des semaines ce morceau sobrement intitulé Dub dub dub dub dub.
http://users.belgacom.net/treets_res...te/dubdub.html

Si vous préférez la musique des petits oiseaux, vous aurez droit sur ce site à un concert privé donné par un piaf au banjo. Plutôt rock, comme ballade.
http://peltchag.free.fr/RP614v2/

C'est un neurone qui arrive par mégarde dans un cerveau masculin !
Seul, tout seul... il crie :
– **HÉ HO !!! IL Y A QUELQU'UN ?!**
Personne ne répond.
– **HÉ HO !!!**
Désespéré, le neurone se recroqueville et se met à pleurer.
Soudain, un autre neurone arrive tout essoufflé et crie au pauvre petit neurone :
– **ET ALORS ? QU'EST-CE QUE TU FOUS LÀ ? ON EST TOUS EN BAS !**

Petit guide des vitamines

A :
Agit sur la qualité des muqueuses et de la peau, la vision et le système immunitaire.
Beurre, fromage, lait, carottes, jaune d'œuf, poisson gras.
B :
Agit sur la croissance, les muscles et le système nerveux
Poisson, viande, coquillages, beurre, fromage, lait, céréales.
C :
Agit sur les os, la résistance à la fatigue, le système immunitaire, et l'assimilation du fer.
Agrumes, kiwi, fraise, cassis, chou, salade, épinards, persil, cresson.
D :
Agit sur la croissance des os, l'assimilation du phosphore et du calcium.
Poisson, produits laitiers, volaille, huile végétale, œuf, foie.
E :
Huile, céréales, beurre, germe de blé.
Agit sur l'antioxydation, contre le vieillissement, l'athérosclérose et la cataracte.
K :
Légumes verts, poisson, foie, fruits, céréales.
Agit sur la coagulation du sang, calcification des dents et des os.

Des sonneries de portable pour résoudre tous vos problèmes

Au Japon, on peut désormais télécharger des « sonneries de portable thérapeutiques » pour trouver le sommeil, soigner son rhume des foins ou se faire pousser les seins !

Index, le grand fournisseur de contenus japonais, commercialise une trentaine de sonneries à télécharger qui ont été élaborées par le Laboratoire japonais de sonneries de téléphone portable » (JLRT).

Pour lutter contre son rhume des foins, par exemple, il faut choisir une des sonneries proposées, plaquer son téléphone contre son nez et choisir la mélodie dont la fréquence résonne le plus efficacement dans la cavité nasale afin de faire tomber le pollen (il vaut mieux avoir un téléphone waterproof, en cas d'éternuement...).

La mélodie pour augmenter la poitrine a été notamment conçue à partir des travaux du docteur Hideto Tomabechi, qui s'est intéressé pendant quinze ans aux conséquences des sonneries de téléphones sur le corps humain. D'après lui, les pleurs subliminaux de bébés comptent parmi les sons qui provoquent à terme une augmentation du volume mammaire.

Jeu

Cherchez l'intrus

cahier

manteau

crayon

cartable

livre

Solution

Manteau. Il n'est pas forcément lié au monde de l'école.

WC EN ESPAGNE

LA MORT

- Le taux de mortalité chez les ouvriers en bâtiments est **10 fois moins important** que chez les scaphandriers.
- Un individu est assassiné dans le monde **toutes les 61 secondes**.
- Les victimes d'accidents de trampoline sont en majorité les garçons de l'âge de **11 ans**.
- Aux États-Unis, **13 personnes** meurent chaque année en mettant feu par accident à leur pyjama ou leur robe de chambre.
- **227 Québécois** sont victimes d'accident mortels de trottinette chaque année.
- En Grande Bretagne, le taux de suicide a augmenté de **17 %** dans les deux semaines qui ont suivi la mort de Lady Di.
- **69 % des Français** ne pensent pas à la mort.

Un hamburger qui vous envoie à l'hôpital

En Arizona, le restaurant Heart Attack Grill (Grill crise cardiaque) propose à ses clients un nouvel hamburger, le « quadruple pontage ». Des serveuses, habillées en infirmières pour l'occasion, vous apportent ce sandwich de 8 000 calories, soit l'équivalent d'un apport de 3 jours nécessaires au corps humain.

Une femme entre dans le bureau du psychanalyste et dit :

– **DOCTEUR, VOILÀ MON PROBLÈME : TOUT LE MONDE M'IGNORE...**

Le psy :

– **PERSONNE SUIVANTE !**

En 2010, on aura dépensé six fois plus d'argent pour des implants mammaires et pour le Viagra que pour la recherche contre la maladie d'Alzheimer.

CONCLUSION : dans 30 ans, toutes les femmes auront de gros et superbes nichons et les hommes des érections de folie... mais personne ne se rappellera à quoi ça sert !

Les bienfaits des crèmes pour les pieds

S'occuper de ses pieds est indispensable : cela procure bien-être, une sensation de propre et permet de les garder jeunes plus longtemps.

Des pieds hydratés produiront moins d'ampoules. Choisissez une crème riche en agents hydratants comme la glycérine ou les vitamines E et F.

Pour lutter contre les callosités et les crevasses, les AHA permettent de lubrifier le pied, qui devient de plus en plus sec avec l'âge et la diminution de la transpiration.

MOTS CROISÉS

HORIZONTALEMENT

A : Échangée.
B : Découla – Platine.
C : Quitter à nouveau.
D : Distingué – Amnistie.
E : Style à l'écrit.
F : Ronchonneuse.
G : Assemble des cordages.
H : Passage étanche – Affectée.
I : Séparent.
J : Dieux du Nord – Refuse d'avouer.
K : Abandonnées.

VERTICALEMENT

1 : Lignes saillantes – Anno Dominici.
2 : Oiseau australien – Calme.
3 : Marque de vêtements – Froncés.
4 : Ânes sauvages – Risque.
5 : Manège.
6 : Affaissement.
7 : Relevée – Solidaire.
8 : Personnes – lait maternel.

	1	2	3	4	5	6	7	8
A								
B						■		
C								
D			■					
E		■						
F								■
G							■	
H				■				
I	■							
J					■			
K								

Solution p. 681

D'où vient l'expression « copains comme cochons » ?

Dans cette expression, qui veut dire être très bons amis, le cochon n'a rien à voir avec l'animal. Il s'agit d'une déformation du mot d'ancien français « **soçon** », qui deviendra plus tard « **chochon** » et qui veut dire associés.

La locution « **copains comme cochons** » ne date que du XIXe siècle. Le mot « **copains** » a remplacé le mot « **amis** » du XVIIIe siècle, qui lui-même a succédé au terme « **camarade** ». En effet, au XVIe siècle, on disait « **camarades comme cochons** ».

Quelques astuces pour réussir vos tartes

- Pour des parts de tarte impeccables même pour une tarte crémeuse, découpez-les avec du fil dentaire !

- Pour que votre fond de tarte reste croustillant et ne détrempe pas, saupoudrez-le de chapelure ou de noisettes en poudre. Le jus des fruits pénètrera moins facilement la pâte.

- Pour étaler votre pâte à tarte très facilement, placez-la entre deux feuilles de papier sulfurisé et roulez-la au rouleau.

- Pour des tartes aux fruits moins acides, mettez simplement une pincée de bicarbonate de soude dans l'eau de cuisson des fruits.

BESOINS JOURNALIERS EN CALORIES

ENFANTS

De 1 à 3 ans : **1 360**
De 4 à 6 ans : **1 360** à **1 830**
De 7 à 9 ans : **1 830** à **2 190**

ADOLESCENTS

10 à 12 ans : jusqu'à **2 700** (filles : **2 300**)
De 13 à 15 ans : **2 800** (filles : **2 400**)
De 16 à 19 ans : **3 000** (filles : **2 300**)

FEMMES

2 200
Femmes enceintes : **2 800** à **3 200**

HOMMES

Vie sédentaire : **2 400** à **2 700**
Vie très active : **3 200** à **3 800**

PERSONNES ÂGÉES

1 800 à **2 000**

SUDOKU

Niveau moyen

		2	6	3	1	7		5
				7				
	7	4		5		2		
		3	8				6	
	5		3		6			8
							3	
	6	9	7					
	3				9	1	7	
		5		4				

Solution p. 678

Quand Baudelaire inspire les webdesigners

Le site pertedetemps.com est un hommage rendu au poème « L'Horloge » de Charles Baudelaire : une merveille graphique et sonore. Entrez dans le monde de Julie Potvin qui a interprété à sa manière l'œuvre de Baudelaire. Lorsque vous arrivez sur la page d'accueil, cliquez sur le symbole de la main, puis sur la feuille verte en haut à droite de la page et laissez vous porter... La créatrice, grâce à ce site, est lauréate 2003 du prix FlashForward de New York.

http://www.perte-de-temps.com/

Il était une fois Mamadou, qui n'aimait vraiment pas la plus belle partie de son corps. Elle mesurait 50 cm !! C'était trop long, même pour lui. Désespéré, il alla voir le sorcier pour trouver de l'aide. Après réflexion, celui-ci lui dit :

- Va à la mare trouver le crapaud. Tu lui demanderas s'il veut t'épouser. S'il répond **NON**, tu perdras 10 cm... Mais s'il répond **OUI** , tu en gagneras 10 autres !

Après réflexion, persuadé qu'un crapaud n'épouserait jamais un humain, Mamadou décida d'essayer, n'ayant rien à perdre. En arrivant à la mare, il vit le crapaud et lui dit :

- Crapaud veux-tu te marier avec moi ?

- **NON !**

Mamadou repartit tout content et, à peine arrivé à la maison, mesura ce qu'il lui restait. 40 cm ! Très bien, mais c'est encore trop long. Il retourna à la mare :

- Crapaud veux-tu te marier avec moi ?

- **NON !**

À la maison, il mesura l'engin qui ne faisait plus que 30 cm. Mamadou se dit alors qu'une longueur de 20 cm serait parfaite, la taille idéale. Il lui manquait donc, pour ce faire, encore un **NON**.

Retournant à la mare, il demanda au crapaud :

- Crapaud, veux-tu te marier avec moi ?

Et le crapaud, passablement énervé :

- Putain ! Mais t'es sourd ou quoi ? Je t'ai dit **NON, NON ET NON !**

Un hôtel danois fait pédaler ses clients pour produire de l'électricité !

Depuis avril 2010, le Crowne Plaza de Copenhague offre un repas gratuit aux clients qui auraient pédalé 10 watts. Explication : les résidents disposent d'un vélo d'appartement relié à un générateur qui lorsqu'il est actionné permet de produire de l'électricité. Il suffit de pédaler une heure à 30 km/h pour obtenir 100 watts. Bon, la bonne volonté des clients ne suffit pas pour fournir tout l'hôtel en électricité, car 100 watts permettent d'alimenter une ampoule pendant une heure seulement. Mais, le Crowne Plaza a pensé à tout. Le bâtiment est équipé de panneaux solaires et d'un système de chauffage et de refroidissement de l'eau souterraine. Voilà un bon élève du sommet de Copenhague !

WC et affaires d'État

Petit leçon d'histoire. Les chaises percées que Louis XIV utilisait pour faire ses besoins royaux (il y avait environ 200 chaises dans tout le château) étaient appelées « chaises d'affaires ».
Pour avoir le droit de voir le Roi sur sa chaise percée, il fallait obtenir un brevet d'affaires qui pouvait coûter jusqu'à 100 000 écus.
Par ailleurs, la fonction de porte-chaise d'affaires, qui consistait à faire disparaître les selles du Roi, était attribuée moyennant 20 000 livres. Le salaire était de 600 livres et il était possible de faire succéder son fils à sa fonction de porte-chaise.
Rappelons que l'étude des selles permettait aux yeux des médecins de l'époque de connaître l'état intérieur de la personne, tout comme l'étude des humeurs en général.
Mais ce petit rituel autour de la chaise d'affaires, un brin scatologique, n'a duré que le temps de la royauté de Louis XIV, car Louis XV préférait s'enfermer littéralement dans son « cabinet d'affaires », dans la plus grande intimité.

Les stars et leurs premiers jobs

Julia Roberts

Julia Roberts, avant de percer dans le cinéma, a roulé sa bosse dans les fast food, les pizzerias et la vente de chaussures. D'ailleurs, le premier film dans lequel elle a joué s'intitulait *Mystic Pizza.* C'est peut-être pour se venger de tous ces jobs que l'actrice est devenue une des stars les plus capricieuses...

James Dean

Avant de devenir une icône du cinéma, James Dean a travaillé en tant que voiturier pour la station de radio CBS. C'est grâce à ce job qu'il a rencontré le réalisateur Rogers Brackett et que le cinéma lui a ouvert les bras.

Jennifer Lopez

Jennifer Lopez a dû batailler avec acharnement pour sortir de son trou. Depuis l'âge de 5 ans, elle prend des cours de danse et de chant. Elle a enchaîné les petits boulots et a même travaillé dans un cabinet d'avocats.

Freddie Mercury

Si vous regardez de plus près la vie de Freddie Mercury, vous y verrez un parcours assez atypique. Farrokh Bulsara, de son vrai nom, a passé une partie de son enfance en Inde et a étudié la musique en Angleterre à l'Isleworth Polytechnic School. En parallèle de ces études, le chanteur a multiplié les petits jobs ingrats et a notamment occupé le poste de magasinier.

Brad Pitt

En parallèle de ses cours de comédie, Brad Pitt a exercé les jobs de serveur, déménageur, chauffeur et... homme sandwich !

Clint Eastwood

Avant de devenir le grand comédien et le grand réalisateur que nous connaissons, Clint Eastwood a porté différentes casquettes. Il a mené des études de gestion, il a travaillé en tant que maître nageur d'une base militaire et il a également travaillé comme bûcheron.

Harrison Ford

Voici une autre force de la nature. Harrison Ford a longtemps travaillé comme charpentier dans les années 1960. Il n'a d'ailleurs pas mis longtemps à se faire reconnaître et apprécier dans le milieu pour son travail compétent. Mais, on le préfère tout de même au cinéma, non ?

Coluche

Coluche n'a pas toujours été le comique populaire que nous admirons encore aujourd'hui. Saviez-vous qu'il a longtemps travaillé comme fleuriste ? On l'imagine assez bien avec son petit t-shirt jaune au milieu des jonquilles. D'ailleurs, il a renoué avec son passé dans le sketch « Le fleuriste » avec Sylvie Joly.

Serge Gainsbourg

Non, Serge Gainsbourg n'a pas été poinçonneur des Lilas en son temps. En revanche, il a occupé le poste de surveillant dans un établissement scolaire avant de devenir une légende de la chanson française.

Muriel Robin

On peut dire que la comique Muriel Robin a « tâtonné » avant de se lancer dans l'humour. En effet, elle a d'abord gagné sa vie comme vendeuse de chaussures.

Jeu d'articulation

Répétez dix fois très vite :

Des blancs pains, des bancs peints, des bains pleins.

La pie niche haut, l'oie niche bas, hibou niche ni haut ni bas, où niche hibou ?

La SNCF embauche. Le premier candidat s'assied et on lui demande de compter jusqu'à 10.
- Oui, bien sûr. **10.9.8.7.6.5.4.3.2.1.**
- C'est bien, et dans l'autre sens, maintenant.
- Non, j'ai travaillé à la NASA et j'ai toujours compté ainsi.
- Désolé, mais vous ne convenez pas ! Candidat suivant !
Le deuxième candidat :
- **1.3.5.7.9.10.8.6.4.2.**
- C'est bien, et dans le bon ordre, maintenant.
- Pas possible ! J'ai travaillé comme postier et j'ai toujours compté ainsi en passant de boîte en boîte...
- Désolé, mais vous ne convenez pas ! Candidat suivant !
Le troisième candidat :
- **1.2.3.4.5.6.7.8.9.10.**
- C'est parfait ! Où avez-vous travaillé auparavant ?
- J'étais dans la police.
- Dans la police ? Je n'en reviens pas ! Mais, dites-moi : bien que ce ne soit pas nécessaire, pouvez-vous continuer à compter après 10 ?
- Mais évidemment ! **VALET, DAME ET ROI !**

Perles des offres de Pôle Emploi

Quand un chômeur ou un jeune diplômé consulte les petites annonces du Pôle Emploi, des offres mystérieuses peuvent faire leur apparition et en toute légalité. En voici un petit florilège :

• Poste de secrétaire sachant entraîner une équipe de foot de minimes, quelques heures par semaine.

• Poste de soliste aux mensurations triées sur le volet : 187 cm de hauteur, 127 de tour de poitrine, 118 de tour de taille, 120 de tour de hanches : 106,47 euros la journée.

• Poste d'informaticien en Inde pour 320 euros mensuels.

• Poste à temps partiel d'une heure par semaine en Corse, 9 euros de l'heure : le pire, c'est qu'un chômeur en juin 2008 s'est vu menacé de radiation s'il refusait l'offre. L'ANPE a par la suite reconnu que l'offre n'était pas « raisonnable d'emploi ».

• Poste d'animatrice de chats pour adultes (messagerie rose), travail de jour et de nuit, en CDI. Les candidates qui ont osé l'entretien d'embauche ont appris qu'elles devaient entre autres s'effeuiller devant une webcam.

À cela, le Pôle Emploi se défend en expliquant que ces offres farfelues sont tout à fait légales.

LES STATISTIQUES 2009 DU NET

- **90 trillions d'e-mails** sont envoyés dans le monde chaque jour.
- **81 %** des e-mails correspondent à des spams.
- **6 millions de pages Internet** sont ouvertes chaque minute.
- **200 millions de blogs** ont été créés.
- Les Français sont au **2e rang mondial** des bloggeurs les plus actifs.
- **35 % des bloggeurs français** mettent quotidiennement à jour leur blog.
- Les médias sociaux ont évincé l'industrie de la pornographie en ligne et sont devenues **l'activité n°1 du web**.
- Youtube est le **2e plus grand moteur de recherche** au monde.
- **Un billion de vidéos** est quotidiennement visionné sur Youtube.
- Wikipedia compte plus de **13 millions d'articles**.
- Si la consultation d'un article posté sur Wikipedia coûtait **1 dollar**, on pourrait gagner **156,23 dollars de l'heure**.
- Si l'on recherche des informations sur une des **20 plus grandes marques du monde**, **25 % des résultats** renvoient à du contenu écrit par des consommateurs.
- Le nombre d'internautes qui suivent les « twits » des acteurs Ashton Kutcher et Ellen DeGeneres sur Twitter est **supérieur à la somme des habitants de l'Irlande, de la Norvège et du Panama**.

MONSIEUR ET MADAME...

Monsieur et Madame **PAITAIREUSSI**
ont une fille,
comment s'appelle-t-elle ?

MAGALI

Monsieur et Madame **PAMAMOB**
ont un fils, comment s'appelle-t-il ?

ADHÉMAR

Monsieur et Madame
MAINEPATAFRAISE ont une fille,
comment s'appelle-t-elle ?

LARA

Compter les moutons aide-t-il vraiment à s'endormir ?

D'après les chercheurs de l'université d'Oxford, il y a des moyens plus efficaces de tomber dans les bras de Morphée. L'équipe de chercheurs a testé auprès d'insomniaques plusieurs techniques d'endormissement. Les cobayes ont tout essayé : compter les moutons, imaginer des scènes relaxantes comme des bords de mers ou d'autres lieux paisibles et enfin s'endormir sans indication précise. Les résultats ont montré que ceux qui avaient visualisé des scènes relaxantes s'endormaient 20 minutes plus tôt que les autres nuits.
Les chercheurs d'Oxford avaient également mené une étude comparative des pensées qui précédaient le sommeil des insomniaques et des champions du sommeil. Les pensées des insomniaques seraient davantage liées à des images négatives, des souvenirs désagréables, des problèmes personnels et à des ruminements intérieurs sur les bruits aux alentours.
Moralité : avant de dormir, faites le vide !

Un mariage du feu de dieu

Tatsuhiko Kawata a trouvé une idée très efficace pour annuler son propre mariage. Il a mis le feu à l'hôtel où la cérémonie avait lieu. « J'ai pensé que si je mettais le feu, la cérémonie serait annulée » a-t-il expliqué. Impossible de le contredire.

Le pyromane désespéré était en réalité déjà marié en secret à une autre femme mais il n'avait jamais trouvé le courage de l'avouer à celle qui devait être sa deuxième épouse.

Que les plus inquiets se rassurent. Aucun des 80 convives n'a été blessé.

Énigme

2 camions partent à la même heure du même lieu et se rendent au même endroit.
Ils roulent à la même vitesse.
Les deux crèvent au même endroit leur roue arrière.
Les deux chauffeurs changent leur roue arrière avec la même dextérité.
Un des deux camions arrive cependant avec une demi-heure d'avance sur l'autre...
Pourquoi ?

Solution

Le premier crève la roue extérieure, le second crève la roue intérieure, plus longue à réparer.

Grandes Surfaces : devenez un pro du remboursement

Si les supermarchés regorgent de produits « promotionnels », profitez-en et devenez une vraie pro des remboursements. Nous vous avons préparé une liste des indispensables à connaître.

- Conservez le ticket de caisse. Si sur le même passage en caisse, vous avez plusieurs offres de ce genre, pensez à partager votre chariot en deux (ou plusieurs) parties.
- Lisez toujours bien les conditions de la promotion. Il y a parfois des petits détails qui peuvent invalider votre demande s'ils ne sont pas respectés.
- Pour être remboursé, sont demandés le plus souvent : le ticket de caisse, le code barre du produit, le sticker « 100 % remboursé » et un RIB. Faites la demande sur papier libre, en indiquant vos coordonnées et votre nom.

- Demandez systématiquement le remboursement du timbre, même si rien n'est mentionné sur l'offre. Le remboursement (en tarif éco !) est accepté dans la plupart des cas.

Et un dernier conseil, ne laissez pas traîner ! Il est souvent exigé de faire la demande dans les 48 heures suivant l'achat.

- Pour les offres « satisfait ou remboursé », dites en quelques lignes ce qui ne vous a pas plu et ce qui pourrait être amélioré dans le produit (par exemple : le gel douche ne mousse pas assez, la lessive n'a pas été efficace sur les tâches de fraise, les frites ne sont pas assez croustillantes, etc.).

- Pour aller plus vite, préparez à l'avance plusieurs enveloppes auxquelles vous collerez un timbre tarif lent. Mettez un RIB dans chaque enveloppe. Préparez ensuite une lettre de remboursement-type que vous modifierez au besoin pour chaque produit. Ensuite, c'est très simple : imprimez-la puis joignez les éléments demandés. C'est fait en une minute à peine !

Le Yaourt Essensis est-il bon pour la peau ?

Ce yaourt censé « nourrir la peau de l'intérieur » contient du thé vert, de la vitamine E, des probiotiques Danone et de l'huile de bourrache. Or, d'après certains nutritionnistes, seule l'huile de Bourrache aurait des vertus intéressantes pour nourrir notre peau, améliorer son confort et sa souplesse. Un pot de Danone Essensis contient 0,68 % d'huile de Bourrache. Il faut un pot et demi pour obtenir l'équivalent d'une gélule de cet acide gras essentiel. Mais c'est surtout le prix qui peut surprendre : le prix des quatre pots de Danone Essensis correspond à celui d'une trentaine de capsules d'huile de bourrache !

Flashé par son radar

En Grande-Bretagne, le directeur d'une compagnie de radars routiers a été arrêté pour excès de vitesse et condamné à six mois de suspension de permis. C'est l'un des radars de sa propre société qui l'a flashé à 160 km/h, sur une route limitée à 110 km/h.

Texte à trous

Placez ces mots au bon endroit dans le texte suivant :

hier - quatre-vingts - pareille - demain - congé - aujourd'hui - refuser - jours - télégramme - veiller - deux

..............., maman est morte. Ou peut-être ...., je ne sais pas. J'ai reçu un .... de l'asile : « Mère décédée. Enterrement .... Sentiments distingués. » Cela ne veut rien dire. C'était peut-être hier.
L'asile de vieillards est à Marengo, à .... kilomètres d'Alger. Je prendrai l'autobus à .... heures et j'arriverai dans l'après-midi. Ainsi, je pourrai .... et je rentrerai demain soir. J'ai demandé deux .... de .... à mon patron et il ne pouvait pas me les .... avec une excuse ....

Albert CAMUS, *L'Étranger*

Solution p. 680

LES WC SUR LA BANQUISE

Le rôle de la lumière sur notre horloge biologique

Comme pour tous les animaux, la vie d'un être humain est rythmée par son « horloge biologique ». Or un des principes qui régule cette horloge est la lumière. Pourquoi ?

L'action de la lumière sur notre cerveau

La lumière sollicite la rétine de l'œil et active la partie de notre cerveau appelée hypothalamus. L'horloge biologique se trouve dans l'hypothalamus et est reliée à d'autres horloges. C'est pourquoi l'horloge biologique a par exemple une influence sur le rythme d'éveil et de sommeil, sur la synthèse d'enzymes et d'hormones, la production d'urine ou sur la température de notre organisme. Notre exposition à la lumière fait produire de la sérotonine à l'organisme et éveille le cerveau.

D'ailleurs, ceux qui ont déjà expérimenté un décalage horaire sont bien placés pour savoir que l'horloge biologique interne est déréglée par les changements de luminosité. Sachez que lorsque l'horloge biologique est perturbée, il n'y a pas que des signes de fatigue ou des troubles du sommeil qui apparaissent. Des symptômes comme la baisse des facultés cognitives ou des malaises gastro-intestinaux peuvent surgir.

La luminothérapie

Parfois, les troubles de l'horloge biologique peuvent entraîner des changements d'humeur (comme lors de changements de saison), voire des dépressions saisonnières ou des insomnies. Avez-vous pensé à la luminothérapie ? La luminothérapie consiste à exposer les yeux à une source de lumière proche de celle émise par le soleil. Cette technique permet à terme de rééquilibrer notre horloge biologique et les fonctions de notre organisme pour traiter entre autres les troubles du sommeil et les dépressions saisonnières. Renseignez-vous auprès de votre médecin.

Aux États-Unis, **2 % des coiffeurs** ont déjà été attaqués en justice pour avoir raté une coupe.

Depuis sa création, la poupée Barbie a exercé **90 métiers**.

Pour assembler une Ferrari, il faut **100 heures**. Il en faut **16** pour assembler une Renault Mégane.

La pizza la plus chère du monde est vendue au Nino's Bellissima à New York. Elle est composée d'œufs de saumon, de queue de homard, de 4 sortes de caviar, de crème fraiche et de wasabi. Pour la déguster, vous devrez payer **1 000 dollars**.

Passer **1 journée** à marcher dans les rues de Milan équivaut à fumer **15 cigarettes**.

HÉRITAGE

LE PREMIER DIT :

« Moi, mes parents sont morts et m'ont laissé leur petite épicerie. Alors, je me suis décarcassé, j'ai tout agrandi, j'ai repeint, j'ai modernisé, j'ai embauché 3 vendeuses bien mignonnes qui plaisent aux clients. Bref, les affaires vont bien et c'est vraiment en pleine expansion. C'est pas encore Carrefour, mais je suis confiant pour l'avenir. »

LE SECOND DIT :

« Moi aussi, mes parents sont morts, ce qui fait que j'ai récupéré leur petite quincaillerie. C'était vraiment la pagaille, on ne savait plus où trouver les outils, les clous, mais j'ai tout bien casé, tout est rangé par catégorie et j'ai même récemment mis en place un libre-service. Mon chiffre d'affaires monte en flèche. C'est pas encore Castorama, mais ça va bien. »

LE TROISIÈME DIT :

« Moi aussi, j'ai hérité : mes parents tenaient une petite maison close qui vivotait : les filles étaient plutôt vieilles et moches et n'attiraient plus grand monde. J'ai refait des chambres gaies et pleines de miroirs, j'ai viré les vieilles entraîneuses et j'ai embauché des très jolies filles et de beaux petits gars qui attirent la clientèle et dont les habitués raffolent. Bref, c'est pas encore le parti socialiste, mais c'est déjà un joli bordel... »

SUDOKU

Niveau difficile

				9	6			
3				8	1	6	2	9
				5		3		7
		2						4
4	7							
9								
2					4	9		
		6		3			5	
8					5		1	6

Solution p. 679

Le maillot imperméable, ça existe !

Le premier maillot de bain imperméable est né ! Mis au point par une entreprise américaine, Sun Dry Swim est composé de fibres qui repoussent l'eau. Lorsque l'on est immergé, la partie du corps protégée par le maillot reste sèche. Et lorsque l'on sort de l'eau, le vêtement n'est pas mouillé. Ainsi, impossible d'avoir froid. Ce vêtement intelligent fait même davantage : une protection solaire indice 50 est intégrée dans les modèles pour enfants. Le tout pour 60 euros !

www.solestrom.com

Un type est convoqué au centre des impôts pour un contrôle fiscal.

Sa femme lui conseille de porter des vêtements et des chaussures usés :

- LAISSE-LEUR PENSER QUE TU ES PAUVRE !

Il appelle ensuite son avocat et lui demande si c'est une bonne idée :

- NE VOUS LAISSEZ PAS INTIMIDER ! PORTEZ VOTRE PLUS BEAU COSTUME, C'EST VOUS LE PATRON !

Notre homme est bien embarrassé. Avec tous ces conseils, il ne sait toujours pas comment s'habiller.

En désespoir de cause, il va voir un vieux sage asiatique très réputé.

Il lui expose son cas, les deux avis contradictoires et lui demande le sien.

Le sage lui répond :

- UNE FUTURE MARIÉE DEMANDE À SA MÈRE CE QU'ELLE DOIT PORTER POUR SA NUIT DE NOCES. CELLE CI LUI RÉPOND DE METTRE UNE LONGUE CHEMISE DE NUIT DE FLANELLE FERMANT JUSQU'AU COU, ET DE GROSSES CHAUSSETTES DE LAINE. LA JEUNE FEMME POSE LA MÊME QUESTION À SA MEILLEURE AMIE, QUI LUI RÉPOND DE METTRE SA NUISETTE LA PLUS SEXY, LA TRANSPARENTE QUI ARRIVE AUX HANCHES AVEC UN DÉCOLLETÉ JUSQU'AU NOMBRIL...

L'homme l'interrompt :

- ET QUEL EST LE RAPPORT AVEC LES IMPÔTS ?

Le sage hoche la tête :

- QUELS QUE SOIENT LES VÊTEMENTS QU'ELLE PORTERA, ELLE SE FERA BAISER...

Soyez tendance : devenez une femme cougar !

Vous connaissez les cougars ? Ces quinquas qui tombent en pamoison pour de beaux et jeunes éphèbes ? Les plus célèbres sont Claire Chazal, Demi Moore et, évidemment, Madonna.
Désormais, les cougars ont leur site Internet : Allocougar.com, un site de rencontre pour femmes mûres à l'affut de mâles à la chair bien fraîche.
La tendance ne s'arrête pas là : les cougars ont aussi leur série depuis mai 2010 sur la chaîne Orange Ciné Happy. Messieurs, vous ne leur échapperez plus...

http://www.allocougar.com/

Nâdiya : secrets de beauté d'une battante

avec www.maviedefemme.com

Chanteuse de talent, la très jolie Nâdiya est une battante. Découvrez les secrets forme et beauté de la belle brune.

Ses astuces pour garder la forme

- Pour détoxifier son organisme, Nâdiya entame sa journée en buvant beaucoup d'eau.
- Pour garder la ligne, elle fait du sport.
- Côté alimentation, la jeune chanteuse privilégie les légumes, car elle est végétarienne !

Ses astuces beauté

- Pour donner un coup d'éclat à sa peau, Nâdiya applique une lotion tonifiante sur son visage et l'hydrate avec une crème douce.

⋆ Pour un corps tout doux, la jeune femme fait des gommages très régulièrement.

Ses produits phare

⋆ Nâdiya utilise la Lotion tonifiante aux fleurs de Nuxe.
⋆ Pour la crème, c'est la marque Nutricia qui a les faveurs de la jeune chanteuse.

Son Parfum Fétiche

Nâdiya ne quitte pas Mûre et Musc de L'Artisan Parfumeur.

Ses adresses préférées

⋆ SPA Nuxe, 32, rue Montorgueil, 75001 Paris
Tel : 01 55 80 71 40.
⋆ Salon Michel Dervyn, 1, rue Vivienne, 75001 Paris
Tel : 01 55 35 03 50.
⋆ Payot, 10, rue de Castiglione, 75001 Paris
Tel : 01 42 60 32 87.

D'où vient l'expression « faire l'école buissonnière » ?

Il existe plusieurs hypothèses pour expliquer la naissance de cette expression.
La première la ramène en 1423, à l'époque du Concile de Pavie. En raison de la peste sévissant dans la ville, les prélats ne se rendirent pas au Concile, préférant rester dans les campagnes environnantes. Clément Marot utilise lui-même le terme de buissonnière pour relater l'événement : « **Vray est qu'elle fust buissonnière, l'escolle de ceux de Pavie.** »
La seconde, qui situe aussi l'origine de la locution au XVe siècle, la relie aux buissons poussant sur les bas-côtés des chemins, et dans lesquels les fugitifs se dissimulaient à l'approche d'une carriole.
Au début du XVIe siècle, à l'époque du luthéranisme, on nomme « **écoles buissonnières** » les institutions protestantes qui se formaient alors en grand secret dans les campagnes.
Après tout, faire l'école buissonnière veut tout aussi bien dire suivre une autre forme d'enseignement, occulte ou autodidacte.
La dernière hypothèse ramène à une définition datant du XVIIe siècle. À l'époque, où les cours de récréation et les jardins étaient recouverts de terre et non de béton, les buissons avaient vite fait de se former lorsque les enfants ne foulaient pas le sol.

Énigme

J'ai quatre.

Je retire un.

Il me reste cinq.

Pourquoi ?

Solution

Il faut compter en chiffres romains. J'ai IV, j'enlève le I, il me reste seulement le symbole V.

LES CHIFFRES AHURISSANTS DU CORPS HUMAIN

Un globule rouge contient plus de **200 000 000 de molécules d'hémoglobine** et chacune d'entre elles contient plusieurs centaines d'atomes d'oxygène.

Le cerveau est composé de **10 000 000 000 de cellules nerveuses** et possède **1 000 000 000 000 000 de synapses**.

Protégez vos plants

Lorsque vous rempotez de jeunes plants, entourez-les de quelques feuilles de papier journal humide. Ainsi, ils seront protégés et les mauvaises herbes ne s'installeront pas.

Un engrais gratuit et écologique

Votre fête vient de se terminer et vous retrouvez des verres ou des bouteilles de bière non terminés ? Ne les jetez pas mais arrosez plutôt vos plantes avec. La bière est un fertilisant puissant et écologique.

ÉQUIPE DE FRANCE, SPÉCIAL RÈGLEMENTS DE COMPTES !

C'est un gosse que l'on trouve dans la rue. Les flics lui disent :

- On va te ramener chez ta mère.

- **NON, PAS CHEZ MA MÈRE, ELLE ME BAT !**

- Bon, ben on va te ramener a ton père.

- **NON, PAS CHEZ MON PÈRE, IL ME BAT !**

- Ben, où veux- tu aller alors ?

- **EN ÉQUIPE DE FRANCE ! EUX, AU MOINS, ILS NE BATTENT PERSONNE...**

Crimes à l'arachide

Voici deux histoires qui valent leur pesant de cacahouètes.

En 2007, Paul Bentley, un ex-ingénieur de maintenance de Nottingham, s'est vengé de sa hiérarchie en sabotant avec des cacahouètes la production garantie sans arachide de son usine, la Riverside Bakery. L'homme avait été sanctionné pour avoir accroché un calendrier érotique sur son lieu de travail. L'incident a causé la fermeture de l'usine pendant 24 heures et entraîné une perte de 1,2 million de livres.

Autre crime à l'arachide : en 2009, un Canadien de Toronto a tenté d'empoisonner son ex-petite amie allergique en badigeonnant la porte de sa voiture d'huile d'arachide. La femme fut transférée à une clinique et est sortie saine et sauve de l'affaire.

DES CHIFFRES ET DES MARQUES

Chanel N° 5

En 1921, Coco Chanel décide de sortir son premier parfum. C'est Ernest Beaux, créateur de parfum à la cour des tsars de Russie, qui est en charge de la création de la fragrance. Il présenta à Coco Chanel deux séries d'échantillons numérotés de 1 à 5 et de 20 à 24. Elle choisit l'échantillon n° 5. À la question « Quel nom allez-vous lui donner ? », elle répondit : « Je lance ma collection le 5 mai, cinquième mois de l'année, laissons lui le numéro qu'il porte et ce numéro 5 lui portera chance. »

9 Telecom

Pourquoi cette marque a-t-elle choisi le chiffre 9 pour la représenter ?
En 1997, l'ART, l'organisme de régulation des télécoms, ouvre le marché français à la concurrence. Il organise à cette occasion un tirage au sort pour attribuer les préfixes de chacune des nouvelles compagnies. Telecom Italia se voit attribuer le 9. Robert Louis-Dreyfus a, racheté depuis la société et gardé le chiffre, qui symbolise aussi la nouveauté et le dynamisme.

Pastis 51

Le nombre 51 accolé au nom du pastis n'a pas de rapport avec son degré d'alcool, qui avoisine les 40 %. Il s'agit tout simplement de l'année 1951, où la société Pernod a lancé son pastis devenu depuis si célèbre. Le rapprochement avec le mode de consommation de cet apéritif (5 volumes d'eau pour 1 volume de 51) est fortuit, mais heureux.

1664

La fameuse bière doit son nom à l'année où son créateur, Jérome Hatt, a passé son diplôme de maître brasseur. Depuis, la marque a été rachetée par Kronenbourg, mais a gardé son nom, qui lui donne un noble air d'ancienneté, comme un vin millésimé.

Les 3 Suisses

En 1932, Xavier Toulemonde installe sa filature dans le Nord, près d'un bistrot tenu par M. Suis et ses trois filles. Le bar est un temps appelé Le Progrès, mais un autre établissement de la commune porte déjà ce nom. Les clients du bar, pour la plupart ouvriers à la filature, prennent alors l'habitude de se rendre « chez les trois Suisses ». Xavier Toulemonde s'inspire de ce nom pour créer le nom sa société : les Filatures des 3 Suisses, qui deviendra ensuite 3 Suisses.

Suite logique

Quel mot complète la suite parmi les suivants :

fleur – éléphant – blanc

alliance

belle

champagne

devoir

....

Solution

Eléphant. C'est le seul mot commençant par la lettre E. Or, les mots présentés sont par ordre alphabétique.

Le sport le plus pratiqué en France

L'activité sportive la plus courue en France est la **randonnée pédestre**. Elle est pratiquée par 20 millions de Français. Mais attention, une simple balade n'est pas considérée comme un sport. Un parcours moyen est d'environ 15 km et dure 3 h 30.
Ensuite vient la **natation**, qui compte 14 millions d'adeptes, puis le **vélo** (13 millions), la **course à pied**, le **roller** et la **pétanque**.
Le **football** compte le plus de licenciés en France, avec 2 millions. Viennent ensuite le **tennis** (1 million) et le **judo** (500 000).
Le sport le plus pratiqué au monde est le **voley-ball**.

Traquez vos billets dans le monde

Grâce au site Internet EuroBillTracker.com, un projet de site volontaire non lucratif, vous pouvez pister tel un détective les billets d'euros que vous avez utilisés. Il suffit de vous inscrire sur le site et de saisir le numéro de série du billet dans la base de données. Si un autre membre saisit ce numéro quelques minutes plus tard, vous pourrez savoir jusqu'où votre billet a voyagé ! Vous connaîtrez la durée du voyage et la distance parcourue. Le risque, c'est qu'on devienne jaloux de ces petits billets globe-trotters. On aimerait bien être à leur place...

http://fr.eurobilltracker.com/

CONTREPÈTERIES

Le chef de l'ENA raffole du porto.

La romancière ne veut pas fâcher le lecteur.

SOLUTIONS

Le chef de l'État raffole du porno.
La romancière ne veut pas lécher le facteur.

Pourquoi applaudit-on ?

L'origine de l'applaudissement vient de la civilisation romaine. Les jeux de cirque sont inventés pour divertir le peuple et réduire ainsi les soulèvements. Lors des jeux, le public pouvait s'exprimer librement et influer sur la décision de l'empereur de gracier ou non un gladiateur. Lorsqu'ils étaient satisfaits, les spectateurs marquaient leur contentement en criant. Mais leur voix se fatiguant vite, ils trouvèrent ce stratagème pour continuer de faire du bruit plus longtemps, sans se casser la voix. Le geste vient du claquement de mains utilisé par les maîtres pour appeler leurs esclaves.

Lorsque le peuple en réclamait davantage, il tapait des mains en cadence. Lorsqu'il était très content, le public se levait pour faire valoir ses applaudissements : la *standing ovation* était inventée.

Channel 4 recherche un cadavre pour son émission !

En janvier 2010, la chaine britannique Channel 4 a publié une annonce unique en son genre. La chaîne rechercherait un volontaire malade en phase terminale, prêt à se faire momifier dans le cadre d'une émission. La maison de production Fulcrum TV assure que le scientifique qui serait chargé de l'opération a fait ses preuves sur un « grand nombre de porcs » (C'est vrai que ce dernier point est rassurant...).Le corps ainsi momifié pourrait même être exposé dans un musée.

Mémé Mauricette, 72 ans, téléphone à la police :

- Venez chez moi ! Un homme se promène tout nu !

Les policiers arrivent dans les dix minutes.

- Alors, mémé, il est où cet exhibitionniste ?

- Dans le jardin en face !

- Mais... on ne voit que sa tête...

- C'est normal. Il faut **MONTER SUR LA TABLE DE LA CUISINE.**

Énigme

Si je suis aveugle, muet et sourd, combien de sens me reste-t-il ?

Solution

3 : l'odorat, le toucher et le goût. On n'est pas privé d'un sens lorsque l'on est muet.

Atteindre l'orgasme à tout prix, une mauvaise idée

Parfois, le plaisir peut être capricieux. Il suffit d'une contrariété, d'un coup de fatigue, de soucis quotidiens pour avoir un peu plus de mal à jouir. L'orgasme n'est pas un but à atteindre systématiquement. Faire l'amour permet de procurer du bien-être, une certaine intimité, une complicité. Au diable la performance. Il est cependant préférable de consulter un sexologue ou un thérapeute de couple si vous n'atteignez jamais le plaisir attendu. Peut-être s'agit-il d'un problème sous-jacent et une ou deux séances vous permettront de comprendre la source de votre difficulté à atteindre l'orgasme.

LES WC FRANÇAIS

Trois sœurs se préparent pour sortir. Au moment de franchir la porte, leur mère leur demande :

- Où allez-vous ?
- Nous sortons avec nos fiancés, maman !
- Qu'allez-vous faire ?

La première répond :

- MOI, QUAND JE SORS AVEC HENRI, ON RIT !

La seconde dit :

- MOI, QUAND JE SORS AVEC CHARLES, ON PARLE !

Et la troisième annonce :

- MOI, QUAND JE SORS AVEC BLAISE...

Sa mère ne lui laisse pas terminer sa phrase :

- NON ! TOI, TU RESTES ICI !

Jeu

SUDOKU

Niveau facile

	4			6	1		2	8
		9	4	8		5		
8		6						7
	7		5	9				
	2							5
		8		2		3	9	
	9			7				6
3			6		9			1
5			2		3		4	

Solution p. 679

Vacances : pensez au surclassement !

Le surclassement en avion ou en hôtel peut vous réserver de belles surprises et il n'est pas seulement réservé aux chanceux. Il suffit de forcer un peu le destin...

Le surclassé type

La chance ne sourit pas à n'importe qui. Vous serez plus facilement surclassé si vous voyagez seul et que vous vous présentez habillé avec un minimum de classe. Et oui, les compagnies aériennes ou les hôtels ne vous attribueront pas la classe supérieure, si vous êtes déguisé en touriste ou que vous avez ramené vos bambins hyperactifs. Par contre, si vous voyagez en avion avec une personne qui a un billet classe affaires, vous aurez peut-être une chance d'être surclassé.

Enfin, devenez membre de la compagnie aérienne que vous fréquentez le plus : vous multiplierez là encore vos chances d'être surclassé ou d'obtenir des réductions, voire la gratuité de certains billets. Enfin, le surclassé type reste courtois en toutes circonstances que ce soit pour négocier un surclassement gratuit en hôtel ou pour essuyer un refus.

Le bon timing

Plus vous arrivez tôt à l'enregistrement, plus vous avez des chances d'être éventuellement surclassé. Sachez que la meilleure des solutions pour être surclassé en avion reste encore le vol survendu. À l'hôtel, plus vous réservez votre chambre à l'avance, plus large sera votre choix dans votre gamme de prix.

Plan B

Vous n'avez pas bénéficié d'un surclassement, mais vous voulez tout de même profiter des bons plans ? Vous pouvez toujours demander de changer de place, une fois dans l'avion. Concernant la réservation de votre chambre d'hôtel, n'oubliez pas qu'une bonne prospection peut vous éviter de mauvaises surprises. Si vous faites appel à une agence de voyage, n'hésitez pas à leur demander des informations détaillées sur les lieux en question et à leur faire part de ce que vous recherchez et de ce que vous souhaitez éviter (chambres au-dessus des cuisines, etc.). Jetez également un œil sur les forums qui concernent les hôtels que vous choisiriez. Demandez à ceux qui vous ont conseillé tel ou tel endroit de vous donner les numéros des chambres qu'ils préfèrent. Sinon, une fois sur place, n'hésitez pas à demander une autre chambre, si elle ne vous convenait pas ou précisez à l'accueil, surtout en haute saison, que vous êtes prêts à changer de chambre durant votre séjour. Qui sait vous pourrez peut-être passer d'une chambre simple à une chambre double ou même bénéficier d'un surclassement gratuit.

D'où vient l'expression « avoir pignon sur rue » ?

Au XVe siècle, les maisons en bois et torchis possédaient à leur sommet un pignon triangulaire qui supportait la faîtière, c'est-à-dire la poutre centrale de la charpente. « **Avoir pignon sur rue** », c'était tout simplement posséder une maison en ville.

Les rues des cités devenant de plus en plus commerçantes, les rez-de-chaussée de ces maisons étaient transformés en boutiques. L'expression s'est étendue pour désigner le fait d'avoir un commerce.

Comme la façade de la maison et son pignon donnaient sur la rue, plus ils étaient décorés, plus ils indiquaient la richesse du propriétaire.

Ces maisons de bois ont été interdites au XVIIe siècle après le grand incendie de Londres, qui s'est étendu à partir des charpentes. Ces demeures citadines sont donc devenues de plus en plus rares et difficiles à acquérir et « **avoir pignon sur rue** » a pris son sens actuel, à savoir « **être reconnu, avoir une certaine notoriété** » et sous-entend « **avoir une situation financière confortable** ».

Suite logique

F - 7

J - 11

C - ....

Solution

4. Il s'agit de la position de la lettre dans l'alphabet + 1.

Des Japonais nettoient Paris pour leurs compatriotes touristes

La porte Maillot, la Conciergerie, la place de la Concorde, Les Champs-Élysées… les sites touristiques parisiens passent sous les kärchers des Japonais. Un dimanche par mois, l'association Greenbird, composée de Nippons installés à Paris, se réunit pour nettoyer un quartier de la capitale. Leur concept : « ville propre, esprit léger. » Habillés de dossards verts, armés de balais et de sacs poubelle, ils ramassent déjections canines et détritus pour rendre Paris plus présentable aux yeux des touristes japonais. Il est vrai que ces derniers, dont l'hygiène est plus ancrée dans la culture, déchantent dès leur arrivée à l'aéroport et revoient à la baisse leur idée du raffinement français.

L'association n'en est pas à son premier coup d'essai : elle possède déjà une dizaine d'antennes qui nettoient les villes nipponnes. Mais la Ville Lumière leur donne du fil à retordre : pour eux, les 5 000 agents chargés de la nettoyer ne suffisent pas du tout pour nettoyer les 2 400 km de trottoirs.

Et d'ailleurs, il semblerait que les Japonais ne suffisent pas non plus. L'association appelle tous les Parisiens à venir les rejoindre et à scander leur slogan : « Je veux rendre propre la ville où j'habite. »

www.greenbird.jp

En 2011, Jésus décide de revenir sur terre. Il convoque les journalistes du monde entier à la conférence de presse. Les questions fusent. Mais, bien sûr, ils veulent des preuves.

– **JÉSUS ! PROUVEZ-NOUS QUE VOUS ÊTES BIEN JÉSUS !**

Le fils de Dieu gagne, alors, un étang situé à 300 mètres... suivi de centaines de journalistes.

Il commence à marcher sur l'eau, mais au bout de 10 mètres, il commence lentement à s'enfoncer. L'eau arrive aux genoux... au bassin... aux épaules...

– **MAIS ALORS, QUE T'ARRIVE-T-IL, JÉSUS !**

– **JE VOUS Y VERRAIS, MOI, AVEC DES TROUS DANS LES PIEDS !**

Énigme

7 chefs d'État européens se retrouvent au Conseil de l'Europe et s'apprêtent à se serrer la pince. Ils se serrent la main chacun leur tour. Combien de poignées de mains seront comptabilisées, si l'on considère qu'aucun ne serre la même main deux fois ?

Solution

Prenons un chef d'État au hasard... le chef d'État français, par exemple. Celui-ci sert la main aux six autres chefs. Le deuxième chef d'État, en revanche, qui aura déjà serré la main au Français, ne pourra serrer la main qu'à 5 autres. Le dernier ne se serra pas la main tout seul, par contre.

Donc, cela nous donne : 6+5+4+3+2+1 = 21 poignées de mains.

Troquez sur Internet

Sans jamais avoir totalement disparu des usages, le troc revient au goût du jour pendant les périodes de crise. C'est un excellent moyen de s'équiper sans dépenser des sommes astronomiques.

La Trocante (www.trocante.com) rassemble depuis plus de 30 ans des adeptes du système D. Chaque jour, des milliers de Troqueurs se retrouvent à La Trocante avec une même passion, le troc et un seul objectif : consommer sans s'endetter.

Sur le site internet, vous trouverez les articles vendus dans les magasins avec leur photo, leur prix, l'endroit où ils sont mis en vente et les coordonnées du vendeur.

La Caverne des Particuliers (www.lacaverne.com) a un réseau d'une cinquantaine d'entrepôts en France et est très présente en Île-de-France. Allez sur leur site internet, vous trouverez les articles disponibles et les entrepôts qui les accueillent.

Des sites comme www.france-troc.com, www.digitroc.com ou bien www.gchangetout.com n'ont, quant à eux, pas d'entrepôts de vente, ils recensent les annonces des particuliers et facilitent la mise en relation. Après, c'est à vous de jouer !

LES VÊTEMENTS

Les vêtements représentent environ **4,9 % des dépenses** du consommateur français.

Un Américain possède en moyenne **7 paires de jeans** dans son armoire. Les Européens n'en possèdent que **3**.

47 % des Français disposent de **4 à 6 paires** de chaussures. **26 %** en possèdent de **1 à 3 paires**, **19 %** en ont de **7 à 10** et **8 %** en ont jusqu'à **11**.

1 entreprise de l'habillement sur 5 opère dans la lingerie. Ce secteur occupe plus du quart des effectifs et réalise près de **20 % du chiffre d'affaires** de l'habillement.

5 % des Britanniques de sexe masculin avouent porter le même caleçon toute la semaine.

Les vertus de la bière contre l'ostéoporose

D'après une étude espagnole, la consommation de bière vers la cinquantaine réduirait les risques d'ostéoporose chez les femmes. L'étude a porté sur un groupe de 1 700 femmes en bonne santé. Même à moins d'une pinte par jour, les os seraient en meilleure santé.

Mesdames, vous savez ce qu'il vous reste à faire !

Un couple de **HALSACIENS** décide de **BASSER** une soirée **HOTTE**. Hansi achète des bréservatifs parfumés : vanille, chocolat, banane, fraise...

Tout heureux, il dit à sa femme :

- **TEVINE** ce que **CHAI** acheté ?

- **YOOOO !** Quoi **TONC** encore ? **RÉBOND** sa femme.

- Des **GAPOTES** ! Il y en a **TE TIFFÉRENTS BARFUMS**, on **BOURRAIT** les essayer, hein ?

Sa femme accepte avec enthousiasme et lui propose même un jeu **RIKOLO** :

- Et si **CHESSAYAIS** de deviner le **BARFUM** dans le noir ?

- **YOOO ! HOPP,** c'est une ponne idée !

Et en deux temps, trois mouvements, ils se déshabillent et éteignent la lumière.

La femme prend l'objet convoité et s'exclame, triomphante :

- Hmmm ! Celui là, c'est Munster !!!

- Attends donc, **CH'AI** pas encore mis le **BRÉSERVATIF**...

Shut up, please !

Les chauffeurs de taxis londoniens seraient beaucoup trop bavards ! La situation est si problématique que l'organisme public en charge des transports en commun à Londres songe depuis mars 2010 à mettre en place une formation pour que leurs chauffeurs la mettent un peu plus en veilleuse.

En effet, le responsable des taxis au sein de l'organisme public considère que les chauffeurs doivent être capables de sentir si leur client est disposé à bavarder avec eux.

Ainsi, les chauffeurs londoniens seraient bientôt formés aux problématiques d'accueil des clients pour améliorer la qualité de leur service.

Et ce n'est pas du luxe, quand on sait que la concurrence se fait rude sur l'offre de taxis à Londres.

Désormais, le chauffeur de taxi londonien devra tourner sa langue dans sa bouche avant de l'ouvrir. On ne peut pas dire que ce soit le cas des chauffeurs de taxis parisiens qui seraient presque parfois un peu trop mal lunés...

Test

Êtes-vous cerveau droit ou cerveau gauche ?

En général, quand vous avez un rendez-vous important :

● Vous vous donnez une marge d'une heure pour gérer les imprévus.

◆ Vous arrivez 5 minutes en avance.

■ Vous arrivez pile à l'heure (ou presque...).

Chez vous, votre déco est plutôt :

● sobre et pratique.

■ fantaisiste et colorée.

◆ originale et fonctionnelle.

Vous croisez un ancien pote de fac. Vous vous dites :

◆ « Quelle surprise ! Il a bien changé, dis donc. »

● « C'est bizarre. Je croyais qu'il habitait au Brésil. Il est peut-être de passage. »

■ « Ce doit être un signe. Mon horoscope me l'avait prédit... »

Le repas de famille dominical s'éternise et vous commencez un peu à vous ennuyer :

● Vous vous isolez dans le salon pour organiser la semaine qui arrive.

■ Vous vous transformez en dresseur animalier avec Socrate, le chien familial.

◆ Vous imaginez un vaudeville avec tous les membres de votre famille.

Un(e) bon(ne) ami(e), un peu perdue de vue, vous appelle un lundi soir pour boire un verre :

● Vous refusez en lui expliquant que vous n'aviez pas prévu de sortir.

■ Vous exultez de joie et vous vous empressez de le (la) retrouver où il (elle) se trouve.

◆ Vous lui proposez plutôt de passer chez vous parce que vous êtes un peu fatigué(e).

Comment préparez-vous la rentrée ?

● Vous rentrez de vacances quelques jours plus tôt pour régler papiers, inscriptions, travaux, ménage, etc.

■ Vous profitez pleinement des vacances, puis le week-end de la rentrée vous planifiez les choses à faire pour le mois à venir.

◆ Vous vous dorez la pilule jusqu'à la dernière seconde. On verra plus tard !

Votre responsable vous réclame un document à lui transmettre au plus vite :

■ Vous lui dites que vous passerez dans son bureau dans une petite demi-heure le temps de le retrouver.

◆ Vous paniquez : il est introuvable !

● Vous avez besoin de quelques secondes pour retrouver ce papier. D'ailleurs, vous aviez photocopié quelques exemplaires d'avance, en cas de problème.

Vos amis disent que vous êtes avant tout quelqu'un de :

■ créatif .

◆ chaleureux.

● fiable.

L'organisation, c'est pour vous :

● quelque chose d'essentiel.

◆ quelque chose de très pratique.

■ quelque chose d'ennuyeux.

Votre idole passe en concert mais le billet est clairement hors de prix :

■ « Tant pis. Je me serre la ceinture. Je ne raterai ça pour rien au monde ! »

◆ « C'est un peu cher. Peut-être que je peux demander à Lucas de m'avancer. »

● « Mince. Il faudrait que je touche à mon compte épargne. Non, ce n'est pas raisonnable... »

Résultats

Vous avez une majorité de ■

Vous êtes plutôt cerveau droit

Chez vous, c'est le cerveau droit qui est en ébullition. Vous êtes fantaisiste, créatif et cultivez votre originalité. Vous avez aussi une grande capacité d'intuition qui vous rend bien souvent service. Vous fuyez la routine comme si c'était la peste et restez ouvert sur ce qui vous entoure. Votre esprit est parfois un peu étourdi. Certains peuvent vous trouver désordonné et lunaire. Parfois, il faudrait savoir redescendre sur terre. Vous en êtes conscients par moment, mais en règle générale, cela vous ennuie furieusement. Vous nourrissez peut-être trop de préjugés sur les personnes organisées. Vous êtes charmant comme vous êtes, mais prendre exemple sur eux de temps en temps vous ferait le plus grand bien.

Vous avez une majorité de •

Vous êtes plutôt cerveau gauche

C'est l'hémisphère gauche qui domine chez vous. Vos mots d'ordre sont méthode, réflexion et organisation, ce qui fait de vous une personne plutôt fiable et efficace. Sans être forcément quelqu'un de psychorigide, vous aimez l'ordre et la raison dans tous les domaines de votre vie : travail, amour, etc. Vous endossez souvent le rôle de grand organisateur pour les soirées et les vacances. De même, vous êtes attiré par toutes les activités qui stimulent votre intellect. Vous êtes quelqu'un d'exigeant intellectuellement avec vous-même et avec les autres. Vous vous projetez dans le passé et dans l'avenir, comme pour vérifier le sens de vos actes et de vos choix. Votre problème, s'il en est, c'est que vous laissez peu de place à l'imaginaire et à l'imprévu, source de surprises inégalées. Vous risquez parfois, à trop vouloir contrôler les choses, de passer à coté de rencontres ou de petits bonheurs simples. La fantaisie n'est pas synonyme de laisser-aller, ni de débauche de l'esprit. Vous pouvez garder votre esprit aiguisé et laisser votre cerveau droit s'exprimer davantage.

Vous avez une majorité de ◆

Vous êtes un peu des deux

Alors, là chapeau ! Vous savez solliciter vos deux cerveaux de manière équilibrée, car il faut effectivement savoir jongler entre fantaisie et méthode. Face à une situation donnée, vous faites appel en premier à votre cerveau gauche. Mais votre cerveau droit a clairement voix au chapitre. Vous vous sentez peut-être parfois tiraillé par des intentions opposées, mais vous réussissez en règle générale à trouver votre compte et à satisfaire les autres. Vous êtes à la fois terre à terre et empathique, ce qui fait de vous une personne d'une grande écoute et de bon conseil, dont on apprécie la compagnie. Vous savez s'il faut vous remettre en question car vous gardez en mémoire grâce au cerveau gauche les erreurs du passé et votre cerveau droit vous pousse à changer de direction. Évidemment, ce n'est pas toujours simple de conserver cet équilibre, mais gardez le cap !

Un homme prévient son épouse :
- Ce soir, nous allons dîner chez M. le ministre. Tu as intérêt à bien te tenir.
- Pourquoi ? **SA MAISON EST EN PENTE ?**

Un fou demande à un autre :
- Tu as l'heure ?
- Il est **155 KILOS**.
- Ah bon ? Alors j'avance de **42 LITRES**...

Des rideaux qui glissent

Pour que vos rideaux coulissent sans problème, il suffit d'enduire la tringle d'un peu de vaseline ou de cire pour le bois.

Des tableaux bien droits

Pour que vos tableaux restent droits, collez un morceau de ruban adhésif à double face de chaque côté à l'arrière du cadre. Ainsi, ils ne glisseront plus.

Jeu d'articulation

Répétez dix fois très vite :

Ciel, si c'est cinq sous
ces six ou sept
saucissons-ci,
c'est cent cinq sous
ces cent sept saucissons
aussi.

Développez votre intuition

Chaque individu est capable d'intuition. Seulement, l'intuition se développe en communiquant avec soi-même. Il faut se concentrer sur ce sixième sens, écouter sa petite voix intérieure, l'accepter et lui accorder sa confiance.

La voix intérieure

L'intuition envoie des informations comme la mémoire. Il est difficile d'en déterminer l'origine, mais la clé est de prendre conscience de ces informations. Cela rendra votre sixième sens plus efficace. Cependant, il ne faut pas appliquer à la lettre ces données intuitives. Il faut les interpréter. Votre expérience et votre lucidité vous permettront avec le temps de savoir comment interpréter votre voix intérieure.

L'état intuitif

Pour découvrir votre état intuitif, celui qui permet d'écouter sa voix intérieure, il faut vous détendre et vous concentrer. Prenez une profonde respiration et tranquillisez votre souffle. Puis, efforcez-vous de faire le vide mentalement. Si vous pensez à des obligations précises (il faut que...) ou si vous êtes sous l'influence d'une émotion, vous n'êtes pas encore parvenus à votre état intuitif. Courage !

Les coïncidences

Les coïncidences et les répétitions sont comme des messages, dont vous devez trouver la signification. Là encore, il faut savoir interpréter les messages et ne pas appliquer les choses à la lettre. Il peut s'agir d'images, de symboles et non de messages directs.

Le dictionnaire interne

Vous l'aurez compris. L'intuition n'est pas un don divin, tombé du ciel. C'est sont des signes qu'il faut interpréter, comme s'il s'agissait d'un code interne. Autrement dit, vous apprenez votre propre langue étrangère. Identifiez les images qui surgissent dans votre esprit en fonction des contextes (votre père, la couleur orange, un soleil, la mort, etc.) et notez les dans un carnet, toujours à portée de vous. Vous vous constituerez avec le temps un dictionnaire de compréhension et d'interprétation de votre intuition.

Les plaintes les plus absurdes des touristes à leur tour opérateur

Sur la photo de la brochure, le sable était jaune. Or, il était blanc.

Il y a beaucoup trop d'Espagnols à Barcelone !

J'ai acheté à un marchand de rue des lunettes de soleil Gucci qui se sont révélées fausses !

Je reviens d'Inde et je suis révoltée. Je n'ai pas été prévenue que la cuisine indienne était faite à base d'épices et spécialement de curry. Or, je suis allergique au curry.

Nous n'avions pas été avertis qu'il fallait prendre le bateau pour passer d'une île à l'autre.

Nous avons mis neuf heures pour revenir de Jamaïque en Angleterre par avion. Les Américains, eux, mettent trois heures pour rentrer chez eux. C'est inégal !

La brochure de l'hôtel indique que les coiffeurs ne peuvent pas se rendre dans les chambres. Mon mari et moi sommes coiffeurs. Est-il quand même possible de réserver une chambre dans cet hôtel ?

Vous ne nous avez pas prévenus qu'il y avait des poissons dans la mer. Nos enfants ont eu peur.

Je vous porte responsable de la grossesse de ma femme. En effet, alors que nous avions spécifié une chambre avec deux lits séparés, on nous a donné une chambre avec un lit deux places.

Les commerçants locaux font trop la sieste !

Les femmes topless devraient être interdites sur les plages. Elles ont ruiné mon séjour car mon époux n'a pas arrêté de les regarder.

Notre chambre simple était beaucoup plus petite que la chambre triple de nos compagnons de voyage.

Notre séjour prévoyait la visite d'un parc d'attraction aquatique. Seulement, vous ne nous avez pas avertis qu'il fallait apporter maillots de bain et serviettes !

Votre hôtel n'est pas assez à l'écart de la réserve africaine. La vue d'un éléphant sexuellement excité juste devant ma suite m'a complexé et a gâché ma lune de miel !

En tant que tour-opérateur, vous étiez dans l'obligation de nous avertir de l'éventualité de cohabiter avec des personnes bruyantes et mal éduquées.

La soupe de l'hôtel était trop épaisse. (le client mangeait en réalité de la sauce)

J'ai été piqué par un moustique. Personne ne m'avait prévenu que les moustiques piquaient.

Le prospectus aurait pu signaler que certaines marques de biscuits ne sont pas en vente dans les magasins locaux.

La plage était trop ensablée.

SUDOKU

Niveau moyen

1		7	2				6	3
						2		
		5			8			
6			3		2		4	
	2				4	8	7	
				6				
7					1		8	
8		4	5	9	7			1
		2					5	4

Solution p. 679

Pourquoi dit-on « se faire la belle » ?

« **Se faire la belle** » signifie « **s'évader** », « **fuir** ».
Autrefois, le mot « **belle** » était synonyme « **d' occasion** ». « **Vous l' aviez belle de partir** », etc.
Ainsi, « **se faire la belle** » signifie saisir une belle occasion de s'enfuir.
Certains aux idées mal placées diront qu'il y a un autre sens possible à l'expression « **se faire la belle** », mais nous en resterons là...

QUESTIONS À LA CON

Est-ce vraiment si important que les **POULETS** soient élevés au grand air puisque je ne mange pas les **POUMONS** ?

La phrase suivante est **FAUSSE**.
La phrase précédente est **VRAIE**.
Laquelle de ces phrases est **VRAIE** ?

Aux jeux paralympiques, y a-t-il des **STATIONNEMENTS** pour les personnes non handicapées ?

Les employés de **NESPRESSO** prennent-ils du plaisir à la pause-café ?

Pourquoi un bruit **TRANSPIRE** avant d'avoir **COURU** ?

L'INFORMATIQUE EN QUELQUES CHIFFRES

Un système d'exploitation type Windows ou Linux est composé de **5 à 10 millions de lignes de code informatique**. Il faudrait **2 500 à 5 000 ans** à un homme seul pour les écrire.

La molette roulante située au dos de la souris et qui permet de faire défiler les menus parcourt environ **8 mètres** par jour.

Le Blu-Ray, successeur du DVD, a une capacité de **25 Go, soit 5 DVD, 35 CD ou 17 361 disquettes**.

Un site au top !

Topito est un site qui publie toutes sortes de top. Les tops des plus grands guitaristes de tous les temps, des perles de stars, des meilleurs banques en ligne, des compagnes de footballeurs les plus sexys et plein d'autres encore. Vous pouvez même rejoindre la communauté des « topiteurs » et poster votre propre top 10 ou top 50 : pourquoi pas le top 10 des meilleures raisons de faire taire votre voisine qui chante sous la douche ou de vous acheter un nain de jardin en marbre ?

http://www.topito.com/

LES WC EN GRECE

Suite logique

U

D

T

Q

C

S

S

....

Solution

H. Chaque lettre correspond à la première lettre d'un chiffre : un, deux, trois quatre, cinq, six, sept, etc.

Le piment : *une arme contre le terrorisme*

Les Indiens ont la chance d'avoir le piment le plus puissant du monde à disposition, le bhut jolokia, un piment qui contient plus d'1 million d'unités sur l'échelle de Scoville (une échelle pour mesurer l'intensité du piment). Considérez que le tabasco en détient seulement 5 000, pour vous faire une idée de la force de frappe de ce piment. Le bhut jolokia est même officiellement inscrit dans le *Guiness des records* depuis 2007.

Ainsi, l'armée indienne décida de s'intéresser de plus près à ce piment d'exception. Elle mit au point des grenades lacrymogènes pour immobiliser les terroristes. D'après le colonel R. Kalia, porte-parole de la défense indienne, le lacrymogène au bhut jolokia est une arme non toxique qui a « toutes les chances d'être efficace ». Cette grenade a été jugée propre à l'usage par les scientifiques de l'Organisation de défense pour la recherche et le développement.

Le plus grand pétomane français

Il s'agit de Joseph Pujol, un marseillais qui, au début de XXe siècle, connut un succès sans pareil avec son numéro de pétomane. Pendant plus d'une heure, il exécutait toutes sortes de pets et jouait même au moyen d'un flûtiau à fesses des mélodies comme *La Marseillaise* ou *Au Clair de la Lune* !
Il découvrit son talent à l'adolescence et s'en servit à l'armée à Valence pour amuser la galerie. Il décida à la fin de son service de monter un numéro grâce auquel il fut repéré par un impresario. Ce dernier s'empressa de le faire monter à la capitale pour intégrer le Moulin Rouge. Il y resta deux ans, puis ouvrit le Pompadour, son propre théâtre.
Joseph Pujol gagna en notoriété à l'étranger, mais dût interrompre sa brillante carrière d'artiste à cause de la première guerre mondiale.

Le petit chaperon rouge va apporter une galette à sa grand-mère. Tout d'un coup, elle rencontre le loup derrière un arbre et lui dit :

– QU'EST-CE QUE TU AS DE GRANDS YEUX !

Le loup prend peur et s'en va en courant. Le petit chaperon, un peu surprise, continue son chemin. Un peu plus loin, elle revoit le loup derrière un rocher et lui dit :

– QU'EST-CE QUE TU AS DE GRANDES OREILLES !

Là, pareil. Le loup s'en va en courant. Le petit chaperon continue alors sa route, sûre d'elle et revoit le loup derrière un buisson. Elle lui lance :

– QU'EST-CE QUE TU AS DE GRANDES DENTS !

Et là, le loup énervé lui répond :

– BON ! TU VAS ME LAISSER CHIER TRANQUILLEMENT, MAINTENANT ?

Une insolation ?

Voici les gestes à connaître en cas d'urgence :

- Transportez le malade dans un coin frais et étendez-le.
- Enlevez les vêtements qui gênent la circulation.
- Appliquez sur le visage, le cou et la poitrine des lotions fraîches avec du vinaigre.
- Frictionnez énergiquement les jambes du malade avec de l'alcool camphré.
- Donnez du thé, du café léger ou de l'eau un peu alcoolisée au malade, s'il peut boire.
- Si ces premiers gestes s'avèrent inefficaces, appelez d'urgence un médecin. Sinon, assurez-vous que le malade se repose après les premiers soins et se purge.

11 septembre 2001 : quand Élisabeth Tessier se plante en beauté

L'erreur est humaine, mais là c'est tout de même tristement cocasse. La célèbre astrologue avait donné dans le *Télé 7 jours* de la semaine du 11 septembre les prédictions suivantes : « Dans le cadre de la sombre opposition Saturne-Pluton qui sévit depuis début août et reflète un climat de haine ostraciste et de chasse aux sorcières, on assiste les 8, 10 et 11 à une sorte de trêve due aux relais de Mercure (communication) et Vénus (charme et tolérance). Par un dialogue de bonne volonté, on éclaircira des situations tendues. » Beaux euphémismes, si l'on se souvient des images à faire froid dans le dos !

Mais ce n'est pas tout. Elle écrivait dans *Horoscope 2001* que le 11 septembre allait être un « jour FAVORABLE pour les rencontres diplomatiques » et un « jour FAVORABLE pour les voyages et les transports ».

De quoi ruiner une réputation !

Les acteurs qui ont perdu ou pris du poids pour un rôle

Renée Zellweger

Tout le monde se souvient de Renée Zellweger incarnant avec brio la célèbre Bridget Jones, célibataire endurcie bien rondouillette. Pour chacun des opus de *Bridget Jones*, Renée Zellweger a accepté de prendre 11 kilos. Entre les deux films, elle a su afficher une silhouette à faire pâlir de jalousie sur les tapis rouges.

Scarlett Johansson

La belle Scarlett, quant à elle, a dû se résoudre à perdre quelques kilos pour le film *Iron Man* pour jouer aux côtés de la filiforme Gwyneth Paltrow. Elle a perdu environ 6 kilos pour le rôle et a suivi le même programme sport-régime-détox-remaniement des chacras que Gwyneth.

Charlize Theron

C'est un peu la championne du transformisme de ces dix dernières années. Pour le film *Monster*, la plantureuse sud-africaine a accepté de prendre pas moins de 15 kilos et de s'enlaidir le visage avec des fausses dents rabougries et un masque en latex. Méconnaissable...

Uma Thurman

Le réalisateur Quentin Tarentino a exigé de son actrice fétiche qu'elle perde 12 kilos pour jouer l'héroïne de *Kill Bill* en combi jaune. Uma Thurman avait en effet conservé quelques kilos superflus de grossesse.

Will Smith

Pour incarner Mohammed Ali, Will Smith a dû prendre presque 20 kilos de muscles. Le résultat est d'ailleurs très surprenant.

Tom Hanks

Tom Hanks a eu recours aux régimes draconiens pour plusieurs films. Dans *Philadelphia*, l'acteur, qui joue une personne atteinte du sida, a accepté de perdre une dizaine de kilos. Mais il bat son record en 2001 avec le film *Seul au monde* pour lequel il perd 22 kilos.

Edward Norton

Edward Norton joue le rôle d'un néonazi dans *American History X*. Son jeu d'acteur exceptionnel ne suffisait pas pour incarner le personnage. Edward Norton a dû prendre près de 15 kilos de muscles.

Adrien Brody

L'acteur a réalisé une perte de poids record pour les besoins du film *Le Pianiste* de roman Polanski. Il a du perdre 13 kilos en six semaines pour jouer ce rôle grandiose et tragique.

Vincent Cassel

L'acteur a disposé de 4 mois pour prendre 20 kilos afin d'incarner Jacques Mesrine. Vincent Cassel a confirmé qu'il était plus facile de prendre du poids que d'en perdre, car il a eu besoin de 9 mois pour récupérer son poids initial.

François-Xavier Demaison

Le comédien François-Xavier Demaison a travaillé son rôle sur tous les plans et n'a rien laissé au hasard pour interpréter Coluche : ni la voix, ni le poids. Il a dû prendre près de 14 kilos. Il faut bien remplir la salopette rayée, non ?

Idée farfelue pour sécher les cours

Vous cherchez une excuse originale pour ne pas aller en cours ? Voici une idée complètement barjot !

En janvier 2008, Diego, un Mexicain de 10 ans, s'est collé les mains à l'armature de son lit. Il a utilisé une véritable colle industrielle et il était absolument impossible de l'en détacher. « Je me suis dit que si j'étais collé au lit, ils ne pourraient pas m'obliger à aller à l'école. Je ne voulais pas y aller, c'était trop bien les vacances », a expliqué Diego.

La mère, impuissante face au stratagème de son fils, a fait appel aux urgences et à la Protection civile qui sont parvenus à détacher les mains de l'enfant sans le blesser au moyen de produits chimiques dissolvants.

Diego a tout de même fait sa rentrée le jour même, avec seulement quelques heures de retard.

Casse-tête

Combien y a-t-il de carrés au total dans cette figure ?

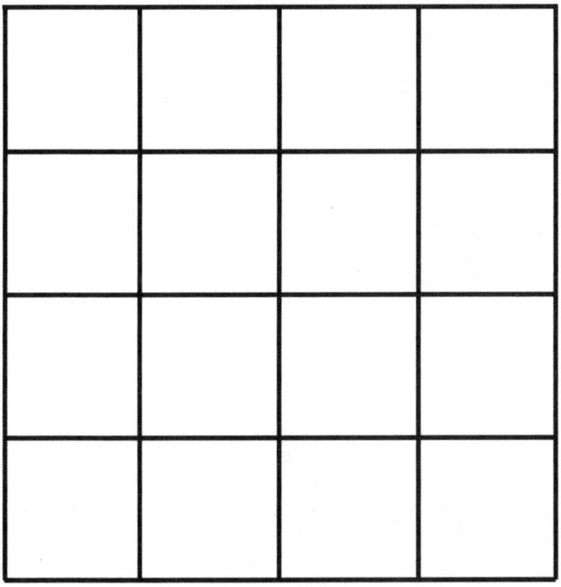

Solution

30 : 16 de taille 1 x1, 9 de taille 2 x 2, 4 de taille 3 x 3 et 1 de taille 4 x 4.

DEVINETTES

Comment réparer la montre d'une femme ?

POURQUOI LA RÉPARER ?

IL Y A UNE HORLOGE SUR LE FOUR !

Quelle est la femme idéale ?

UNE JOLIE BLONDE,

NYMPHOMANE,

MUETTE,

SOURDE,

QUI A PERDU SA MÈRE

ET DONT LE PÈRE

TIENT UN SEX-SHOP.

D'où vient l'expression « miroir aux alouettes » ?

Le miroir aux alouettes vient d'une espèce de piège utilisé autrefois par les chasseurs pour attirer du petit gibier, comme des oiseaux.
Il était composé de bouts de bois sur lesquels étaient accrochés des morceaux de miroir.
Lorsqu'on l'agitait, les reflets brillants appâtaient les alouettes.
On pouvait alors les tirer au fusil plus aisément.

ROIS ET REINES

• En 1161, **Charles VII** fut sacré roi de Suède. Personne ne sait pourquoi il choisit ce numéro, étant donné qu'il n'y avait jamais eu d'autre Charles sur le trône avant lui.

• En Grèce en 1920, celui qui succéda à Alexandre **I**er sur le trône fut son père, Constantin **I**er.

• La princesse japonaise Masako est soumise à un protocole très strict. Si elle veut sortir de son palais, elle doit remplir un papier administratif **15 jours** à l'avance. Elle doit aussi changer **8 fois** de kimono par jour.

• Elisabeth **II** est reine des royaumes du Commonwealth. À ce titre, elle est reine de **16 pays** indépendants.

À vous la tête d'affiche !

Quand vous aurez ouvert ce site, vous n'en sortirez plus. Le site Hollywoodlogeek propose une dizaine d'affiches (seulement ?) de films US incontournables, dont vous pouvez détourner les titres et certains noms d'acteurs. Naturellement, vous pouvez voir en ligne les meilleurs détournements, avec comme titre *Bienvenue chez les Chtis* pour l'affiche de *Sin City* et *Apocalypse Sarkow* pour l'affiche d'*Apocalypse Now*. Vous savez déjà qui vous allez choisir comme pote pour cible du canular ? Vous n'êtes pas au bout de vos plaisanteries...

http://hollywood.logeek.com/index.php

Comment relativiser ses échecs au travail ?

Ce n'est pas simple de résister à l'esprit de dramatisation, surtout si l'on essuie quelques échecs au boulot ou si notre entreprise prend la crise de plein fouet. Les salariés comme leurs managers doivent se poser les bonnes questions et analyser la situation avec la tête froide.

Identifier ses angoisses

D'après Olivier Tirmarche, consultant et spécialiste de la gestion du stress et du changement, la crise ne génère pas du stress mais de l'angoisse. Le stress est un sentiment préférable car il permet de rester dans l'action. Parfois, le stress joue même le rôle d'un moteur. En revanche, l'angoisse jouerait plutôt le rôle d'un frein. Les peurs paralysent, c'est connu. Or le climat anxiogène qui accompagne les périodes de crise n'arrange rien. Identifiez vos peurs liées à la crise, à votre profession. Olivier Tirmarche invite chacun de nous à visualiser les pires scénarios qui puissent objectivement se concrétiser. Bien souvent, on se rend compte que l'on imaginait initialement des idées irréalistes ou tout à fait surmontables.

Identifier l'origine et le contexte des problèmes

« Est-ce que j'aurais rempli mes objectifs s'il n'y avait pas la crise ? » Très souvent, la réponse est oui. Cessez de vous culpabiliser ou d'accuser vos collaborateurs. Les conséquences d'une telle attitude peuvent être graves et chacun a besoin d'un moral d'acier pour trouver des solutions et rester efficace.

Travailler son cœur de cible

Vous ne parvenez pas à gagner de nouvelles parts de marché ou à vous faire de nouveaux clients ? Et si vous vous concentriez sur vos valeurs sûres ou sur la clientèle fidèle que vous vous êtes déjà constituée ? C'est un peu comme le verre à moitié vide et à moitié plein. Profitez de cette période transitoire pour consolider vos bases et votre réseau.

Communiquer au sein de l'équipe

Il ne s'agit pas d'ouvrir la bouche et de parler de tout et de rien avec les collègues ou les responsables. L'objectif est de parler objectivement et intelligemment de son ressenti. Idéalement, il faut garder un air combattif et non afficher un air abattu.

Soutenir son personnel

Josyane Halberstam, fondatrice de JH Coaching & Accompagnement, remarque que la pression exercée en entreprise est «systémique ». D'après elle, cette pression « se répand en cascade du haut vers le bas ». Ainsi, le personnel ne reçoit pas tant de messages de courage et de soutien de la part de sa hiérarchie, trop occupée à étudier l'orientation de son gouvernail. Pourtant, c'est dans les périodes de crises que les individus ont le plus besoin de soutien et de reconnaissance. Sinon, la situation s'enlise dans une crise de confiance lourde. Encadrez et motivez vos troupes !

Un Picasso transpercé la veille de sa vente

En 2006, le milliardaire américain Steve Wynn, célèbre entrepreneur de casinos, déchire malencontreusement son Picasso alors qu'il devait le mettre en vente le lendemain pour la somme modique de 139 millions de dollars. Il voulait montrer à ses amis lors d'un diner le tableau intitulé *Le Rêve*, représentant la maitresse du peintre, Marie-Thérèse Walter. Tout en racontant les anecdotes liées à l'œuvre, Steve Wynn, dos au tableau, recule et par un mouvement brusque déchire la toile. Faute à moitié pardonnée tout de même, car le milliardaire souffre d'une retinis pigmentosa, maladie qui affecte la vision panoramique et la perception de la distance avec son environnement.

L'épouse Wynn insista auprès de son mari pour que la mise en vente du tableau n'ait jamais lieu. Qui sait ? Le fantôme de Marie-Thérèse avait peut-être frappé.

Deux hommes sont dans un bar et discutent :

- Où est-ce que tu es né ?
- À Tours...
- Ah bon ! **MOI AUSSI !!** Et dans quelle maternité ?
- Celle du Beffroi...
- **MOI AUSSI !** Et quel jour ?
- Le 5 octobre 1975...
- Oh ! **MOI AUSSI !** Tout pareil ! C'est dingue !

Un troisième homme entre dans le bar et demande au barman :

- Alors Jim, quoi de neuf ?
- Bof, rien de nouveau. **LES JUMEAUX SONT ENCORE BOURRÉS.**

190 journées mondiales en un an

Le site journee-mondiale.com, créé par Vincent Tondeux, répertorie près de 200 journées mondiales, les plus connues étant la journée mondiale de la femme ou de la paix. Mais il y a aussi la journée mondiale de la poésie, celle du rire, celle de la Corse et celle du lavage des mains !

Les journées mondiales sont des dates dédiées à une thématique spécifique, célébrée dans le monde entier. Avec plus ou moins de ferveur, évidemment, car, nous en conviendrons, il est peu probable que le Tibet célèbre la journée mondiale de la Corse (quoique...).

En règle générale, les grandes organisations internationales ou les lobbys et syndicats décrètent ce type de journées, mais en pratique il n'existe pas d'organisme mondial qui centralise les décisions. Ainsi, en théorie, tout le monde pourrait proposer une journée mondiale (en théorie...) !

Si vous visitez le site www.journee-mondiale.com, vous remarquerez la répartition très inégale du calendrier de ces événements. Ainsi, il y a des périodes creuses et il y a des cycles durant lesquels les journées mondiales battent leur plein, comme au mois de mai, où le site répertorie près de 25 dates. Grâce au moteur de recherche du site, on peut trouver une journée mondiale par mots-clés.

SUDOKU

Niveau difficile

1				7				
			9					6
	4			3				7
		8					3	9
5				6	4		2	
			8					
6		7			1			3
		1	6					
	9	2	5					

Solution p. 679

Femmes enceintes : ne roulez pas seules dans le désert américain

Il est apparemment interdit de rouler seul(e) dans le désert aux États-Unis. C'est en tout cas ce qu'a réalisé une femme enceinte qui voyageait seule dans le désert américain, car la police l'a arrêtée. La malicieuse, pour se défendre, a rétorqué qu'elle n'était pas seule puisqu'elle était enceinte. Ainsi, elle a pu éviter de justesse la condamnation. Mais c'était sans compter sur la ruse des policiers qui ont réussi à lui imposer une amende, car il est interdit de voyager à deux sur le même siège.

IKEA EN CHIFFRES

La marque Ikea est née en **1943**.

Son fondateur, Ingvar Kamprad, avait à peine **17 ans** lorsqu'il créa la marque, dans un petit village de Suède.

Depuis, Ikea est présent dans **24 pays** et emploie **128 000 personnes**.

Son chiffre d'affaires annuel est de **21,1 milliards d'euros**.

Son catalogue est imprimé à **198 millions d'exemplaires** par an. C'est la première publication au monde, juste avant la Bible.

En Europe, **un individu sur 10** est conçu dans un lit venant de chez Ikea.

Comment lutter contre les insectes ?

Voici quelques astuces pour se débarrasser une bonne fois pour toutes des insectes, sans les exterminer.

Les araignées

L'important est de retirer les toiles d'araignée. Placez un chiffon au bout d'un balai et enroulez les toiles d'araignées une à une autour du chiffon. Il ne vous reste plus qu'à le jeter. Vous pouvez également utiliser des feuilles de tomates comme répulsif naturel : il suffit de les placer aux endroits susceptibles d'intéresser les araignées ou bien aux endroits où elles ont déjà tissé leur toile. Elles ne vous échapperont plus.

Les moustiques

Pour les éloigner, rien de mieux que de la citronnelle dans une coupelle sur vos rebords de fenêtres. Vous pouvez aussi utiliser des oranges ou des citrons piqués de clous de girofle ou bien mettre quelques gouttes de vinaigre sur la plaque de votre cuisinière. Les plans d'aloe vera ont également des vertus anti-moustiques.

Les mouches

Les plantes répulsives sont également efficaces avec les mouches, comme la citronnelle ou bien le basilic. Vous pouvez également disposer des géraniums au bord de vos fenêtres. Si vous préférez, placez une coupelle de vinaigre blanc avec de l'huile essentielle d'eucalyptus, ajoutez des rondelles d'oignons cuits piquées de clous de girofle.

Les cafards

Voici la recette de la potion magique pour les faire fuir : faites bouillir 2 litres d'eau, puis ajoutez 450 g d'acide borique et 11 g de sucre. Laissez le mélange refroidir, puis versez le liquide dans des petites bouteilles et introduisez du coton très serré dans le goulot des bouteilles. Ce coton doit être en contact avec la solution. Il ne vous reste plus qu'à disposer ces bouteilles un peu partout dans la cuisine : derrière les réfrigérateurs, sur les étagères, derrière les éviers, dans les armoires, etc. Vous pouvez par ailleurs répandre de la poudre de silice ou de l'acide borique sur les surfaces préférées des blattes. Attention à ne pas laisser les enfants dans les parages lorsque vous traiterez la zone.

Les fourmis

Pour tuer les fourmis sans utiliser de produit chimique, dangereux pour les enfants et les animaux, rien de tel que la maïzena. Déposez-en des petits tas sur leur passage. Gourmandes, les fourmis la mangent, sans oublier d'en ramener à la fourmilière. Mais, incapables de la digérer, elles meurent dans les jours qui suivent.

Une femme cherche un cadeau pour l'anniversaire de son mari.

Elle se dit : « Pourquoi pas un animal de compagnie ? »

Elle rentre dans une animalerie et tombe en arrêt devant une grenouille affichée à 13 843,05 € !!! Elle demande au vendeur ce que la grenouille a de spécial pour valoir ce prix.

Le vendeur répond :

- C'est la **RANUCULA PHALLUS** : elle fait les fellations comme une déesse.

La femme se dit que c'est vraiment original et qu'elle fera plaisir à son mari, elle-même n'aimant pas vraiment faire cela. Et hop, elle achète la grenouille emballée dans son bocal.

Le soir, elle l'offre à son mari, lui souhaite de passer un bon moment avec la grenouille et va se coucher.

Elle s'endort et se réveille à 3 heures du matin. Son mari n'est plus devant la télé mais dans la cuisine. De la farine partout... des bocaux ouverts... la sauce tomate sur le tablier... et un cassoulet qui mijote.

Et tout cela sous les yeux grands ouverts de la grenouille !

La femme s'écrie :

- Mais qu'est-ce que tu fais ???

- Je lui apprends à faire la cuisine **ET APRÈS TU DÉGAGES !!!**

Contre les odeurs de poubelle : le canon à la violette

L'idée à germé dans la banlieue de Pékin. Les employés de la décharge de Gao'antun à Chaoyang ont inventé un canon pulvérisateur de déodorant à la violette pour masquer les odeurs nauséabondes des déchets. Ils ont également mis au point d'autres techniques comme l'utilisation de bâches inhibitrices d'odeurs et l'extraction des gaz malodorants pour produire de l'électricité. Zhang Ouanhong, un des responsables de Gao'antun, affirme que le niveau de pollution de la décharge a été ramené à son plus bas niveau grâce à tous ces procédés.

La gestion des déchets est un réel problème à Pékin et ses environs car les 18 400 tonnes de déchets quotidiens produits à Pékin sont ensuite stockés dans les 13 décharges situées en banlieue et la population de villes comme Chaoyang doit supporter au quotidien les odeurs de décharge. Des spécialistes, comme le professeur Nie Youngfend de l'université de Tsinghua, doute de l'efficacité de ces canons désodorisants. Car, s'ils peuvent rendre service à court-terme, ils ne peuvent constituer une réponse permanente à ce fléau.

Communiquez avec le futur !

Saviez-vous qu'il était possible de s'envoyer un e-mail à recevoir dans le futur ? C'est en tout cas ce que promet le site futureme.org (en français, « futur moi »). Vous entrez votre adresse e-mail, comme s'il s'agissait d'une boîte mail classique. Vous inscrivez l'objet de votre mail, la date précise et votre texte. Actuellement, le site permet de choisir une date entre 2010 et 2060 ! Une fois votre mail envoyé, il faudra bien sûr s'armer de patience...

http://www.futureme.org/

Tabac : attention aux dépôts de fumée dans votre maison

Nous sommes régulièrement informés des méfaits de la consommation de tabac active ou passive, mais saviez-vous que le dépôt de fumée de cigarettes sur les murs et les meubles était extrêmement nocif ? D'après une étude récemment publiée par le laboratoire national américain Lawrence Berkeley, la nicotine contenue dans la fumée réagit avec l'acide nitreux de l'environnement et forme des nitrosamines cancérigènes. Et le simple fait de ventiler la pièce ne limite aucunement les risques. Il serait sérieusement temps d'arrêter la cigarette, non ?

Énigme

Un Peau-rouge possède

27 bisons.

Malheureusement, tous meurent

sauf 9 d'entre eux.

Combien en reste-t-il ?

Solution

9 bisons et non 18. Et oui ! On ne vous demande pas combien de bisons meurent.

HELLÉPATHIE

- Si un café t'empêche de dormir.
- Si une bière t'envoie directement aux toilettes.
- Si tout te paraît trop cher.
- Si n'importe quelle bêtise te met en rogne.
- Si un léger excès fait monter l'aiguille de ta balance.
- Si tu arrives à l'âge des métaux (cheveux d' argent, dents en or, pacemaker en titane).
- Si tu fais l'amour presque 3 fois par semaine (presque le lundi, presque le mercredi, presque le samedi).
- Si la viande te fait mal à l'estomac, si le poivre t'irrite et l'ail te fait régurgiter.
- Si le sel fait monter ta tension.
- Si tu demandes au maître d'hôtel une table loin de la musique et des gens.
- Si attacher tes lacets te fait mal au dos.
- Si la télé t'endort.
- Si tu dois te servir de plusieurs paires de lunettes (de près, de loin, de soleil).
- Si on te donne du « monsieur » ou du « madame ».
- Si tu as des douleurs d'origine inconnue.
- Si tu as un ou plusieurs de ces symptômes, **ATTENTION !** C'est sûr, tu souffres d'**HELLÉPATHIE !**

ET OUI !
HELLÉPATHIE TA JEUNESSE !

Un porno avant le 13 heures

L'anecdote se déroule à Tahiti en mars 2008. Après la diffusion d'un entretien du président de l'église protestante sur la chaîne Tahiti Nui Télévision (TNTV) en direct, un technicien décide de se mater quelques minutes de porno avant la diffusion du journal d'informations de la mi-journée. Mais au lieu de les visionner pour lui-même, le pauvre bougre les diffuse à l'antenne. Cette erreur a fait l'objet d'un véritable scandale pour la population d'après Temarii Mahinui, représentant du syndicat CSTP-FO de la chaîne TNTV.

Le syndicat a entamé une grève suite à cet événement pour exiger une sanction sévère du technicien étourdi.

Jeu d'articulation

Répétez dix fois très vite :

Mon père est maire, mon frère est masseur.

Pauvre petit pêcheur, prend patience pour pouvoir prendre plusieurs petits poissons.

Pourquoi L'Oréal s'appelle L'Oréal ?

Eugène Schueller, chimiste alsacien, a élaboré en 1907 à la demande d'un coiffeur barbier la première teinture capillaire de synthèse. Le jeune chimiste l'a baptisée « l'Auréale » en s'inspirant de l'auréole, coiffure en vogue à l'époque pour les femmes. Le produit remporte un tel succès qu'Eugène Schueller décide de créer la « Société française des teintures inoffensives pour cheveux ». Il profita de l'occasion pour rebaptiser son produit « l'Oréal », la future appellation du groupe.

WC SPECIAL TOURISTA

Énigme

Hyppolite et Anatoline jouent tous les deux à un jeu à deux. Ils disposent sur leur table 11 crayons. Ils peuvent prendre à chaque fois 1, 2 ou 3 crayons. Celui qui ramasse le dernier crayon perd. Sachant qu'Hyppolite, en homme galant qu'il est, laisse Anatoline commencer, combien de crayons doit-elle prendre au début pour être sûre de remporter la partie ?

Solution

La solution est 2 : Anatoline prend 2 crayons et Hyppolite peut prendre 1, 2 ou 3 crayons. Dans ces différents cas de figures, Anatoline prendra 3, 2 ou 1 crayons, ramassant ainsi le 6e crayon (il en reste alors 5 sur la table). Dès lors quelle que soit la prise d'Hyppolite (1, 2 ou 3), Anatoline ramassera, 3, 2 ou 1 crayons, laissant ainsi, non sans émotion, le dernier crayon au pauvre Hyppolite.

Un site malin pour consommer malin

Le Site Malin porte très bien son nom ! Deux journalistes, Carine Gouriadec et Isabelle Marsal, scrutent les bons plans conso dans tous les secteurs : beauté, high-tech, maison, mais aussi loisirs et voyages. Les internautes pourront aussi bénéficier de conseils avisés pour faire les soldes ou chiner dans les vide-greniers, de codes de réductions et des bons plans pour obtenir des billets d'avion ou de train à petits prix. Tout y est !

http://www.lesitemalin.com/

DEVINETTES

Pourquoi appelle-t-on Jésus « Jésus de Nazareth » ?

PARCE QUE LORS DU CHEMIN DE CROIX, LES GENS CRIAIENT SUR SON PASSAGE :
« JÉSUS ! T'ES NASE ! ARRÊTE ! »

Pourquoi Jésus a-t-il été tué par un chat ?

C'EST DANS LA BIBLE : IL EST DESCENDU PAR MINOU !

Pourquoi peu de gens croyaient en Jésus ?

ILS NE S'Y FIAIENT PAS.
MAIS D'UN AUTRE CÔTÉ,
CEUX QUI L'ONT CRU S'Y FIAIENT !

LES ANIMAUX

Dans le monde, **1 être vivant sur 10** est une mouche.

La langue d'un caméléon lorsqu'il attrape sa proie peut atteindre **20km/h**.

Il existe **333 races de vaches** en Europe.

Le canard de Meller, que l'on trouve à Madagascar, voit son sexe atteindre la longueur de **39 centimètres** pendant le coït.

Au Danemark, on compte environ **24 millions de porcs** pour un peu plus de **5 millions d'habitants**.

Contrairement aux mésanges des campagnes qui se servent de **3 notes**, les mésanges des villes utilisent **5 notes** pour communiquer entre elles.

Des rapports courts, mais plaisants

Au fil du temps, on apprend à mieux connaître son partenaire et à savoir ce qui lui plaît. Alors, si on passe moins de temps en préliminaires qu'autrefois, c'est aussi parce qu'on n'a plus besoin de se découvrir. Les rapports sexuels sont certes plus brefs, ils n'en sont pas forcément moins satisfaisants.

Si vous trouvez que votre moitié va vraiment trop vite, il est important de le lui dire. Il faut parfois prendre le temps de se redécouvrir et d'explorer les multiples sources de plaisir caché que renferme le corps.

La noix de muscade, un poison mortel

Avant de céder à la panique, considérons les bienfaits de cette épice issue du fruit du muscadier. En plus d'être une épice délicieuse, elle est conseillée en cas de problèmes respiratoires et rhumatismaux. Elle stimule également la digestion et l'élimination des parasites intestinaux. Cependant, à partir de 5 à 10 grammes, la noix de muscade peut provoquer un état narcotique accompagné de nausées, de crises d'angoisses et de déshydratation. Les adeptes de substances illicites l'utilisent pour se droguer avec un produit légal. Une dose de noix de muscade peut être mortelle à partir de 20 grammes.

SUDOKU

Niveau facile

7			8				2	
		9	3		7		1	4
8	3		1		2			
		1		2	5	9		
	8		6			2		
		7	9			4	5	
6		3	2					8
5	9							
				8	6	7		9

Solution p. 679

Une compagnie aérienne pour animaux domestiques

Nos amis à quatre pattes ne voyageront plus dans la soute à bagages ! Pet Airways, la première compagnie aérienne pour animaux, vient d'être lancée. Désormais, nos chers toutous profiteront des mêmes conditions de voyage que les humains, dans des cabines classiques. Ils seront servis en eau et en croquettes par un personnel de bord spécialisé et tout à leur service. Les avions desservent les aéroports de Los Angeles, New York, Washington, Chicago et Denver. Leurs maîtres, quant à eux, ne seront admis ni en cabine, ni en soute !

Le manque de Q.I., un risque de maladie cardio-vasculaire

D'après une étude britannique, le faible niveau de quotient intellectuel (Q.I.) serait le deuxième facteur de risque de maladie cardio-vasculaire, après le tabac et avant l'obésité.
Les chercheurs de cette étude considèrent que le milieu social joue également un rôle dans ce risque de maladies cardio-vasculaires.
Cependant, la communauté scientifique diverge concernant les conclusions de cette étude. Une affaire à suivre de près...

Ma mère a eu douze enfants parce qu'elle était sourde.

En se couchant, mon père lui demandait :

- Ce soir, on dort ou quoi ?

- **QUOI ???**

Tic, tac, tic, tac… Allô la Terre ?

Connaissez-vous le site Worldometers ? Ce site affiche les statistiques mondiales en temps réel ! Vous pouvez voir le chiffre de la population mondiale augmenter devant vos yeux à une vitesse folle, mais aussi le nombre de cigarettes fumées par jour, les tonnes de nourriture produite, le nombre de téléphones vendus dans le monde et le nombre de personnes obèses. Avis aux sceptiques : les auteurs du site expliquent la méthode utilisée pour déterminer le calcul en temps réel et citent leurs sources. Mais le site ne donne pas encore les statistiques mondiales en temps réel sur l'utilisation quotidienne de rouleaux de P.Q. Nous gardons espoir…

http://www.worldometers.info/fr/

Un miracle qui tombe à pic

Rachel, matriarche du judaïsme, serait apparue aux soldats de Tsahal au cours de l'offensive de Gaza.

L'ancien rabbin Mordechaï Eliyahou aurait prié sur le tombeau de Rachel pour qu'elle vienne en aide aux troupes.

« Cette histoire est vraie, a-t-il déclaré. C'est moi qui ai envoyé Rachel. »

DITES-MOI...

Vous aimez sentir le contact du corps de quelqu'un contre vous ?

Qui vous fasse suer... Sentir son souffle sur votre visage ou sur votre nuque... Essayer de nouvelles positions... Entrer par l'arrière... ou par l'avant... Monter... Descendre... Entrer... Sortir... Entrer froid et sortir chaud...

Vous aimez ça ?

ALORS, PRENEZ LE BUS !

Suite logique

A1

F6

I9

P....

Solution

16. Le P est la seizième lettre de l'alphabet.

Les Beatles en seigneurs des Anneaux ?

Et oui. Il y avait les Beatles bien avant Peter Jackson et bien avant d'autres réalisateurs qui ont tenté de se frotter au projet ambitieux d'adaptation du best-seller de Tolkien.

Le groupe se creusait la tête pour pondre un autre projet de film après *Quatre garçons dans le vent* en 1964 et *Help !* un an après. Mais nos quatre petits scarabées n'ont jamais concrétisé leurs vœux. Ils ont finalement abandonné le projet et préféré monter le téléfilm *Magical Mystery Tour* en 1967 et celui du *Yellow Submarine* en 1968.

Paul McCartney a expliqué les raisons de cet abandon dans l'ouvrage de Roy Carr, *Beatles at the Movies* : « John voulait que l'on achète les droits cinématographiques du *Seigneur des Anneaux* [...]. C'était vraiment son idée. On en a parlé un moment puis ça a commencé à péricliter parce qu'immédiatement, John voulait être Bilbo. Il voulait être le chef et avait tendance à se la jouer : "Ouh là, attends une minute." [...] La force des autres films que nous avions faits était que nous étions tous au même niveau. »

Roy Carr nous dévoile malgré tout le casting presque définitif, déterminé à l'époque entre les membres du groupe : Ringo Starr en Sam Sagace, George Harrisson en Gandalf, Paul McCartney en Frodon Saquet et, tenez-vous bien, John Lennon en... Gollum ! C'est vraiment dommage que tout soit tombé à l'eau !

Pourquoi dit-on « la croix et la bannière » ?

L'expression « **c' est la croix et la bannière** » est reconnue depuis 1822. Elle nous vient d'Italie et du XVe siècle où il était d'usage entre autres d'organiser de grandes processions religieuses, notamment pour honorer un visiteur important. Or l'organisation de ces processions constituait un réel casse-tête. La croix du Christ était présentée en tête de cortège, mais la suite de la procession était difficile à hiérarchiser. Il fallait trouver un ordre pour les étendards et les bannières de la Vierge, des paroisses, des confréries, etc. La tâche était rude car il fallait éviter d'heurter les sensibilités de chacun.

En 1690, Antoine Furetière, homme d'église et homme de lettres, commentait l'usage de l'expression « **il faut la croix et la bannière pour inviter quelqu' un** ». Elle signifiait, « **il faut aller le chercher avec des formes telles qu' il ne puisse se dérober** ». L'expression aujourd'hui a seulement conservé l'idée d'effort et de contraintes multiples.

MOTS CROISÉS

HORIZONTALEMENT

A : Plaindre.
B : Découvert.
C : Insecticide interdit - Périodes.
D : plante purgative - Mis en mouvement.
E : Groupe de même culture.
F : Bénie.
G : Id est - Canon.
H : Parsemée d'astres.
I : États d'esprit.
J : Désavantage - Fleuve espagnol.
K : Savoir-faire - Solidement charpenté.

VERTICALEMENT

1 : Distillerie de pommes - Note de référence.
2 : Ragot - L'air le plus pur.
3 : Compétitions - Du vent !
4 : Plomb - Sans vie.
5 : Qui vit dans le sable.
6 : Salve - Faussetés.
7 : De même - Roches abrasives.
8 : Reprise - Pièce de monnaie.

	1	2	3	4	5	6	7	8
A								
B								
C				■				
D						■		
E							■	
F		■						
G			■					
H								■
I	■							
J					■			
K				■				

Solution p. 682

Virginie Efira : secrets de beauté d'une blonde piquante

avec www.maviedefemme.com

La jolie Virginie affiche une beauté pulpeuse et généreuse, toute en rondeurs et en blondeur. Découvrez les secrets forme et beauté de l'animatrice belge !

Ses astuces pour garder la forme

★ Virginie est une bonne vivante qui a toujours détesté faire du sport. Pour garder la ligne, la belle s'est mise à la boxe et au Power Plate. Rien de mieux pour s'affiner rapidement et sans trop d'effort ! Deux fois par mois, elle s'adonne à la réflexologie plantaire et au shiatsu.

★ Pas question de régime restrictif pour la Miss ! Elle mange bien mais intelligent. Elle prend trois repas mais ne grignote pas. Quand elle a une petite faim, elle mange des bâtonnets de surimi et des sushis. C'est délicieux et en plus ce n'est pas gras !

★ Avant les Primes, Virginie prend des soupes et des potages en guise de dîner.

Son astuce beauté

La chirurgie esthétique ? Pas de langue de bois, elle « trouve ça plutôt bien d'avoir les moyens de retrouver confiance en soi ».
Pour des cheveux doux, Virginie fait un shampooing tous les deux jours et applique toujours un masque au karité pour les rendre plus forts.

Ses produits chouchous

★ Pour illuminer ses yeux noisette, elle glisse 2-3 gouttes bleues d'Innoxa dans chaque oeil.
★ Pour camoufler ses cernes, elle a choisi Ystéal d'Avène et la Crème Strivectin pour le contour des yeux.
★ Pour hydrater sa peau, elle utilise Eau Anti Terne Oligo 25 de Vichy et Secret de Vie de Lancôme.
★ Pour avoir bonne mine, la coquette utilise régulièrement le Teint Prodigieux de Nuxe, qui donne un effet légèrement hâlé.
★ Pour réhausser son regard, la belle fait confiance au mascara Fatale de Lancôme.
★ Pour un joli teint, elle utilise la célèbre Touche Éclat d'Yves St Laurent et une goutte de fond de teint pinceau Éclat d'Yves St Laurent.
★ Virginie est fan des cosmétiques aux textures gourmandes. D'ailleurs, elle adore les produits orientaux et sa salle de bains ressemble à un hammam. Elle affectionne le rassoul, le savon noir et les sels de bain au jasmin, le tout embaumé par une bougie aux effluves chyprées...
★ Le matin, elle se fait couler un bain qu'elle parfume à l'Huile Précieuse Minérale de Payot.
★ Pour un corps tout doux, elle utilise les gommages de Caudalie.
★ Pour une hydratation parfumée, elle mise sur la ligne Crème Brûlée de Laura Mercier.

Son parfum préféré

Côté senteur, Virginie est une grande fidèle. Sa préférence va à Phylosykos de Diptyque, un accord figue et cèdre assez masculin.

Son adresse préférée

Après une dure semaine, Virginie se rend chez Thémaé (20-22, rue Croix-des-Petit-Champs, 75001 Paris), pour se ressourcer.

DEVINETTES

Quelles sont les 3 tailles de préservatifs ?

PETIT, MOYEN ET GROS BOUFFON !

Qu'obtient-on lorsqu'on demande à un homme politique de dire la vérité, toute la vérité, rien que la vérité ?

3 RÉPONSES DIFFÉRENTES !

Hein ? Articule, bon sang !

Articuler.com, comme son nom l'indique, est un site que l'on consulte pour travailler sa diction. Vous êtes entre amis et vous avez un étudiant étranger sous la main ? Ah, ah ! Faites lui prononcer un des exercices de diction : « Un généreux déjeuner régénérerait des généraux dégénérés » ou bien « six slips chics, six chics slips ». Vous vous êtes bien moqué ? Allez, à votre tour ! Ah... Vous faites déjà moins le malin.

http://www.articuler.com/

Les perles des paquets d’emballage

Sur un sachet d'arachides :

Attention, contient des noix.

Sur un sèche-cheveux :

Ne pas utiliser pendant que vous dormez.

Sur un robot culinaire japonais :

Ne pas utiliser pour une autre utilité.

Sur une brosse à dents :

Utiliser le côté avec des poils.

Sous une boîte de Tiramisù :

Ne pas tourner la boîte à l'envers.

Sur un sac de frites surgelées :

Vous pourriez être gagnant !
Aucun achat requis.
Détails à l'intérieur.

Sur certains dîners congelés :

Suggestion de préparation : Décongeler.

Sur l'emballage d'un fer à repasser :

Ne pas repasser les vêtements directement sur le corps.

Sur un costume de Superman pour enfant :

Le port de ce costume ne permet pas de voler.

Sur une boîte de somnifères :

Mise en garde : peut causer de la somnolence.

Sur un pudding :

Ce produit sera chaud après avoir été chauffé.

Sur une tronçonneuse :

Ne pas tenter d'arrêter la chaîne avec vos mains ou autres organes.

Le philtre d'amour de Burger King !

Vous en rêviez, Burger King l'a fait !

La chaîne de fast-food a créé en 2008 un parfum au hamburger, baptisé « Flame » en s'inspirant de son célèbre WhopperTM, le hamburger préféré des Américains. Grâce à cette fragrance irrésistible de viande grillée au prix de 4,99 dollars, votre proie ne répondra plus de rien ! Le parfum a rencontré un tel succès qu'il est en rupture de stock. En attendant, consolez-vous en visitant le site Internet de cette bombe aphrodisiaque...

http://www.bk.com/en/us/campaigns/fire-meets-desire.html

le guide du
crottard
2011

Tous les chemins mènent à Rome

À un continent près - l'Asie - il existe des villes appelées Rome sur chaque continent. En Europe, il y a bien sûr la capitale de l'Italie mais aussi la Roumanie. Aux États-Unis, on répertorie trois villes dans trois états : la Géorgie, l'Illinois et l'état de New York. Sur le continent Africain, la ville de Rome est située dans le Lesotho près de l'Afrique du Sud. Enfin, il existe la ville de Roma dans l'état de Queensland, en Australie. Le proverbe est juste !

Jeu d'articulation

Répétez dix fois très vite :

Le fisc fixe exprès chaque taxe excessive exclusivement au luxe et à l'exquis.

En Sicile, Cécile a les cils plus lisses que les lys d'Alice.

Comment rester affalé devant le Mondial sans que Mimine se fâche ?

Les Anglais ont la solution. Simple comme bonjour et vieux comme le monde, mais encore faut-il y songer.

L'Office hollandais des fleurs a sondé les hommes britanniques sur leurs stratégies pour se faire pardonner durant le mondial. Les Anglais seraient prêts à débourser environ 20 livres, soit près de 25 euros, pour offrir un petit cadeau à leurs chéries. Une application Iphone a même été lancée pour permettre à ces messieurs de localiser le fleuriste le plus proche et de ne pas rentrer du pub les mains vides.

Et qu'en pensent Mesdames ? Car elles aussi ont été sondées ! Un tiers des Britanniques interrogées optaient clairement pour le bouquet de fleurs, tandis que 22 % d'entre elles préféraient recevoir des chocolats et 15 % un bon repas. Fleurs, chocolats, resto... l'intention est bonne, mais ça manque un peu d'originalité, non ?

MONSIEUR ET MADAME...

Monsieur et Madame **ELLANTETE** ont une fille, comment s'appelle-t-elle ?

MARTHE

Monsieur et Madame **DONCTOILABA** ont un fils, comment s'appelle-t-il ?

EDDY

Monsieur et Madame **HONNÊTE** ont une fille, comment s'appelle-t-elle ?

CAMILLE

Photo du jour, bonjour !

FWAPhoto est un site de photographes talentueux, qui se sont engagés à publier une image par jour depuis mai 2000. Enregistrez-vous gratuitement sur le site et vous pourrez commenter les photographies publiées ou les utiliser comme fonds d'écran. Vous trouverez de tout : des photos engagées, des paysages, des portraits, etc. Un peu d'évasion en quelques clics tous les jours : que demande le peuple !

http://www.fwaphoto.com/

Pourquoi dit-on « à bras raccourcis » ?

Et à fortiori pourquoi le chef du village peuplé d'irréductibles gaulois s'appelle Abraracourcix ? L'expression « **à bras raccourcis** » est précédée de verbes tels que « **frapper** », « **cogner** », ou tomber sur « **quelqu'un** ». Vous pouvez dire par exemple : « **Oh, là, là ! Gégé est tombé sur Roro à bras raccourcis !** » D'après le dictionnaire de l'Académie de 1964, cette locution est synonyme de « **très violemment** ». Mais comment peut-on frapper avec des bras raccourcis ? Détrompez-vous ! Il ne s'agit pas du membre mais de la manche d'un vêtement, car l'ancienne expression était « **à bras retroussés** ». Autrement dit, « **bras raccourcis** » ferait référence aux manches que l'on retrousse pour tabasser son adversaire.

www.maviedefemme.com

et Marie Dewulf,

astrologue réputée,

vous présentent :

L'HOROSCOPE 2011

Bélier (21 mars - 20 avril)

Votre ciel de 2011

Pour paraphraser les œnologues, chers Amis Bélier, cette année sera un cru d'une rare qualité. Vous réunissez un bouquet de belles saveurs astrales, humm ! Vous m'en direz des nouvelles ! Que du beau monde dans votre ciel !
Il y a surtout Jupiter qui vous surveille du coin de l'œil toute l'année et qui va bien s'occuper de vous. Mais il y a aussi, au sommet de votre ciel en avril et mai, une grande réunion planétaire, qui augure de belles perspectives de succès. Semez et vous récolterez !

Votre ciel relationnel

Votre résident permanent pour cette année est un fieffé coquin. Il aime la vie et les plaisirs de la vie. Vous aurez l'occasion d'en faire l'expérience. Surtout si vous êtes sur les sentiers de la conquête. Les yeux de l'amour seront doux et tendres. Et il y a fort à parier que vous terminerez cette année en très amoureuse compagnie. Une belle fenêtre s'ouvre en octobre pour les rencontres ! À moins que ce ne soit une amitié qui se transforme ? Si les natifs de 1987 sont plus particulièrement chouchoutés, les autres ne seront pas oubliés pour autant.
En couple ? Ce résident permanent ne vous laissera pas sur le côté de la vie. Il stabilisera votre relation dans un engagement et des projets à long terme. Et cela ne veut pas dire que l'ennui s'installe ! On peut vous faire confiance pour concocter des escapades de haute voltige amoureuse.

Votre ciel professionnel et financier

Votre résident, j'ai nommé Jupiter, jouera un rôle à sa mesure, surtout en avril et mai lorsqu'il sera superbement bien accompagné et cela plus particulièrement pour les natifs de mai 1975 à mars

1976. C'est une belle période pour consolider votre situation ou changer de cap. Pensez à faire un bilan.
C'est l'année de toutes les audaces. Si vous avez envie d'entreprendre, de monter votre boîte, il vous « parrainera » et vous fera rencontrer les bonnes personnes au bon moment. À vous qui souhaitez avancer sur l'échiquier professionnel ou stabiliser une situation précaire, il donnera des atouts majeurs pour bien manager votre situation.
Sur le plan financier, il veille au grain ! Et il ne vous en manquera pas, parce qu'il vous surveille et vous évite les dérapages dangereux. Bref, comme il vous aime bien, il vous garde de mésaventures et va même vous aider à augmenter vos revenus. Cette année est propice à une transaction d'envergure.

Votre ciel bonne forme

Ce sacré Jupiter sera aussi le gardien de votre bonne forme. Il vous donnera la pêche ! Cela ne veut pas dire qu'il faut faire des excès en tous genres. Si c'est le cas et que vous dépassez la ligne, vous recevrez une petite tape sur l'épaule pour vous rappeler à l'ordre. Cette ligne, vous risquez de la dépasser en août et début septembre, ce qui se traduira par une baisse de tonus et/ou de l'énervement. Mais dans l'ensemble, il vous aidera à bien gérer vos énergies, votre tonus, à bien récupérer en cas de fatigue.
Une bonne forme s'entretient. Les augures vous y aident grandement. Mais prenez l'habitude de quelques minutes de relâchement le soir pour une bonne nuit réparatrice. Sous la douche, assis sur votre lit ou n'importe où, secouez vos bras et jambes, comme si vous vouliez faire tomber quelque chose. Ensuite, posez vos mains sur le visage et faites comme si vouliez le laver à deux mains. Finissez par quelques respirations profondes : inspiration, blocage de quelques secondes, longue expiration en soufflant.

Taureau (21 avril - 20 mai)

Votre ciel de 2011

Vous n'allez pas brouter paisiblement dans les verts pâturages en ce début d'année. C'est plutôt mouvementé ! Des visiteurs célestes vont poser quelques banderilles dans vos habitudes, vous sortir de votre réserve naturelle et vous pousser à prendre des risques. Oh le vilain mot pour un petit Taureau ! Après la tornade, une nouvelle période de calme s'installera à partir de juin.

Votre ciel relationnel

Dites adieu au « boulot, métro, dodo » ! Fini le traintrain ! Le ton est donné, vous n'aurez guère de tranquillité. Ce début d'année ne sera pas un « long fleuve tranquille » ! Vous n'aimez pas ça, mais il faudra vous y faire et puis ce n'est que momentané. Quelques signes avant-coureurs vous mettront la puce à l'oreille. Si vous les entendez, vous passerez dans les mailles du filet. Mais si vous faites la sourde oreille, vous risquez un réveil brutal. Même si plonger dans une crise sera au bout du compte salutaire pour votre couple. Pour bien négocier ce moment délicat, apprenez à exprimer vos désirs, vos pensées, vos besoins. Bref, parlez avec votre cœur.

Grandes manœuvres aussi pour les célibataires, qui auront leurs chères habitudes mises à mal ! Le ciel ne vous tombe pas sur la tête, mais dans vos bras. Rencontres, coups de foudre, émotions et tutti quanti dans votre ciel amoureux. Il vous faudra faire de la place dans vos placards !

Votre ciel professionnel et financier

Ça bouge, ça craque, ça se bouscule ! Ça risque de vous décoiffer et aussi de vous angoisser, vous qui êtes réfractaire au changement. Il y a des petits perturbateurs qui n'ont pas envie de vous laisser

tranquille, mais c'est pour la bonne cause, celle de votre évolution. Les natifs des deuxième et troisième décans sont encore préservés, mais ce n'est que partie remise.
Cette période est favorable au changement, à la réorientation professionnelle, aux bilans, aux formations ou à la reprise d'études. Tous les projets qui vont dans ce sens sont porteurs d'avenir. Que vous soyez déjà dans un travail, que vous souhaitiez évoluer ou en changer, que vous soyez à la recherche d'un emploi, soyez sur le pont, natifs du premier décan, car des opportunités passeront à votre portée.
Durant le premier semestre, il faut parallèlement bien gérer vos petits grains de blé et ne pas les disperser. C'est une période plutôt délicate pour tout ce qui concerne les engagements financiers. L'arrivée de Jupiter dans votre signe apportera une nette amélioration.

Votre ciel bonne forme

Votre forme épousera les hauts, les humeurs et les fluctuations de votre ciel. Vous aurez un premier semestre éprouvant nerveusement, où stress et angoisse se profilent. Mais les beaux jours reviendront à partir de juin.
Donc pour maintenir votre bonne forme et votre moral, ritualisez un moment de votre journée. Choisissez-le en fonction de vos occupations. Ce sont des instants qui vous appartiennent, votre « moment sacré », pendant lequel vous vous mettez aux abonnés absents et choisissez de faire ce qui vous plaît. Ça peut ne rien être du tout et les doigts de pieds en éventail, si c'est votre humeur du jour, ou bien une balade respirante, quelques mouvements déstressants. C'est selon votre bon plaisir.
Comme vous avez tendance au grignotage en cas de stress, ayez toujours des carottes ou autres légumes à croquer dans le réfrigérateur pour vous les mettre sous la dent en cas de besoin.

Gémeaux (21 mai - 21 juin)

Votre ciel de 2011

Les couleurs de votre ciel sont chatoyantes et plutôt calmes ! Enfin un moment de répit après une année trépidante. N'allez pas en déduire que ce sera un calme après-midi à la campagne. Vous aurez vos moments d'exaltation et d'énervement. De fin juin à début août par exemple, vos nerfs seront en pelote, votre langue acérée et votre dynamisme débordant.

Votre ciel relationnel

Une pause dans vos tribulations ? Ou une envie de vous stabiliser ? Quoi qu'il en soit, la sagesse vous touche du doigt. Votre vie amicale ou mondaine sera toujours aussi animée. Vous aurez toujours besoin d'échanger, de bavarder, de rire et de refaire le monde.

C'est dans vote vie émotionnelle que vous sentirez une sorte de maturité, de profondeur. C'est un bon moment pour les couples pour renouveler et renforcer leurs engagements. Si votre relation a connu quelques « couacs » ces dernières années, elle va prendre une allure de croisière, mais de croisière qui s'amuse ! La fantaisie ne vous quittera pas et la stabilité vous gagnera.

Quid des flirts et autres amourettes de passages pour les célibataires, surtout si vous êtes natifs de 1988 ? Vous aspirerez à une stabilité dans votre vie émotionnelle, à construire une vie durable à deux. Les plus jeunes tourbillonneront entre marivaudage et batifolage.

Votre ciel professionnel et financier

Natifs du troisième décan, vous avez des fourmis dans les jambes ou dans les neurones. Vous voulez que ça bouge, car la monotonie vous exaspère. Vous voulez être le moteur du changement. Mais attention à ne pas scier la branche sur laquelle vous êtes assis !

Ne prenez pas de décision trop abrupte ou trop tranchée. Écoutez la voix de la raison. Posez-vous, prenez un moment de recul pour bien évaluer la situation. Ainsi votre décision n'en sera que plus judicieuse. Des opportunités se présenteront sur votre route, que vous soyez déjà au travail ou que vous en cherchiez. À vous de les saisir, mais avec conscience et intelligence.
Natifs des autres décans, bien que le climat soit plus calme, vous n'allez pas pour autant vous ennuyer. C'est dans votre laboratoire intérieur que vous allez concocter des plans d'avenir qui ne seront pas sur la comète. Vos cartons s'enrichissent de projets que vous exploiterez plus tard.
Du côté de vos finances, RAS ! Attention toutefois à ne pas succomber à une fièvre acheteuse en septembre.

Votre ciel bonne forme

Il est plutôt sympa dans ce domaine. Bon dynamisme, du tonus, du ressort. Bref, tout ce qu'il faut pour faire face aux événements de la vie.
Mais saviez-vous qu'une bonne forme, ça s'entretient ? Si vous ne fréquentez pas les salles de sport ou n'êtes pas une adepte du jogging matinal, voici quelques conseils utiles.
Le matin et/ou le soir, mettez-vous debout devant la fenêtre ouverte, avec les pieds écartés à largeur des épaules, les genoux légèrement fléchis et les bras tombants. Fermez les yeux. Secouez vos bras pour les détendre puis faites lentement les enchaînements suivants : levez les bras à hauteur du visage, avec les mains entrecroisées. Dans une inspiration, ramenez les mains vers la bouche comme si vous lui ameniez l'air à respirer. Expirez en repoussant les mains vers l'avant. Recommencez plusieurs fois. Cette respiration vous « décrassera » et vous tonifiera.

Cancer (22 juin - 22 juillet)

Votre ciel de 2011

Chez votre voisin d'en face, il y a un ami qui vient jouer les trouble-fêtes ! Vous aimeriez jouir de votre tranquillité, mais hélas il va vous titiller et déposer quelques peaux de banane sur votre route. Ce climat vous met dans une sorte de zone de turbulences. À défaut d'une vision claire n'oubliez pas d'allumer vos codes, qu'on puisse au moins vous voir.

Votre ciel relationnel

Vous êtes un funambule de l'amour, qui peut à chaque instant choir de son fil ! Ce domaine sera pour vous tout en délicatesse, en clair-obscur, une véritable aquarelle, où il vous faudra beaucoup de doigté pour jouer votre partition et surtout ne pas faire de fausses notes. Il sera important d'avoir un bon « conducteur », un ami de confiance pour vous guider. Si la cacophonie s'installe, la remise en question sera inévitable, mais surtout ne la craignez pas. Les décisions que vous prendrez seront bonnes pour vous et c'est essentiel.

En août et septembre, un ami céleste jouera les trouble-fêtes dans une fête déjà trouble. Il vous faudra redoubler de prudence, car vous serez plus vulnérable. Conjugué à d'autres influx, cet ami vous poussera à faire face aux propositions de la vie, au lieu de prendre des chemins de traverse, sur lesquels vous finiriez par vous perdre. Un conseil : gardez les yeux ouverts et laissez-vous troubler !

Votre ciel professionnel et financier

Plein feu sur ce domaine ! « Un ami qui vous veut du bien » y séjourne et préside à votre bonne fortune professionnelle. C'est aussi un « ouvreur de portes », un ami utile, un Pygmalion, rôle qui lui va si bien. Il peut vous aider à vous élever dans la

hiérarchie, à avancer votre pion sur l'échiquier professionnel, à vous mettre en relation avec un futur employeur, à attirer la lumière sur vous, à vous donner ampleur et confiance.
Le premier trimestre est une période très stimulante. OSEZ en est le mot d'ordre. Soyez audacieux et le ciel vous récompensera ! Vous serez sollicité de toute part. C'est une bonne période pour poser des jalons, entreprendre, semer les graines de votre devenir. Le reste de l'année est plus paisible, mais pas moins actif.
Côté finances, c'est plutôt une bonne période. Vous aurez l'occasion de revaloriser votre travail et par conséquent vos revenus. Si vous souhaitez investir pour le long terme, l'année se montre favorable.

Votre ciel bonne forme

Votre forme épouse les fluctuations de vos états d'âme amoureux. Chez vous, « quand l'amour va, tout va » ! Ce domaine étant délicat, votre bonne forme sera à géométrie variable, avec le risque de vous assombrir au travail.
Alors ne vous laissez pas envahir par la mélancolie, lorsque le ciel devient ombrageux. Réagissez ! Comment ? En vous bichonnant par exemple. « Un nouveau look pour une nouvelle vie ! » Tout un programme pour vous aider à garder confiance et à séduire. Autres petits trucs : pour un réveil tonique, ajoutez trois gouttes d'huiles essentielles de citron et de géranium rosat au gel de votre douche du matin et pour vous préparer un bon sommeil, mettez de l'huile essentielle de lavande et d'ylang-ylang dans l'eau de votre bain du soir.
Prenez des résolutions « bonne forme » : adoptez de nouvelles habitudes alimentaires ; laissez tomber les calories et les petits grignotages « anti-blues » ; établissez-vous un programme de dépenses plus physiques.

Lion (23 juillet - 22 août)

Votre ciel de 2011

Vous dire que vous jouez sur du velours est un grand mot, mais l'ambiance générale de cette année aura de quoi vous satisfaire. Vous aimez être le pilote. Vous aurez l'occasion de montrer vos talents. Mais attention, trop de témérité nuit à votre évolution ! Méfiez-vous des coups d'accélérateur de fin mars ou d'un excès de confiance en avril-mai.

Votre ciel relationnel

Vous aurez un début d'année exaltant, surtout pour ceux qui sont sur les sentiers de la conquête. Cette pulsion continuera à avoir des effets pendant les mois suivants. Des fées célestes feront tomber des poussières d'amour qui pourront germer et éclore plus loin dans l'année. Elles veilleront avec bienveillance à votre ravissement.

Les couples bénéficieront aussi de ces poussières d'amour, pour consolider leur relation, lui donner davantage de force et de profondeur. Certains envisageront peut-être de renouveler leur engagement. D'autres feront des projets plus « pouponnants ». C'est une année pour garder le sourire et faire des projets d'avenir. Juillet-août sera une bonne période pour redonner un coup d'aération à un couple ronronnant. Faites preuve d'imagination et surprenez votre partenaire ! De la fantaisie, saupoudrée d'un zeste d'audace, redonnera des couleurs à une relation qui s'est peut-être flétrie au fil du temps.

Votre ciel professionnel et financier

Ce domaine est sous les feux de la rampe ! Quelle que soit votre situation, vous devez être sur le pont. Le capitaine que vous êtes doit veiller à bien regarder ses cartes et à changer de cap si nécessaire en fonction des circonstances.

Un vent de changement et/ou d'évolution souffle. Ne vous laissez

pas surprendre, mais laissez-vous plutôt porter. Il ne vous veut aucun mal, mais simplement vous remettre à la bonne place, si vous n'y êtes pas. Si vous y êtes déjà, vous allez être dans une phase ascendante, comme aspiré vers le haut.
Si vous souhaitez vous réorienter ou si vous cherchez du travail, pensez d'abord à faire un bilan de compétences. Cette bonne « cartographie » vous aidera à vous frayer un chemin.
Ce vent vous ouvre aussi les portes d'une formation, soit pour valider vos compétences et connaissances ou en acquérir de nouvelles, soit simplement pour votre plaisir et vous ouvrir à d'autres horizons.
Il vous faudra toujours avoir un œil sur Monsieur le « Comte » Bancaire ! Un manque de vigilance et les sirènes d'alarme se feront entendre.

Votre ciel bonne forme

Soyez vigilant du côté de votre forme. Si vous souhaitez aller loin, il faut ménager votre monture ! Globalement la machine tourne bien, mais elle ne doit pas se gripper. Donc c'est sur le levier « corps sain » qu'il faut appuyer. L'esprit sain en sera le prolongement.
On peut dire que généralement vous récupérez bien. Votre baromètre « bonne forme » vous sera donné par la tonicité de votre réveil. Si vous observez une certaine torpeur au lever, un manque de ressort, votre zone tampon sera atteinte et des remèdes s'imposeront.
Bon sommeil et bonne récupération vont de pair. Votre préparation est comme un sas pour changer de rythme et vous donner toutes les chances de passer une bonne nuit. Buvez une infusion de passiflore et d'aubépine, faites quelques respirations pendant le démaquillage (inspirez et soufflez comme vous soufflez une bougie), ajoutez 3 gouttes d'huile essentielle de néroli et/ou de lavande au gel douche ou au savon de bain et vous voilà paré pour un repos réparateur.

Vierge (23 août - 22 septembre)

<u>Votre ciel de 2011</u>

Cette année prendra des reliefs différents selon que vous êtes du premier ou du dernier décan. Il y aura évolution pour les natifs du premier décan, les événements vous entraînant dans une lente et inévitable métamorphose. Il y aura bouleversement pour ceux du dernier décan, des événements extérieurs venant vous bousculer. Ceux du deuxième décan poursuivront leur chemin avec efficacité pendant cette année de transition.

<u>Votre ciel relationnel</u>

Le début d'année est assez fringant. Les émotions se bousculent ou se réveillent ! Votre grande pudeur aura bien du mal à les contenir. Il n'est pas impossible que la vie mette sur votre chemin un ami d'enfance ou un amour de jeunesse. Souvenirs, souvenirs ! Et des émotions en plus !

Ceux qui débutent leur vie amoureuse feront la connaissance d'émotions nouvelles. Béguin, flirt, amourette, coup de foudre, mais aussi incompréhension, séparation, lumière et ombre ! Ces premiers pas maladroits seront sans conséquences, si vous ne leur donnez pas trop d'importance. Ils font partie de l'apprentissage de la vie.

Certains bouleverseront leurs habitudes en accueillant un partenaire dans leur espace de vie. Cette relation balbutiante prendra tournure. Ces natifs s'engageront sur le long terme et feront plein de projets.

En couple, un peu moins de pudeur ravivera votre relation. Abandonnez vos bons principes, vos vieilles habitudes. Sortez votre fantaisie et faites place au renouveau.

<u>Votre ciel professionnel et financier</u>

Vous aurez deux temps forts dans ce domaine : en février et juillet-août, cela plus particulièrement pour les natifs de 1961,

1965, 1974-75, 1977-78, opportunités de changement, d'évolution, de réorientation. Vous aurez à prendre des décisions importantes. Ces choix cornéliens se répercuteront dans d'autres domaines de votre vie.
Pour les autres, les couleurs du ciel seront différentes, mais ils ne seront pas laissés sur le bord de la route pour autant. Le paysage sera simplement moins accidenté, moins escarpé et les choix seront moins difficiles. C'est aussi une bonne période pour envisager des changements prochains, pour vous y préparer et éviter ainsi d'être pris au dépourvu. Comment ? En faisant un bilan de compétences, en validant vos acquis, en faisant une formation, en allant chercher des expériences ailleurs.
Côté finances, ne semez pas à tous vents ! C'est une période de gestion responsable surtout si, à terme, vous envisagez d'investir.

Votre ciel bonne forme

Du brouillage émotionnel au radar de votre bonne forme ! Dans votre manière d'être, cela se traduit par du stress et/ou des somatisations. N'attendez pas que ces petites misères s'installent. Anticipez en prenant de bonnes habitudes dès ce début d'année. Dans votre lit, quelques minutes avant le lever et au coucher, inspirez, bloquez votre respiration et étirez-vous dans tous les sens comme les chats. Relâchez-vous en expirant. Cela vous permettra de vous préparer pour la nuit ou d'en évacuer la torpeur, en réactivant vos énergies. Debout devant la fenêtre, les pieds légèrement écartés à distance des épaules, expirez en laissant tomber le buste en avant, genoux légèrement fléchis, bras ballants comme un pantin. Respirez et redressez-vous en levant les bras pour déployer la cage thoracique et les ramener le long du corps. Cela permet d'évacuer les contractures de la journée et vous préparer au sommeil. À faire au moins 5 fois.

Balance (23 septembre - 22 octobre)

Votre ciel de 2011

Doucement mais sûrement ! C'est ce qu'on peut dire quand on regarde votre ciel. Une belle stabilité s'installe sans routine, ce qui n'est pas fait pour vous déplaire. Un très bon ami qui vous veut beaucoup de bien s'installe en face de votre signe. Assisté ponctuellement par d'autres amis, il va contribuer à votre épanouissement.

Votre ciel relationnel

Si certains natifs ont encore tendance à être dans une joyeuse cour de récréation, la plupart d'entre vous regardent l'avenir sous l'angle de la stabilité. Le ciel vous aide à donner ou à redonner des bases solides à votre relation. L'aiguille du « manomètre amour » est orientée sur stable, durable, engagement, construction, projet sur le long terme. Il y a ce besoin de « s'établir ». Les couples en union libre convoleront, donneront un cadre plus formel à leur relation.

Les petits célibataires endurcis ou accompagnés à distance changeront d'avis sur la question. Ils n'hésiteront pas bien longtemps à répondre « Oui, je le veux » à l'amour qui frappe à sa porte.

Dans la dernière ligne droite de 2011, certains natifs du début des années 1970 auront quelques comptes à régler avec eux-mêmes. Des remises en question pousseront certains à tourner une page, d'autres à tirer un trait. Mais la situation évoluera plutôt en douceur.

Votre ciel professionnel et financier

Votre ciel vous propose la terre ferme sous vos pieds. Les deux paramètres stabilité et continuité vous donnent le sourire. Même si ça bouge autour de vous, votre bateau « travail » garde

le cap. Le ciel vous aidera à éviter les écueils, mais aussi à saisir une opportunité lorsqu'elle se présentera, cela surtout si vous êtes en quête d'un travail ou si vous souhaitez changer de travail. Soyez attentif aux chuchotements ! Une information, qui rencontre votre envie ou un projet qui dort, vous met sur une bonne piste.
La deuxième partie de l'année sera favorable à ceux qui ont en projet de voler de leurs propres ailes, que ce soit en partenariat, en association ou en réseau. Si votre projet personnel va dans ce sens, les paramètres d'une réalisation réussie seront présents dans votre ciel. Ce sera à vous d'être un acteur actif.
Vos partenaires peuvent être un simple acolyte financier ou vous donner des moyens. Vos propres deniers ne sont pas mal du tout cette année, avec un petit bémol pour vos dépenses en ligne.

Votre ciel bonne forme
Globalement vous tenez une bonne forme. Vos amours vont plutôt bien et c'est votre moteur. Un peu de fatigue par-ci par-là se règle par un jour ou une soirée de repos.
Aussi je vais m'attarder un peu sur votre peau. Pour l'avoir douce et veloutée, faites un gommage au gruau d'avoine. Dans un bol, mélangez du gruau d'avoine avec du lait (entier de préférence). Frictionnez-vous tout le corps avec ce mélange avant de vous doucher, en ajoutant 2 gouttes d'huile essentielle de géranium rosat à votre savon. Pour un visage clair et lumineux, faites-vous un masque à la fraise. Écrasez simplement quelques fraises bien mûres, enduisez-vous en le visage et laissez reposer au moins 1 heure. Vous pouvez leur ajouter 1 goutte d'huile essentielle de géranium rosat. Ce masque atténue les rides, éclaircit la peau et fait disparaître les taches brunes.

Scorpion (23 octobre - 21 novembre)

<u>Votre ciel de 2011</u>
C'est une année qui passe à la « vitesse de croisière ». Les grandes manœuvres s'éloignent. Ceci ne signifie pas que vous allez voguer sur une mer d'huile ! Si vous choisissez une croisière plus intérieure, vous découvrirez des rivages insoupçonnés. Vous en profiterez pour réactualiser des talents, vous enrichir par une formation ou ouvrir votre conscience à d'autres mondes.

<u>Votre ciel relationnel</u>
Les célibataires auront l'impression de marcher sur des sables mouvants. Vous avez le sentiment que les éléments se dérobent, vous échappent. Il y a trop de remous dans ce domaine pour envisager une stabilité durable. Cependant, vous ne serez pas seul. Rencontres, flirts, amourettes sont à votre programme. Les plans d'avenir durable viendront plus tard. Vivre l'instant dans toute sa plénitude est une manière de trouver une stabilité intérieure.
Il y a changement de climat pour les couples, qui vont trouver la stabilité, un équilibre, une constance. Vous trouverez une belle complicité et vous épanouirez dans votre relation, sans pour autant tomber dans une morne routine. Il y a du relief, de la fantaisie. Elle vit. Laissez parler votre audace et votre imagination, mettez du piment dans vos menus plaisirs, cela contribuera à renforcer vos liens. Des idées ? Consultez nos pages « Aphro Zodiaque » sur notre site www.maviedefemme.com.

<u>Votre ciel professionnel et financier</u>
Vous entrez dans une période de construction et/ou de consolidation. Vous bénéficiez de bons soutiens célestes qui vous donneront le coup de pouce utile.

Un vent d'indépendance souffle sur le premier décan. Créer, entreprendre, faire et réaliser des projets sont dans l'air du temps. En solo, associé, en partenariat, c'est à vous de décider, c'est vous le maître d'œuvre. Vous avez beaucoup d'atouts et de soutiens pour mettre votre projet sur le chemin de la réussite.
Les autres qui sont à l'abri de ce vent, le moment est à la consolidation. La stabilité se marque dans ce domaine. La rentrée sera porteuse d'évolution. Si votre thème natal est en résonance, vous bougez votre pion sur l'échiquier professionnel. Prendre plus d'ampleur, aller vers ou avoir plus de responsabilités, signer un contrat sur la durée, des perspectives à votre mesure.
Vos finances sont en équilibre. Petites tentatives d'investissement ou de boursicotage, mais soyez prudent.

Votre ciel bonne forme

Une forme olympique, prêt pour courir le marathon de New York ! Très bon dynamisme, du tonus et bonne mine vous animent cette année.
Pour maintenir votre capital tonus, un peu d'exercice vous ferait le plus grand bien. Des exercices au grand air et qui font bouger tout votre corps.
Un peu de nettoyage intérieur aussi pour éliminer les résidus qui stagnent. Des petites choses simples : tous les matins, buvez un grand verre d'eau plate à température ambiante (pour éviter le choc thermique agressif à l'organisme). Vous pouvez ajouter le jus d'un demi-citron jaune. Pour augmenter son action nettoyante, faites macérer pendant une nuit deux feuilles de menthe poivrée (la menthe des jardins) dans le verre d'eau que vous boirez le lendemain matin avec le jus de citron. Chiffonnez la feuille de menthe pour lui permettre de développer ses propriétés.

Sagittaire (22 novembre - 21 décembre)

Votre ciel de 2011

Un petit air de Don Quichotte flotte sur cette année. Vous ressentirez une folle envie de vous battre, sans avoir les possibilités ou les moyens de ce combat. Beaucoup de mouvements d'humeur, d'impatience, de ruades. Quelques fenêtres s'ouvrent par-ci par-là, mais pas à la hauteur de vos ambitions. « Un tiens vaut mieux que deux tu l'auras » nous dit l'adage. À méditer !

Votre ciel relationnel

C'est un domaine qui vous comblera. C'est dans votre vie relationnelle et émotionnelle que vous vous ressourcerez pour faire face aux autres situations. Votre vie relationnelle et sociale est active. Des ami(e)s vous entourent de leur tendresse et de leur sympathie.

Amoureusement, tout baigne ! Enfin presque, rien n'étant parfait. Le ciel vous comble d'influx de tendre complicité, d'engagement et de stabilité. Certains natifs auront des envies de maternité, d'autres de mariage, de vie à deux, et de faire la fête pour accompagner ces événements.

Pour les célibataires, surtout les natifs d'après 1986, votre célibat touche à sa fin ! Rencontres, roucoulades, projets, fiançailles, mariage... C'est un programme que le ciel vous laisse entrevoir.

Selon votre génération, ce sont des envies de pouponner qui se réaliseront. D'autres natifs auront envie de renouveler leur engagement, avec les amis pour témoins. D'autres reconstruiront durablement une relation.

Votre ciel professionnel et financier

C'est un domaine mi-figue, mi-raisin. On ne peut pas dire que ça ne va pas, mais ça ne va pas comme vous le souhaitez. Donc

beaucoup d'impatience, de mouvements d'humeur, de volonté de ruer dans les brancards. Vous vous investissez et n'êtes pas satisfait des retours. Vos projets semblent actuellement gelés ou figés. Mais peut-être faut-il prendre du recul et reporter à plus tard ? Ou remettre votre ouvrage sur le métier pour l'améliorer ? Peut-être est-il utile pour vous d'entreprendre une formation, de valider vos acquis, d'explorer d'autres talents ? Peut-être que le ciel vous protège de déconvenues encore plus importantes ? Il est préférable pour vous d'épouser actuellement le rythme du temps plutôt que de l'accélérer et de vouloir passer en force.
Financièrement, la prudence est de mise. À trop vouloir, vous risquez la déconvenue ! Spéculation et transactions sont des domaines à risques. Soyez prudent ! Évitez-les ou entourez-vous de bons conseils.

Votre ciel bonne forme

Votre patience sera mise à rude épreuve à certains moments. À d'autres périodes, votre nervosité peut se changer en agressivité. Puisque vous ne pourrez pas courir de marathon professionnel et pour vous garder en bonne forme pour vos marathons émotionnels, prenez quelques minutes le matin et/ou le soir pour un jogging. Si vous ne pouvez pas courir dehors, faites à pied une partie de votre trajet pour vous rendre au travail, faites un jogging sur place devant votre fenêtre ouverte ou bien montez et descendez plusieurs fois les escaliers.
En cas de poussée d'adrénaline au travail, isolez-vous quelques minutes et boxez avec fougue un ennemi invisible. Prenez la position du boxeur, un bras tendu, l'autre plié et poing fermé, inspirez et envoyez le coup de poing dans l'air en soufflant, comme pour éteindre une bougie. Faites cela plusieurs fois en alternant. Terminez par un sprint sur place, une longue expiration en relâchant tous les membres et offrez-vous une boisson rafraîchissante.

Capricorne (22 décembre - 20 janvier)

Votre ciel de 2011

La terre tremble sous vos pieds, natifs des premiers décans ! Changement, mutation, transformation, réorganisation, réorientation, remise en question. Bref, ça bouge. Faites les poussières sur les étagères de votre vie et accompagnez ce mouvement réformateur. Les natifs des autres décans sont encore épargnés, mais leur tour viendra !

Votre ciel relationnel

C'est un secteur relativement à l'abri, sauf pour les natifs du début des années 1970, qui seront sous des influx croisés déstabilisants. Ils seront amenés à remettre leur situation en question, soit dans le sens déconstruction, soit dans le sens (re)construction. Pour dire les mots, il peut y avoir séparation et/ou re-création d'un lien durable. Bel ancrage dans la vie de famille, lieu de ressourcement et de réconfort.
Les autres petits Capricornes sont encore à l'abri de ces influx, bien au chaud dans leur petit cocon. Mais ils ne doivent pas perdre de vue qu'il faut néanmoins changer quelque chose. Stabilité et continuité ne doivent pas rimer avec ennui, routine, lassitude, qui ne feraient qu'alourdir votre relation et la balayeraient si le vent du changement soufflait avec force. Alors pourquoi ne pas « relooker » votre vie amoureuse, lui donner un air de fête ? N'hésitez pas à conjuguer le verbe aimer à tous les temps et par tous les temps ! Faites preuve d'audace et d'initiative.

Votre ciel professionnel et financier

Ce vent de réforme trouve aussi à s'exprimer dans ce domaine pour les natifs du premier décan. Ça bouge autour de vous. Vous avez le sentiment d'être sur le « Radeau de la Méduse », d'être à la dérive. Malgré des courants qui s'entrechoquent,

vous pouvez « tirer votre épingle du jeu », en lâchant prise et en accompagnant la réforme. Donc, envisagez une réorientation de carrière, une mutation, l'acquisition de nouvelles compétences. Surtout, ne craignez pas les changements. Ils vous seront profitables. Si vous êtes associé à un projet professionnel, il est utile de revoir votre statut et même tous les statuts.
Les natifs des autres décans peuvent encore s'accrocher à leurs habitudes pendant quelque temps. Mais ils ne doivent pas perdre de vue qu'ils seront aussi pris dans ces remous. Ne fermez pas les yeux et anticipez en faisant un bilan, en envisageant une formation.
Votre situation financière se montre en dents de scie qui peuvent devenir des montagnes russes, si vous ne jouez pas la prudence et la rigueur. L'expression « une poire pour la soif » prend toute sa signification.

Votre ciel bonne forme

Tous ces changements se répercutent sur votre physique. Courbatures, fatigue, lassitude, ankyloses, voilà un menu un peu tristounet. Que faire pour redonner tonus et souplesse à ce corps ? De l'exercice physique ? Ce n'est pas votre tasse de thé, donc ne vous forcez pas à aller dans une salle de sport. Vous pourriez avoir encore plus de courbatures. Optez plutôt pour des massages aux huiles essentielles (le genévrier est un décontractant), les hammams, le SPA, ces endroits de détente où on prend soin de votre corps.
Il y a une autre piste pour faire bouger votre corps avec souplesse et plaisir : pourquoi ne pas vous inscrire à un cours de salsa ou de danse orientale ? Cela aurait aussi pour conséquence de libérer votre sensualité et de redonner des couleurs à votre vie amoureuse.

Verseau (21 janvier - 18 février)

Votre ciel de 2011

C'est une année qui commence en force et qui se termine en roue libre ! Le premier trimestre est plutôt « piaffant, musclé et virevoltant » ! Secouer le cocotier n'est pas toujours la solution, vous en ferez l'expérience. Natifs du troisième décan, vous avez encore du mal à atterrir. Vous êtes toujours sur la comète à tirer des plans ou à conter fleurette à Pierrot dans la Lune !

Votre ciel relationnel

Vous avez l'œil coquin et l'âme conquérante, vous êtes sur les sentiers de la guerre en dentelle ! Coup de foudre, coup de cœur, coup d'amour, votre âme esseulée trouvera un complice, mesdemoiselles et messieurs ! Selon les résonances des promenades astrales avec votre thème natal, certaines convoleront et s'installeront, d'autres s'envoleront vers d'autres conteurs de fleurette.

Certains couples peuvent connaître un flottement dans leur relation ou éprouver des doutes. Ils se posent des questions, ont envie de connaître ou de retrouver une certaine exaltation. Les couples du troisième décan sont les plus fragilisés en cette période, avec le risque de se perdre de vue. Vous voilà avertis ! Donc, ne vous laissez pas envahir par un ciel qui s'assombrit, ne vous laissez pas emporter par la vague nostalgique, mais retrouvez la pointe de malice qui sommeille en vous. Profitez d'un passage pétillant et donnez du lustre à votre relation.

Votre ciel professionnel et financier

Votre évolution professionnelle pose ses fondations et se construit dans le temps qui vient. La période est plutôt formatrice. Si vous envisagez un cursus d'étude, la reprise d'études ou une

formation, le moment est bien choisi. Ce que vous semez maintenant, vous le récolterez plus tard.
Belle ouverture professionnelle pour les métiers créatifs et qui demandent de la réactivité et/ou de l'ingéniosité.
Ceux qui travaillent dans un contexte féminin, dans un métier qui s'adresse aux femmes ou qui ont une femme comme supérieure hiérarchique, bref pour lesquelles la femme est au centre de la vie professionnelle, trouveront à s'épanouir. Une femme peut aussi être un marchepied, un ouvreur de portes dans votre progression.
Sur le plan financier, vous êtes plutôt panier percé. Vous semez à tous vents ! Générosité et fièvre acheteuse ne sont pas vraiment compatibles avec votre situation. Votre banquier risque de vous faire de gros yeux !

<u>Votre ciel bonne forme</u>
Vous avez une forme et un tonus à géométrie variable. On ne peut malheureusement pas stocker le tonus excédentaire pour le consommer lors des périodes de vache maigre !
Comment faire pour harmoniser vos énergies ? Il n'y a pas de recette miracle, mais une hygiène de vie constante. Dans les moments de trop-plein, évitez les aliments riches en sucres rapides et/ou trop gras, ainsi que les épices et l'alcool le soir. Dans les moments où vous êtes raplapla, consommer des sucres lents (pain complet, riz, pommes de terre, pâtes), c'est mettre une sorte de tigre endurant dans votre moteur.
Avant de dormir, pour dégager le trop-plein d'énergie, prenez une douche en ajoutant 3 gouttes d'huiles essentielles de lavande et d'ylang-ylang à votre gel douche et terminez par une douche froide sur les extrémités, jambes et pieds, bras et mains.
Pour redynamiser, outre une douche matinale avec 3 gouttes d'huiles essentielles de citrus, vous pouvez régulièrement vous frictionner les mains et la plante des pieds, afin de réactiver vos méridiens.

Poissons (19 février - 20 mars)

Votre ciel de 2011

Le grand perturbateur, celui qui vous a bousculé ces dernières années, vous quitte et va se promener sous d'autres cieux. Ouf ! Enfin un peu de calme ! Vous retrouvez une certaine sérénité. Il y aura encore quelques remous d'arrière-garde, comme pour vous tenir encore un peu en haleine. Mais vous allez pouvoir prendre ou reprendre une vitesse de croisière plus paisible.

Votre ciel relationnel

Natifs du premier décan, si vous n'avez pas fait le ménage dans votre vie sentimentale, un ami astral venu s'installer en face de votre signe vous donne le coup de pouce utile. Vous vous sentirez bien mieux après et serez dans une nouvelle dynamique de vie. C'est une métamorphose que le ciel vous propose. La chrysalide que vous étiez devient un joli papillon qui butine... avec la confiance en vous en prime !

Les natifs du troisième décan du début des années 1970 reçoivent encore quelques influx perturbateurs. Un dernier coup de vent pour dépoussiérer, remettre de l'ordre dans votre vie, faire place nette pour accueillir et installer durablement votre tendre amoureux(se).

Les relations établies par les natifs des premier et dernier décans vont devoir chercher une nouvelle fréquence pour garder le contact. Vos amis célestes vous aident à réveiller des relations assoupies. Vous devrez apprendre ou réapprendre à jouer la partition de vie à quatre mains.

Votre ciel professionnel et financier

C'est un domaine qui se porte bien. Vous trouverez ici un ancrage, une stabilité, une sécurité. Vous êtes à la recherche d'un emploi ou avez envie de changer ? Vos démarches sont couronnées de

succès. Seuls les natifs du premier décan rencontreront quelques contrariétés ou retards. Vous devez comprendre cette situation comme un temps supplémentaire de réflexion plutôt qu'un blocage ennuyeux.
Un petit bémol pour les natifs du dernier décan, si vous êtes dans une configuration d'associés. Soit elle se poursuit et prend de l'ampleur, soit elle se remet en question et vous en sortez en « ramassant vos billes ». Mais ce sera très probablement pour réinvestir dans un nouveau projet.
Vos finances vont bien, le secteur se montre sécurisant et confortable. Un ami céleste vous surveille et veille à votre blé. Il veille aussi à le faire fructifier. La période se montre favorable pour envisager un investissement, faire une transaction. C'est aussi un bon moment pour demander une augmentation de salaire.

Votre ciel bonne forme

Vous retrouverez votre sérénité. Vous avez encore l'humeur un peu barbouillée, les articulations ankylosées. Vous oscillez entre langueur et exubérance. Dès votre lever, vous sentirez la nature de votre vitalité.
Si vous naviguez au radar, optez pour la douche revitalisante. Ajoutez 3 gouttes d'huile essentielle de citrus et/ou de gingembre à votre gel douche. Frictionnez-vous énergiquement avec une « fleur de douche ». Si vous êtes courbattu et ankylosé, ajoutez 3 gouttes d'huile essentielle de genévrier à votre gel douche. Si vous êtes plutôt pétillant, faites quelques mouvements d'étirement et des respirations. Après la douche et/ou les exercices, prenez un petit-déjeuner composé de pain complet, yaourt, fruit, café ou thé.
Faites de façon régulière du Tai-chi-chuan (boxe avec l'ombre ou boxe de l'éternelle jeunesse), cet art martial chinois qui s'apparente à de la gymnastique douce et qui fluidifie la circulation des énergies.

respect de la nature, de l'écologie, du développement durable et des énergies du corps. Nos rubriques Beauté & mode, Forme & Santé, Amour & Sexualité, Bien-être, Famille, Vie Pro & Argent, Cuisine, Maison, Bio & Écolo, People, Astro regroupent une multitude de thématiques, pleinement pensées pour faciliter la vie en toute simplicité.

★ *Notre but : cocooner nos lectrices !*

En quelques clics seulement, la diététique appliquée, les cures, la beauté, la mode, le relooking, les recettes maison, les remèdes de grand-mère, le Feng Shui, la déco, la vie bio et écolo, la relaxation, les massages, les médecines douces, la méthode Pilates, la grossesse, la séduction, les aphrodisiaques, l'astrologie, le tantrisme, l'épanouissement en couple... n'auront plus aucun secret pour chaque femme !

★ *Une équipe de spécialistes*

Coachs sportifs, diététiciennes, esthéticiennes, sophrologues, psychologues, kinésithérapeutes, sexologues, professionnels de la petite enfance... Jour après jour, grâce à l'intervention de nombreux professionnels du zen, du bio, de la détente, des médecines douces et de journalistes spécialisés, nos lectrices se sentiront bien mieux dans leur peau.

★ *MaViedeFemme.com, c'est aussi...*

Un annuaire inédit des lieux zen et bio, une boutique variée en ligne, de nombreux cadeaux... Notre webzine est communautaire, avec des forums et un espace perso... Il est très simple de s'inscrire sur notre site avec son compte Facebook et de nous suivre en temps réel sur Twitter.

Marie Dewulf

Pendant ces dernières années, on a pu l'entendre régulièrement sur diverses antennes pour des horoscopes ou des réponses indirectes : Europe 2, Voltage FM...
Les horoscopes précis et toujours détaillés de Marie Dewulf apparaissent souvent dans la presse écrite, que ce soit dans de nombreux magazines ou journaux...
Elle anime régulièrement des conférences : « Comment vaincre sa timidité », « ... mythe ou réalité ? », « Comment se guérir de ses blessures », « Les rêves, le miroir de notre vérité intérieure »...

Tel : 01 83 89 18 12
Port : 06 87 48 54 93

SOLUTIONS

DES

JEUX

Solutions des sudokus

sudoku p. 20

9	3	2	4	8	6	7	1	5
5	1	7	9	2	3	6	4	8
4	8	6	7	1	5	9	3	2
1	6	5	3	7	2	4	8	9
7	9	4	8	6	1	2	5	3
3	2	8	5	9	4	1	6	7
6	7	3	2	4	8	5	9	1
2	5	1	6	3	9	8	7	4
8	4	9	1	5	7	3	2	6

sudoku p. 45

2	3	9	5	7	4	8	6	1
7	5	1	6	8	3	2	9	4
4	8	6	9	1	2	5	7	3
1	2	3	8	6	7	4	5	9
9	4	7	1	3	5	6	8	2
8	6	5	4	2	9	1	3	7
6	7	8	3	4	1	9	2	5
3	9	4	2	5	8	7	1	6
5	1	2	7	9	6	3	4	8

sudoku p. 70

8	5	3	1	2	7	6	9	4
7	4	6	8	5	9	1	2	3
2	9	1	6	4	3	5	7	8
3	1	4	7	9	6	8	5	2
5	6	8	4	1	2	9	3	7
9	2	7	3	8	5	4	6	1
1	3	5	2	6	8	7	4	9
6	8	2	9	7	4	3	1	5
4	7	9	5	3	1	2	8	6

sudoku p. 95

9	2	5	8	1	7	6	3	4
3	8	6	2	4	9	1	7	5
4	1	7	3	6	5	2	9	8
6	4	2	7	9	8	3	5	1
7	3	8	5	2	1	4	6	9
1	5	9	6	3	4	7	8	2
8	7	4	1	5	6	9	2	3
5	9	3	4	7	2	8	1	6
2	6	1	9	8	3	5	4	7

sudoku p. 120

4	3	8	9	6	1	2	7	5
7	5	1	8	3	2	9	6	4
2	9	6	7	5	4	1	8	3
6	4	2	1	8	5	7	3	9
8	1	3	4	7	9	5	2	6
9	7	5	3	2	6	4	1	8
5	2	7	6	4	8	3	9	1
1	6	4	2	9	3	8	5	7
3	8	9	5	1	7	6	4	2

sudoku p. 145

3	7	8	1	4	6	9	5	2
5	6	2	9	8	3	7	1	4
9	1	4	2	7	5	8	3	6
2	3	7	5	9	4	1	6	8
8	9	5	3	6	1	4	2	7
1	4	6	7	2	8	3	9	5
4	5	9	6	1	7	2	8	3
6	8	1	4	3	2	5	7	9
7	2	3	8	5	9	6	4	1

sudoku p. 174

6	5	2	3	1	7	4	9	8
4	8	7	9	6	5	3	2	1
1	9	3	8	2	4	7	6	5
5	2	6	7	4	1	9	8	3
7	4	9	5	8	3	6	1	2
3	1	8	6	9	2	5	4	7
8	7	4	2	5	6	1	3	9
9	3	1	4	7	8	2	5	6
2	6	5	1	3	9	8	7	4

sudoku p. 199

3	6	9	7	4	1	2	8	5
4	1	5	8	2	6	3	9	7
7	2	8	9	3	5	6	4	1
1	9	7	2	5	4	8	6	3
6	5	2	1	8	3	4	7	9
8	3	4	6	7	9	1	5	2
9	7	3	4	1	8	5	2	6
5	8	6	3	9	2	7	1	4
2	4	1	5	6	7	9	3	8

sudoku p. 224

4	7	8	9	2	5	1	6	3
2	6	9	7	1	3	5	4	8
3	1	5	6	4	8	9	7	2
9	8	7	3	5	4	2	1	6
1	5	4	8	6	2	3	9	7
6	3	2	1	9	7	4	8	5
8	4	6	5	3	9	7	2	1
5	9	1	2	7	6	8	3	4
7	2	3	4	8	1	6	5	9

sudoku p. 249

1	2	3	9	6	4	5	7	8
9	6	8	7	3	5	2	1	4
5	4	7	8	2	1	3	6	9
7	8	5	2	1	9	4	3	6
2	3	9	4	7	6	1	8	5
4	1	6	5	8	3	7	9	2
3	7	2	6	4	8	9	5	1
8	9	4	1	5	7	6	2	3
6	5	1	3	9	2	8	4	7

sudoku p. 274

5	1	3	9	4	7	8	6	2
9	2	8	6	3	5	4	1	7
4	7	6	1	2	8	9	3	5
2	8	9	3	5	1	6	7	4
6	3	7	8	9	4	2	5	1
1	5	4	2	7	6	3	9	8
7	6	5	4	8	3	1	2	9
8	9	1	7	6	2	5	4	3
3	4	2	5	1	9	7	8	6

sudoku p. 299

3	6	9	7	2	4	5	1	8
5	1	4	6	3	8	9	7	2
8	7	2	9	1	5	6	3	4
1	2	5	4	6	9	3	8	7
4	3	8	1	5	7	2	6	9
7	9	6	3	8	2	1	4	5
2	8	3	5	4	6	7	9	1
6	5	7	8	9	1	4	2	3
9	4	1	2	7	3	8	5	6

sudoku p. 324

9	5	2	6	3	1	7	4	8
7	4	3	9	8	2	6	5	1
6	8	1	7	5	4	3	9	2
8	7	4	1	2	6	5	3	9
1	6	5	3	7	9	8	2	4
3	2	9	5	4	8	1	7	6
5	9	8	2	1	7	4	6	3
4	3	6	8	9	5	2	1	7
2	1	7	4	6	3	9	8	5

sudoku p. 349

2	6	8	9	5	7	3	1	4
3	7	1	4	8	2	5	9	6
9	4	5	3	1	6	2	7	8
8	1	3	7	6	5	9	4	2
6	2	9	8	3	4	1	5	7
7	5	4	1	2	9	6	8	3
4	9	2	5	7	3	8	6	1
5	8	6	2	4	1	7	3	9
1	3	7	6	9	8	4	2	5

sudoku p. 374

7	8	2	6	4	3	9	5	1
3	4	1	2	5	9	8	7	6
6	9	5	7	8	1	2	3	4
4	1	6	9	2	5	7	8	3
8	2	7	4	3	6	1	9	5
5	3	9	1	7	8	4	6	2
1	7	8	5	6	4	3	2	9
2	5	4	3	9	7	6	1	8
9	6	3	8	1	2	5	4	7

sudoku p. 399

2	5	3	1	8	4	6	9	7
6	8	1	7	9	5	4	3	2
9	4	7	2	3	6	1	5	8
7	9	6	5	1	2	3	8	4
4	3	2	6	7	8	9	1	5
5	1	8	3	4	9	2	7	6
8	7	9	4	2	1	5	6	3
3	6	4	9	5	7	8	2	1
1	2	5	8	6	3	7	4	9

sudoku p. 424

2	5	3	4	1	7	6	9	8
4	7	8	6	5	9	3	2	1
1	9	6	2	8	3	4	7	5
8	3	9	7	6	1	5	4	2
5	6	2	3	4	8	7	1	9
7	4	1	5	9	2	8	6	3
3	8	7	9	2	4	1	5	6
9	1	5	8	7	6	2	3	4
6	2	4	1	3	5	9	8	7

sudoku p. 449

3	8	5	1	9	6	7	2	4
2	4	6	7	5	3	1	9	8
7	1	9	8	2	4	6	3	5
1	9	7	4	8	2	5	6	3
8	5	2	6	3	1	9	4	7
6	3	4	5	7	9	8	1	2
4	7	1	2	6	8	3	5	9
5	6	3	9	4	7	2	8	1
9	2	8	3	1	5	4	7	6

sudoku p. 472

7	4	1	3	5	8	2	9	6
8	9	5	6	1	2	3	7	4
6	3	2	4	9	7	8	5	1
4	7	8	9	2	5	1	6	3
5	6	3	8	4	1	7	2	9
1	2	9	7	3	6	5	4	8
3	8	7	5	6	9	4	1	2
9	1	4	2	7	3	6	8	5
2	5	6	1	8	4	9	3	7

sudoku p. 497

8	9	2	6	3	1	7	4	5
5	1	6	2	7	4	8	9	3
3	7	4	9	5	8	2	1	6
2	4	3	8	9	7	5	6	1
9	5	7	3	1	6	4	2	8
6	8	1	4	2	5	9	3	7
1	6	9	7	8	2	3	5	4
4	3	8	5	6	9	1	7	2
7	2	5	1	4	3	6	8	9

sudoku p. 522

7	2	8	3	9	6	5	4	1
3	4	5	7	8	1	6	2	9
6	1	9	4	5	2	3	8	7
5	8	2	6	7	3	1	9	4
4	7	3	2	1	9	8	6	5
9	6	1	5	4	8	2	7	3
2	5	7	1	6	4	9	3	8
1	9	6	8	3	7	4	5	2
8	3	4	9	2	5	7	1	6

sudoku p. 547

7	4	5	3	6	1	9	2	8
2	1	9	4	8	7	5	6	3
8	3	6	9	5	2	4	1	7
6	7	3	5	9	4	1	8	2
9	2	4	1	3	8	6	7	5
1	5	8	7	2	6	3	9	4
4	9	1	8	7	5	2	3	6
3	8	2	6	4	9	7	5	1
5	6	7	2	1	3	8	4	9

sudoku p. 572

1	8	7	2	4	9	5	6	3
3	4	9	7	5	6	2	1	8
2	6	5	1	3	8	4	9	7
6	9	8	3	7	2	1	4	5
5	2	3	9	1	4	8	7	6
4	7	1	8	6	5	9	3	2
7	5	6	4	2	1	3	8	9
8	3	4	5	9	7	6	2	1
9	1	2	6	8	3	7	5	4

sudoku p. 597

1	2	6	4	7	8	3	9	5
8	7	3	9	5	2	1	4	6
9	4	5	1	3	6	2	8	7
2	6	8	7	1	5	4	3	9
5	1	9	3	6	4	7	2	8
7	3	4	8	2	9	5	6	1
6	8	7	2	4	1	9	5	3
4	5	1	6	9	3	8	7	2
3	9	2	5	8	7	6	1	4

sudoku p. 618

7	1	6	8	4	9	3	2	5
2	5	9	3	6	7	8	1	4
8	3	4	1	5	2	6	9	7
4	6	1	7	2	5	9	8	3
9	8	5	6	3	4	2	7	1
3	2	7	9	1	8	4	5	6
6	7	3	2	9	1	5	4	8
5	9	8	4	7	3	1	6	2
1	4	2	5	8	6	7	3	9

Solutions des textes à trous

Texte à trous p. 79

Demain, dès l'aube, à l'heure où blanchit la campagne,
Je partirai. Vois-tu, je sais que tu m'attends.
J'irai par la forêt, j'irai par la montagne.
Je ne puis demeurer loin de toi plus longtemps.

Je marcherai les yeux fixés sur mes pensées,
Sans rien voir au dehors, sans entendre aucun bruit,
Seul, inconnu, le dos courbé, les mains croisées,
Triste, et le jour pour moi sera comme la nuit.

Texte à trous p. 258

Longtemps, je me suis couché de bonne heure. Parfois, à peine ma bougie éteinte, mes yeux se fermaient si vite que je n'avais pas le temps de me dire : « Je m'endors. » Et, une demi-heure après, la pensée qu'il était temps de chercher le sommeil m'éveillait ; je voulais poser le volume que je croyais avoir dans les mains et souffler ma lumière ; je n'avais pas cessé en dormant de faire des réflexions sur ce que je venais de lire, mais ces réflexions avaient pris un tour particulier ; il me semblait que j'étais moi-même ce dont parlait l'ouvrage : une église, un quatuor, la rivalité de François Ier et de Charles-Quint.

Texte à trous p. 411

Sous le pont Mirabeau coule la Seine
Et nos amours
Faut-il qu'il m'en souvienne
La joie venait toujours après la peine
Vienne la nuit sonne l'heure
Les jours s'en vont je demeure

Les mains dans les mains restons face à face
Tandis que sous
Le pont de nos bras passe
Des éternels regards l'onde si lasse
Vienne la nuit sonne l'heure
Les jours s'en vont je demeure

Texte à trous p. 516

Aujourd'hui, maman est morte. Ou peut-être hier, je ne sais pas. J'ai reçu un télégramme de l'asile : « Mère décédée. Enterrement demain. Sentiments distingués. » Cela ne veut rien dire. C'était peut-être hier.
L'asile de vieillards est à Marengo, à quatre-vingts kilomètres d'Alger. Je prendrai l'autobus à deux heures et j'arriverai dans l'après-midi. Ainsi, je pourrai veiller et je rentrerai demain soir. J'ai demandé deux jours de congé à mon patron et il ne pouvait pas me les refuser avec une excuse pareille.

Solutions des mots croisés

mots croisés p. 100

	1	2	3	4	5	6	7	8
A	B	I	E	N	F	A	I	T
B	A	N	■	A	R	B	R	E
C	R	A	P	I	E	C	E	R
D	A	M	A	N	T	■	S	M
E	T	I	R	E	E	S	■	I
F	I	C	I	■	R	E	I	N
G	N	A	S	A	■	C	R	U
H	■	L	E	N	S	O	I	S
I	L	E	T	T	O	N	S	■
J	E	■	T	E	N	D	E	S
K	T	R	E	S	S	E	E	S

mots croisés p. 232

	1	2	3	4	5	6	7	8
A	A	M	A	R	R	A	G	E
B	C	I	T	E	E	■	R	N
C	T	E	R	M	I	N	E	S
D	U	N	E	■	N	A	S	E
E	E	■	S	A	C	R	E	R
F	L	A	■	T	A	R	E	R
G	L	U	S	T	R	A	■	E
H	E	T	E	I	N	T	E	■
I	■	O	R	T	E	I	L	S
J	C	U	I	R	■	V	A	U
K	O	R	N	E	M	E	N	T

mots croisés p. 364

	1	2	3	4	5	6	7	8
A	H	U	I	T	R	I	E	R
B	E	T	R	E	I	N	T	E
C	R	I	■	E	M	A	I	L
D	I	L	E	■	E	C	R	U
E	T	I	N	T	■	C	E	S
F	E	S	T	I	M	E	R	■
G	S	E	R	M	O	N	■	U
H	■	R	E	B	U	T	E	S
I	A	■	P	A	R	U	R	E
J	G	E	O	L	I	E	R	E
K	I	N	T	E	R	■	E	S

mots croisés p. 492

	1	2	3	4	5	6	7	8
A	N	E	G	O	C	I	E	E
B	E	M	A	N	A	■	P	T
C	R	E	P	A	R	T	I	R
D	V	U	■	G	R	A	C	E
E	U	■	P	R	O	S	E	S
F	R	A	L	E	U	S	E	■
G	E	P	I	S	S	E	■	T
H	S	A	S	■	E	M	U	E
I	■	I	S	O	L	E	N	T
J	A	S	E	S	■	N	I	E
K	D	E	S	E	R	T	E	E

mots croisés p. 628

	1	2	3	4	5	6	7	8
A	C	O	M	P	A	T	I	R
B	I	N	A	B	R	I	T	E
C	D	D	T	■	E	R	E	S
D	R	I	C	I	N	■	M	U
E	E	T	H	N	I	E	■	C
F	R	■	S	A	C	R	E	E
G	I	E	■	N	O	R	M	E
H	E	T	O	I	L	E	E	■
I	■	H	U	M	E	U	R	S
J	L	E	S	E	■	R	I	O
K	A	R	T	■	O	S	S	U

Solutions des casse-tête

Casse-tête p. 129

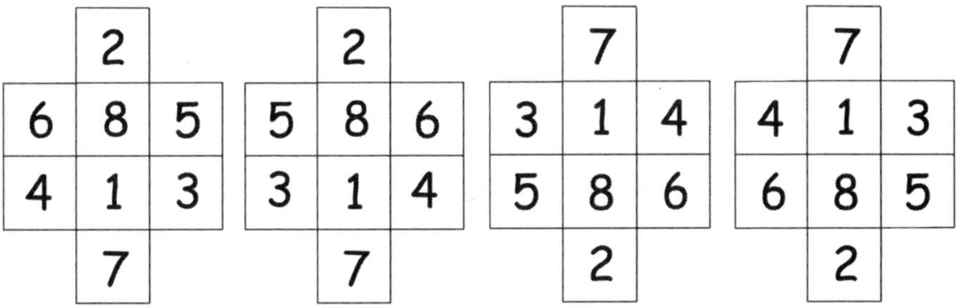

Casse-tête p. 354

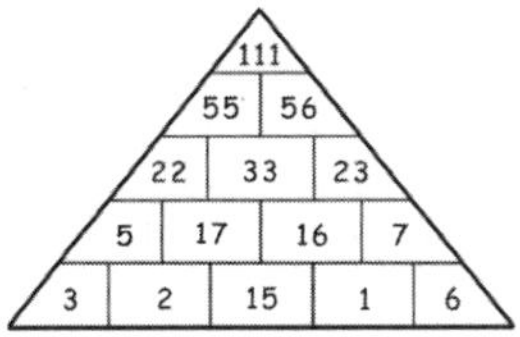

NOTES

NOTES

NOTES

NOTES